저자 소개

배광식 목사는 총신대학교 신학대학원(M.Div)을 거쳐 연세대학교 교육대학원에서 석사학위를 받고, 그 후 계명대학교 대학원에서 신학석사(Th. M)와 신학박사 학위(Ph. D)를 취득하였다.

목회기간 동안 영국 애버딘대학교 대학원(장로교회사 연구)을 수료한 후 남아공 프리토리아대학에서 박사과정을 수료하는 등 열정적이고 활발한 연구활동을 이어왔다.

그는 애버딘 한인교회를 개척하여 담임목사를 역임하였고, 맨체스터 한인교회를 담임하면서 셰필드대학교에서 6개월간 신학연구에 몰두해 끊임없이 연구하는 목회자의 모범을 보여주었다.

칼빈대학교 특임교수, 총신대 재단이사, 총신대 신대원 외래교수, 대신대학교 강의 전담교수, 교단 총회헌법 개정위원장, 교단 총회헌법 재판국장, 예장합동 106회(2022년) 총회장, 105회 부총회장을 역임했으며 현재 국회조찬기도회 지도목사, 울산 대암교회 담임목사로 섬기고 있다. 저서로는 『총회 헌법해설서』, 『개혁교회 신앙고백』, 『교회정치문답조례』 외 다수가 있다.

장로교 정치 형성사

장로교 정치
형성사

펴낸날	2024년 11월 16일 초판 1쇄
지은이	배광식
펴낸이	신덕례
편집	황봉환, 권혜영
교열교정	허우주
디자인	토라디자인
유통	기독교출판유통
펴낸곳	우리시대

경기 고양시 덕양구 마상로 102번길 53
f/ woorigeneration
email woorigeneration@gmail.com

ISBN	979-11-85972-63-3 (03230)
가격	25,000원

The History of the Formation of Presbyterian Polity

장로교 정치
형성사

추천사

미국 북장로교회가 파송한 의료선교사 호레이스 알렌(Horace N. Allen)이 대한민국의 첫 선교사로 입국한 이후 140년을 맞이했다. 이후 초기 한국에 입국한 여러 나라 선교사들에 의해 복음전도, 의료전도, 학원전도를 통해 한국 땅에 복음의 씨앗이 뿌리내리기 시작했다. 이후 수많은 박해와 사변들과 전쟁의 소용돌이 속에서도 한국교회는 놀랄만한 성장과 발전을 거듭했다. 마침내 1907년에 이르러 한국 땅에 첫 노회인 '독립노회'를 조직하게 되었다. '독립노회' 조직 이후 117년이 지나는 동안 한국교회는 전국 복음화를 위한 교회 개척, 영적 지도자 교육을 신학교 설립, 학원 복음화를 위한 교육 선교, 질병 퇴치를 위한 의료선교, 전 세계 복음화를 위한 해외 선교에 주력하면서 오늘에 이르러 놀랄만한 성장과 발전을 이루었다.

한국 장로교회는 '독노회' 설립(1907년) 이후 117년이란 세월을 보내는 동안 가장 큰 교단으로 성장했으며, 개혁주의 신학과 정치 제도는 크게 개선되고 발전되었다. 그러나 21세기를 맞이한 한국교회는 포스트모더니즘의 바람과 함께 밀어닥친 자유방임적 문화와 실용주의적 정책의 영향을 받아 과정과 방법을 외면한 채

결과와 성과를 중요시하는 세속 사회와 보조를 맞추어 걸어가고 있다. 이러한 가운데서도 교단의 교회는 정치 분야에서 과거와는 달리 연구하고 토의하고, 공청회를 열어 가면서 모순과 위법적인 것을 개선하려는 성숙한 모습으로 발전하고 있다. 하지만 교회와 교단을 통해 교회의 존재 목적을 세상에 알리고 하나님의 영광을 드러내는 일에는 아직 미흡한 점이 많다.

이러한 시기에 대신대학교에서 교수로 학생들을 지도했고, 현재 울산 대암교회를 담임하고 있는 배광식 목사가 『장로교 정치 통전사』라는 책의 내용을 재정리하고 역사적 관점을 추가하여 새롭게 출판했다. 이 책은 장로교회의 조직, 정치 제도의 원리, 치리 제도의 형성 과정과 직무의 권한과 책임을 역사적 관점에서 다루었다. 특별히 본서 제2장에서는 개혁교회 정치 제도의 신학적 기초를 제공한 존 칼빈의 『기독교강요』 안에서 제시한 교회론과 정치 제도에 관한 내용을 다루었다. 제3장에서는 장 칼뱅의 교회론과 정치 제도에 대한 이론적 토대 위에 세운 스코틀랜드 장로교회의 정치 원리와 치리 제도에 관한 내용을 역사적 관점에서 다루었다. 제4장에서는 영국 웨스트민스터 종교회의를 통해 결과를 만들어낸 공식 문서들인 『웨스트민스터 신앙고백』, 『공예배 지침』, 『교회정치조례』에 대한 역사적 배경과 그 형성 과정에 대하여 상술했다. 제5장에서는 영국 웨스트민스터 종교회의를 통해 체계화된 정치 원리를 기반으로 출발한 미국 장로교회의 역사적 배경, 신학적 관점, 정치 제도와 치리회의 형성에 대하여 다루었다. 6장에서는 한국 장로교회의 정치 원리와 치리 제도에 관한 내용을 역사적 관점에서 잘 다루었다.

이 책을 쓴 저자는 한 교회의 목회자로서 뿐만 아니라 교단의 발전을 위해 봉사하시는 자로서 목회자들의 사역에 도움을 주려는 동기에서 이 책을 집필했다. 다음

세대 자녀들의 교육과 목회에 시간과 열정을 쏟으면서도 학문연구에 늘 집착하는 저자의 모습은 감동적이며, 귀감이 될만하다. 배광식 박사는 교회 정치의 원리와 제도가 역사적 탐구에만 머물러 있지 않고 현실 교회 정치에 그대로 적용되기를 간곡히 열망하며, 더 성숙한 교단의 정치로 발전하기를 열망하고 있다. 저자의 소망이 한국교회 안에 실현되어 성숙한 모습으로 성장해 가는 그날을 함께 기다려 본다. 죄악으로 가득 찬 이 땅이 새 하늘과 새 땅으로 바뀌는 그 날까지 성경에 입각한 정치 원리와 제도가 개교회마다 뿌리내리고, 교회 안에 정쟁(政爭)과 분열이 멈추는 그런 날이 오기를 소망한다. 이 책은 모든 목회자와 그리고 목회를 준비하는 신학생들이 반드시 읽어야 할 책이다. 이 책이 한국교회의 정치 제도의 역사적 과정을 밝혀주고 모든 목회자의 목회에 큰 유익을 주는 책이 되리라 믿어 기쁨으로 추천한다.

2024년 8월

황봉환 교수(전 대신대학교 신대원장/부총장)

한국교회는 피선교 국가로서 기독교 역사에서 그 유례를 찾기 어려울 정도로 짧은 기간에 크게 성장했다. 특히 한국교회의 다수를 형성하고 있는 교파가 장로교회라는 것은 주목할 만한 일이다. 한국교회는 신학적으로도 국제적 경쟁력을 가질 수 있을 정도로 발전하고 있다. 이 모든 것의 배후에는 국가를 잃을 정도로 연약하고 가난했던 한민족을 향한 하나님의 은혜가 있었으며, 복음과 교회를 위해서 아낌없이 희생하고 헌신했던 목회자와 성도들의 순수한 열정이 존재했다는 것을 고백할 수밖에 없다.

그러나 근래에 한국교회는 교회 안팎에서 제기되는 큰 도전들 앞에서 무기력한 모습으로 서 있다는 평가를 받고 있다. 외부로부터는 물질적 가치를 중시하는 세속주의와 절대적인 기준을 흔들어 왔던 포스트모던주의뿐 아니라 이제까지 인류가 경험하지 못했던 코로나19와 4차산업혁명이라는 연속적인 큰 파도가 몰려왔고 또 계속 몰아치고 있다. 내부에서는 성경적 원칙과 개혁주의 신학과 장로교회의 정치 원리라는 절대적 기초는 등한히 하면서, 그저 교회만 부흥하면 된다는 식의 인본주의적이고 근시안적 목표를 가지고 달려오다 보니 장로교회의 건강한 정체성을 상실한 채 분열과 혼란의 위기가 가중되고 있다. 따라서 한국교회가 이제 다시 성경적 원칙으로 돌아가야 하며, 특히 성장과 실용적 가치만 중시해 왔던 한국의 장로교회는 그동안 잊고 있었던 장로교회의 신학과 교회 정치라는 소중한 유산을 다시 회복해야 한다는 목소리가 더욱 크게 울리고 있다.

이런 상황 속에서 이번에 출판되는 배광식 목사의 『장로교 정치 형성사』는 너무나 중요한 의미를 가지고 있다고 생각한다. 이 책은 한국의 신학교에서 꼭 가르쳐져야 할 필독서일 뿐 아니라, 한국 장로교회의 목회자들과 교양있는 평신도 지도자들이 반드시 읽어야 할 책이라고 확신하면서 아래의 몇 가지 이유로 본서를 적극 추천하는 바이다.

첫째, 본서는 저자인 배광식 박사가 장로교회의 본고장인 스코틀랜드에서 오랜 기간 유학하면서 체득한 문제의식과 학문성, 수년간 총신대 신대원과 대신대 신대원에서 강의했던 교수의 경험, 그리고 한국 최대의 교단인 대한예수교장로회(합동) 제

106회기 총회장을 역임한 리더십, 그리고 울산 대암교회 담임목회 30년의 성공적인 목회 사역이 융합된 총체적인 열매라는 점에서 적극 추천한다. 본서는 그야말로 신학과 경건이 잘 조화를 이루고 있으며 교회를 향한 뜨거운 사랑이 넘쳐나고 있기에, 한국교회가 건강한 정체성을 회복하는 데에 유익할 것으로 확신한다.

둘째로 본서는 현재 한국교회, 특히 한국의 장로교회가 겪고 있는 도전과 위기에 대해서 장로교 정치의 역사를 면밀하게 연구한 결과를 가지고 그 해결의 방향을 제시해 주고 있는 역사의식이 높이 평가된다. 현재 마주하고 있는 문제를 해결하고 미래를 개척하기 위해서는 과거에 대한 철저한 분석이 요청된다. 이런 역사의식에 근거해서 본서는 장로교 정치의 역사적 기초가 어디에 있으며 그것이 어떻게 한국교회에까지 흘러왔는지를 그 계통을 명확하게 밝혀주고 있다. 본서는 장로교회의 역사적 초대가 형성된 것을 16세기 종교개혁자 칼빈의 제네바로 보면서 그 이후 스코틀랜드 장로교회와 영국의 청교도 그리고 미국의 장로교 교회 정치와 한국의 독노회에 이르기까지 그 역사적 맥락을 명쾌하고 깊이 있게 짚어주기 때문에 자신의 정체성을 잃고 방황하는 현대 장로교회가 가야 할 방향을 잘 제시해 주고 있다.

셋째로 본서는 칼빈의 저작과 제네바 사역, 그리고 스코틀랜드 장로교회, 영국의 웨스트민스터 총회, 미국의 장로교회와 한국 장로교회의 정치제도에 대한 학술적인 연구 방법과 그 결과의 탁월성 때문에 신뢰를 더하고 있다. 배광식 박사는 칼빈의 교회 정치 사상을 고찰하기 위해서 그의 대표 저작인 『기독교강요』 1536년 초판부터 1539년판, 1543년과 1545년판, 1550년판, 그리고 1559년 최종판에 이르기까지 그 역사적인 발전을 분석하였으며, 제네바교회 규정서들을 면밀하게 연구한 결과에 기초해서 칼빈의 교회론과 직제론을 제시하고 있다. 칼빈 이후의 장로교 정치 제도에 대해서 본서는 스코틀랜드 장로교회의 정치 원리에서부터 영국 웨스트민스터 종교회의의 공식 문서들의 배경과 정치 원리, 웨스트민스터 종교회의 정신에서 출발했던 미국 장로교회의 역사와 정치 제도, 그리고 최종적으로는 한국 장로교회의 독노회(1907)와 최초의 총회(1912)의 정치 제도에 이르기까지 면밀한 역사적 연구에 근거하여 제시해 주고 있다. 이처럼 접근하는 역사적 연구 방법은 최신의 국제적 경향과도 잘 부합할 뿐 아니라, 평생 칼빈과 개혁신학을 공부해 온 추천자가 볼 때도 매우 뛰어나고 배울 바가 많아서 향후 후학들에게도 모범이 되는 유익함이 있다고 평가된다.

마지막으로 본서가 제시하고 있는 교회 내 목사와 목양사역의 다양한 역할들은 한국교회 현장에 실천적으로 적용할 수 있는 풍성한 예를 제시해 주고 있다는 점이 돋보인다. 특히 칼빈의 교리문답교육과 전문적인 신앙교리교육에 대한 강조 등은 앞으로 후학들이 자라나는 세대를 교육하기 위해서 계속 계승해야 할 과제로 주어지고 있다. 바라기는 본서가 널리 읽히고 이 책이 제공해 주는 정신이 잘 실천되어 한국교회가 다시 소망 가운데 일어설 수 있게 되기를 기대하면서 본서를 적극 추천하는 바이다.

안인섭 교수 (총신대 신대원 역사신학/총신대 개혁신학연구처장)

배광식 목사께서 집필하신 『장로교 정치 형성사』는 존 칼빈의 연구와 신학적 토대로부터 출발한 장로교 정치제도의 원리와 치리회의 발자취를 따라가며 개혁신학의 정수를 드러내는 일에 초점을 두고 연구되었다. 역사적으로 한국 장로교회는 근원적인 측면에서 존 칼빈의 신학에, 조직교리로서의 제도적인 측면에서는 스코틀랜드 장로교회에 그리고 신앙고백에 있어서는 『웨스트민스터신앙고백』에 근거하고 있다는 점을 밝혔다. 우리 교단 정치사를 이해하는 일에 꼭 필요한 책임을 기쁘게 추천하며 목회자들에게 정독을 권한다.

김종혁 목사(대한예수교장로회(합동) 총회장)

우리 교단이 사용하는 '장로교'(Presbyterian Church)라는 말은 성경에 기원을 두고 있는 가장 성경적인 교회 정치제도를 지칭하는 용어이다. 배광식 목사께서 더 폭넓은 연구를 통해 새롭게 출간한 『장로교 정치 형성사』는 한국 장로교회의 근원과 발전적 과정을 역사적 측면에서 좀 더 소상히 밝혀냈다. 이 책을 통해 개혁신학의 정체성과 핵심신학을 이루어가는 역사적 자취를 들여다볼 수 있게 되었다. 신학도와 목회자들이 꼭 한 번 정독해야 하는 필독서가 되리라 믿으면서 기쁨으로써 이 책을 추천한다.

한기승 목사(광주중앙교회 담임, 광신대학교 교수)

"역사는 점진적인 개선을 추구한 사람들이 아닌 기존 질서에 근본적인 도전을 감행했던 사람들에 의해 진보했다"(E.H.Carr). 한 나라의 흥망성쇠(興亡盛衰)는 그 나라의 지도자들과 그들이 행하였던 행위에 따라 직접적인 영향을 받게 된다. 지도자들이 교회나 사회나 국가 안에서 그 조직체의 발전과 성장을 돕는 당연한 행위들을 우리는 정치 행위라고 말한다. 정치가 어떠하냐에 따라 흥하기도 하고 망하기도 하고, 지도자는 선군이 되기도 하고, 폭군이 되기도 한다. 역사는 그것을 증명하고 있다.

교회의 정치도 마찬가지이다. 지도자들이 어떤 정치의 행위를 하느냐에 따라서 교회가 바르게 세워지기도 하고, 세상을 변화시키기도 하며, 반대로 교회를 혼란에 빠지게도 하며, 세상의 지탄을 받는 대상이 되기도 한다. 그래서 신앙의 선배들은 성경과 개혁주의 신학에 중심을 둔 정치제도를 확립하고자 노력했다. 이런 정치제도 안에 한국 장로교회가 존재하고 있다. 역사를 되짚어보면 교회가 세속에 물들어갈 때, 하나님의 일하심이 나타났다. 그것이 곧 개혁이었다. 종교개혁이 일어났으며, 무너졌던 신학과 신앙이 성경으로 돌아가게 되었다. 그리고 교회가 나아갈 방향성과 올바른 정치제도가 새롭게 확립되었다. 개혁은 곧 바른 정치제도의 확립과도 맞물려 있다.

오늘날은 인본주의와 실용주의, 개인주의가 판을 치는 시대이다. 교회도 직, 간접적으로 시대의 영향을 받고 있다. 성경적 원리보다 세속적인 기준들과 인기영합적 사고의 행위들에 휘말려 들고 있다. 이것이 교회가 점점 힘을 잃어가는 이유이다. 이런 시대적 상황에서 우리는 다시 성경으로 돌아가고, 다시 성경적 정치 원리를 고찰함으로 개혁을 시작해야 할 것이다.

금번에 대한예수교 장로회(합동) 106회기 총회장을 역임하신 배광식 목사께서 출간하신 책은 대단히 시의적절하며, 고귀한 내용이라고 생각한다. 아마도 한국 교계와 합동교단을 섬겼던 경험에서 장로교회와 교계 지도자들에게 가장 절실하고도 필요한 것이 교회정치라고 생각했을 것이다. 이 책은 단순히 정치만을 다루고 있는 것이 아니라, 역사를 함께 다루고 있어, 그 시대 속에 일하시는 하나님을 통해, 교회의 본질이 무엇인지, 오늘날의 교회가 어디를 향해 가야 하는지를 정확하게 안내해 줄 것이다.

현재의 목회자들뿐만 아니라, 한국장로교회의 미래를 책임질 모두와 교회 지도자들에게 꼭 필요한 책이라 사료된다. 귀한 섬김에 격려를 표하며 감사를 드립니다.

이승희 목사(대한예수교장로회 증경총회장)

참으로 존경하는 배광식 목사님의 저서를 차분히 읽으면서 감탄과 감사를 멈출 수가 없었다. 한 교회를 섬기는 목회자요 교단을 이끌어 온 총회장이라는 중책을 감당하면서도 이토록 방대한 학문적 자료와 목회 현장의 실천적 적용을 담아 마치 씨줄과 날줄을 공교히 엮은 듯한 저서에 놀라움을 금할 수가 없었다. 포스트모더니즘 시대를 맞이한 오늘날 장로교회라 해도 그 근본원리에 관한 무지나 오해로 인하여 진정한 장로교회의 원리를 목회 현장에서 구현하지 못하는 것을 안타까워하는 것은 저자의 마음뿐만은 아닐 것이다. 특히 팬데믹을 지나면서 오늘날 교회의 위기를 걱정하는 즈음에 우리가 돌아가야 할 것은 진정한 성경적 원리가 될 것이다.

저자는 장로교회 정치제도의 형성과 발전을 역사적으로 연구하고 누구나 쉽게 읽을 수 있도록 평명한 문체로 기록함으로써 책을 손에 든 독자는 마치 시원한 고속도로를 달리는 듯한 느낌을 받는다. 존 칼빈으로 시작하여 존 녹스와 웨스트민스터 총회를 거쳐 미국 장로교 정치와 한국 장로교회 정치 원리에 이르기까지 장로교회 정치 체제를 통전적으로 제시한 내용이 하나의 백과사전처럼 엮어져 있다. 이 책에서 발견하는 가장 뛰어난 공헌이라면 장로교 정치 원리가 성경 자체에 근거한 제도라는 점을 밝혔다는 것이다. 이런 점에서 장로교회를 섬기는 목회자들이나 성도들은 그 뿌리가 성경에 근거해 있다는 사실에 자부심을 가져야 할 것이며, 다른 교단의 교회를 섬기는 분들이라 해도 장로교회의 원리에 대하여 조금 더 깊은 이해를 얻게 될 것이다.

존 칼빈이 쓴 『기독교강요』가 중세의 어둠을 뚫고 종교개혁을 체계화하여 개신교의 꽃을 피우는 데 기여한 후로 많은 하나님의 사람을 통해 장로교회는 진리의 복음과 부르심에 합당한 거룩한 삶을 강조하면서 오늘까지 발전을 거듭해 왔다. 특히 한국교회는 다른 나라에서 찾아볼 수 없을 정도로 놀라운 장로교회의 성장을 이루었다. 우리가 속해 있는 장로교회의 근원을 성경으로부터 시작하여 통시적이고 공시적인 관점에서 살펴보는 것은 하나님의 나라와 섬기는 교회를 위해 결정적인 유익을 제공할 것이다. 우리가 서 있는 자리를 바르게 인식할 때 어떻게 살아야 할지의 실천적 삶이 가능하기 때문이다. 본서로 인하여 목회자는 더욱 분명한 성경적 원리 위에 성경적인 목회를 추구하게 될 것이고, 일반 독자는 하나님이 세우신 교회를 더욱 선명하게 이해하게 되어 주님의 교회를 더욱 사랑하게 될 것이다.

류응렬 목사(와싱톤중앙장로교회 담임, 고든콘웰신학대학원 객원교수)

하나님의 백성인 우리의 신앙과 하나님에 대해서 알기를 원하는 우리의 신학은 성경에 기초해야 한다. 성경 중심에서 세워진 신학적 토대를 우리는 개혁주의, 보수 전통주의라고 하며, 그것은 마땅히 경건한 그리스도인이 추구해야 하는 자세이다. 특별히 장로교 신학과 정치 체계는 칼빈의 오직 성경, 오직 믿음, 오직 하나님께 영광이라는 중심 주제 위에 세워져서 오늘까지 이어져 오고 있다. 하지만 오늘날 하나님에 대한 신학은 혼탁해졌고, 장로교의 성경적 교리는 무너져 가고 있으며, 같은 교단 안에서도 성경과 교리에 대한 이해가 달라지고 있고, 교회와 교단의 정치 질서도 바르게 서 나가지 못하는 상황에 있다고 생각한다. 이러한 시기에 출간되는 『장로교 정치 형성사』는 칼빈과 존 녹스를 비롯한 초기 개혁자들과 잉글랜드 및 스코틀랜드 장로교회, 그리고 미국 장로교회와 한국 장로교회로 이어지는 개혁신학과 성경적 정치 체계를 소개함으로써 오늘날 우리에게 필요한 장로교의 실체를 정립하는 데 크게 도움을 줄 것이다.

저자인 배광식 목사는 탁월한 목회자요, 리더십을 인정받아 제106회기 총회장으로 교단을 섬겼고, 바른 성경관과 학문적 열정을 담아 『장로교 정치 형성사』를 출간하기까지의 노고를 치하하며 주의 몸 된 교회가 하나님의 영광을 더욱 드러내기를 원한다. 더불어 모든 목회자가 이 책을 통해서 세속적 방법과 이론을 몰아내고 성경에 기초한 목회와 교회 정치를 성실히 실행해 가기를 소망한다.

  박헌성 목사(미국 서부열린문교회 담임 및 국제개혁대학교·신학대학원 총장)

칼빈대학교의 부총장으로 봉사하시며, 장로교 합동 106회기 총회장을 역임하셨던 배광식 박사의 『장로교 정치 형성사』를 추천하게 되어 매우 기쁘게 생각한다. 이 책은 장로교의 정치적 실체를 잘 밝혀내고 있다고 생각한다. 사실 우리가 사용하고 있는 장로회(Presbytery)라는 말은 정치 체제를 가리키는 용어이다. 성경에 기원을 두고 있는 가장 성경적인 교회 정치 체제라 할 수 있다. 존 칼빈, 존 녹스 그리고 청교도들과 같은 개혁자들은 장로교정치 체제를 정착시키려고 목숨 걸고 투쟁했고, 영국에서는 수많은 청교도가 박해를 받았을 뿐만 아니라 순교하며, 추방을 당하면서까지 세우려고 했던 것이 바로 개혁신학과 장로교정치 체제였다. 이 책은 이러한 장로교의 발자취와 속내를 들추어내어 한국에까지 내려오는 그 역사적이며 발전적인 흔적들을 밝혀내는 보기 드문 역작이라 할 수 있다. 요즘 목회의 가벼움이 대세를 이루며 개혁신학이 구호에 그치는 모습을 보면서 목회자들과 신학도들이 반드시 읽어야 할 도서목록임을 추천한다. 사실 칼빈대학이 지향하며 지켜내려는 개혁신학의 핵심을 짚어내며 아우름에 있어 전혀 손색이 없는 책이기에 이 책을 추천한다.

김진웅 목사(칼빈대학 전 재단이사장)

정치는 단순히 과거의 기록이나 이론에 그치는 것이 아니라 현재와 미래를 연결하며, 우리 삶에 실질적인 영향을 미치는 중요한 하나의 체계이다. 특별히 교회 정치 역사는 교회의 본질과 그리스도인의 삶에 깊이 뿌리내리고 있어 이를 올바르게 이해하고 적용하는 것이 매우 중요하다. 『장로교 정치 형성사』는 이러한 교회 정치 역사의 중요성을 역사의 흐름 속에서 명확하게 보여준다. 배광식 목사는 장로교의 정치제도와 치리의 원리가 어떻게 형성되고 발전해 왔는지 철저히 분석하고, 그 과정에서 얻을 수 있는 교훈들을 통해 오늘날 우리가 직면한 교회의 문제들을 해결하고 더 나은 미래를 설계할 수 있는 통찰을 제공한다.

또 장로교 정치제도의 기초가 되는 신학적 원리들을 역사적 맥락 속에서 조망하며 스위스의 존 칼빈에서 시작된 개혁신학이 스코틀랜드를 거쳐 한국에 이르기까지의 과정을 체계적으로 다루고 있다. 존 녹스와 같은 종교개혁자들이 이루어 낸 정치적 성과들을 바탕으로 한국 장로교회가 나아가야 할 방향을 제시하며 이를 통해 세속화와 인본주의에 물들지 않는 교단 운영의 원칙을 강조하고 있다.

13년 만에 새롭게 개정되어 출간된 『장로교 정치 형성사』는 신학을 연구하는 학자들과 교회의 지도자들에게도 장로교 정치제도의 원리와 실제를 깊이 이해하는 데 큰 도움을 줄 것이다. 이 책을 통해 장로교회의 정치 원리와 치리 제도에 대한 이해를 더욱 깊게 하고 이를 바탕으로 한국교회의 발전에 기여할 수 있기를 기대하며 기쁜 마음으로 추천한다.

이영훈 목사(여의도순복음교회 담임)

하나님의 역사는 성경의 이야기로만 끝나지 않는다. 성경 속에서 일하신 하나님은 세계 역사 속에서도 여전히 일하신다. 그 증거가 바로 종교개혁이다. 복음과 본질에 집중하도록 이끄신 하나님의 역사가 종교개혁의 역사이다. 역사는 분명 지나간 시간을 다루지만, 역사를 보는 사람은 지금, 이 순간 여기를 볼 수밖에 없다. 역사를 보는 사람은 책임을 느끼게 된다. 배광식 목사님을 뵈면 늘 역사 속에서 미래를 보며, 현재에 책임을 지는 목회자의 모습을 느낄 수 있다. 13년 전 출간된 『장로교 정치 형성사』를 변화된 시대의 상황에서 재검토하고 수정 발전시킨 이번 출간은 하나님의 역사에 신실한 목사이자, 시대적 상황에서 하늘의 징조를 살피는 학자이고, 교단의 지도자로서 책임 있는 신앙인의 모습을 엿볼 수 있을 뿐만 아니라 교단 내의 바른 정치를 갈망하는 모두에게 얼음냉수가 될 것이기에 강력히 추천한다.

이 철 목사(기독교대한감리회 감독회장)

할렐루야! 평소 섬김을 통해 개혁신학의 발전과 교단 정치의 선진화로 하나님의 뜻을 펼쳐오신 배광식 목사님의 열정이 고스란히 담긴 역저, 『장로교 정치 형성사』 출간을 진심으로 축하드립니다. 배광식 목사님께서, 미래지향적인 신학과 현장 경험이 집약된 교회 정치사를 통해 한국교회와 사회에 새로운 지평을 열었다면, 이번에 새롭게 연구하여 정리한 책은 "신학과 정치는 교회를 섬기는 학문이어야 한다"는 신념을 더욱 구체적으로 드러냈으며, 장로교회가 한국 사회의 변화에 적응하고 미래로 나아가기 위한 새로운 비전을 제시하고 있다고 생각합니다.

특히, 장로교가 겪어온 정치적 변화와 그 과정에서 나타난 신학적 논쟁을 그 어떤 저술이나 자료보다 심층적으로 다루었다는 점에 큰 의미가 있습니다. 많은 어려움과 굴곡 속에서도 굳건하게 믿음을 지켜온 한국 장로교는 대한민국의 역사 그 자체이며, 우리 사회의 발전에 빛과 소금 같은 역할을 해왔습니다. 이 책을 통해 그러한 장로교의 역사와 정신이 되새겨지고, 하나님의 공의와 사랑이 더욱 단단한 반석 위에 세워지기를 기도합니다. 다시 한번 존경하는 배광식 목사님의 역작 출간을 축하드리며, 앞으로도 대한민국 교계와 국가 발전에 큰 힘이 되어주실 것으로 기대합니다.

김기현 장로(국회의원)

사람은 책을 만들고 책은 사람을 만든다는 말이 있다. 기독교의 지나온 자취는 믿음의 영웅들이 문자를 통해 이 시대에 남겼고, 사람들은 글을 통해서 시대마다 사상을 우리에게 알렸다. 비록 교단의 정치적 관점은 다르나 장로교 정치 형성사를 읽으면서 깊고 넓은 사상체계를 조금이나마 알 수 있었다. 이 나라에서 장로교회가 꽃을 피우며, 열매 맺게 된 역사적 과정은 무척이나 흥미로웠다. 지금의 목회현장은 본질은 점차 사라져가고 감성, 흥미 위주의 이벤트 중심의 목회가 판을 치고 있어 점점 황폐화되어가고 있음을 안타깝게 생각한다. 이런 시기에 배광식 목사께서 장로교의 신학적 흐름과 장로교 정치 형성에 대하여 저술한 것은 교회에 크나큰 기쁨이라 생각한다. 무척 더웠던 지난 여름 저자가 이 책을 붙들고 정성을 쏟았음을 기억하며 진심으로 일독을 권한다.

고명진 목사(수원중앙침례교회, 침례회증경총회장)

인생을 살면서, 늘 염두에 두는 원칙이 있다. "어느 인생이든 이유가 있다"는 원칙이다. 잘한 일이든, 잘못한 일이든, 심지어 너무나 놀라울 만큼 잘한 일에도, 혹은 반대로 범죄를 저지른 경우에도, 그 이면에는 분명한 이유가 있다는 뜻이다. 너무나 당연하고 평범한 원칙처럼 보이겠지만, 사실 이 원칙을 갖고 있는 것과 그렇지 않은 것에는 큰 차이가 있다. 특히 교회 일에서나 인간관계에서 이해할 수 없는 일을 만날 때, 이 원칙이 없으면 그저 누군가를 내가 느낀 면으로만 판단하고 정죄하게 된다. 그러다 보면 관계는 더욱 멀어지게 된다. 그러나 이 원칙을 갖고 있으면, 당장은 이해할 수 없어도 '뭔가 있겠지'라는 생각을 먼저 하면서 이유를 찾게 된다. 그러다 보면 결국 상대방을 어떻게든 이해하게 되면서, 더 가까운 관계로 발전하게 된다. 그래서 필자는 교회든, 가정이든, 사회든, 언제 어디에서도 이 원칙을 기억하고 적용하려고 노력한다.

감리교 목사로써 늘 궁금하게 생각했던 것 중 하나가 바로 '장로교의 정치제도'였다. 장로교의 정치제도는 민주적인 회의체를 표방한다는 점에서 감리교의 정치제도와 기본적인 형태는 유사하다. 그러나 장로교의 정치제도는 감리교의 제도보다 '견제와 균형의 원리'를 더 중시한다는 인상을 받았다. 그래서 마음 한편에 '왜 그럴까?' 늘 물음표를 갖고 있었다. 그런데 그 물음표가 배광식 목사님의 이 책을 통해서 상당 부분 느낌표로 바뀌었다. 또 학자이면서 목회자인 배광식 목사가 전문적으로 연구한 방대한 이야기를 일반인의 눈높이에 맞춰 최대한 쉽게 풀어낸 점, 그리고 지금의 시대를 고민하면서 쓴 흔적이 보인다는 점에서, 필자는 이 책을 읽으면서 감탄했다.

그래서 나는 이 책을 지금 우리 시대의 기독교인들에게 추천하고 싶다. 꼭 장로교가 아닌 다른 교단에 속한 분에게도, 이 책은 믿음의 선배들이 고민하고 분투했던 이야기로서 읽을만한 충분한 가치를 갖고 있다. 이 책을 보면, 우리가 무엇을 추구하며 가야 할지 보일 것이다. 필자가 받았던 그 감동을, 많은 분이 누리기를 바라며, 기쁜 마음으로 이 책을 추천한다.

김학중 목사(꿈의교회, 제31대 CBS 재단이사장)

나는 배광식 증경총회장과 제106회기 통합측 총회장, 합동측 총회장의 신분으로 한국교회총연합에서 만났다. 공교롭게도 같은 회기에 기하성 대표총회장 이영훈 목사, 기감 감독 회장 이철 목사가 한교총을 함께 섬겼다. 우리 넷은 6.25 동족상잔 끝자락에 태어나 한국의 1~4차 산업혁명을 버둥대며 함께 경험한 언필칭(言必稱) 갑장 동년배 친구들이다. 이임 후에도 우리는 평생의 친구요, 복음 동지가 되어 수시로 만나고 만나지 못하면 보고 싶은 늘그막의 동역자가 되었다.

 주의 몸 된 교회를 섬기다 보면 교회의 교회 됨을 지키는 원칙엔 강점이 있지만, 정무적 감각이 모자라 반교회적 태도를 보이는 목회자들도 있다. 반면에, 분명 교회를 사랑하고 현실적 감각엔 뛰어난 강점을 갖고 있지만, 본질과 정체성을 놓치고 사는 목회자들도 종종 있다. 내가 본 배광식 증경총회장은 장로교 교리와 원칙, 그리고 그 정체성에 관한 탁월한 지식과 함께 교회를 사랑하는 마음과 정무적 감각까지 골고루 갖춘 균형감 있는 소위 법통 목사다. 그의 판단은 언제나 하나님께 영광이 되고, 성경적, 원리적 근거가 분명하며, 공교회에 유익이 되었다. 부족한 내가 한교총 대표회장으로 섬기는 동안 배 목사님의 짧은 충고와 발언은 우리 공동체를 이끄는 진정한 리더와 지혜가의 일성(一聲)이었다.

 오랜 연구와 다양한 경험을 모아 이번에 발간된 그의 시대적 저서 『장로교 정치 형성사』는 축소 지향적 탈종교시대를 만난 작금의 한국교회, 특히 개혁교회를 성경적 반석 위에 든든히 세우고 전방위적 위기 앞에 흔들거리는 한국교회를 올곧은 길로 이끌어주리라 기대한다. 총회를 섬기고자 하는 사람들, 개 교회를 잘 섬기는 길라잡이가 필요한 사람들, 개혁교회를 배우고자 하는 신학도들에게 감히 일독을 권한다. 귀한 저서를 발간하는 배광식 증경총회장께 존경과 축하의 말씀을 전한다.

류영모 목사(한소망교회 설립, 제106회기 총회장(통합),
제5회기 한교총 대표 회장, 제27대 CBS 재단이사장)

추천사	4
저자 서문	27
서론	33

존 칼빈과 장로교 정치 · 39

『기독교 강요』에 나타난 칼빈의 교회론과 직제론 · 41
- 칼빈의 교회론: 『기독교 강요』 초판과 최종판 비교 · 42

장로교 치리회의 역사적 발전 과정 · 82
- 칼빈 이전의 제네바 상황 · 82
- 제네바 개혁 · 88
- 제네바 권징 · 102

정치 제도에 대한 칼빈의 견해 · 113
- 장로교 정치 원리 · 113
- 교회 정치 제도의 필요성 · 119
- 교회 정치 제도의 기초인 법 · 121

'제네바교회 규정서'와 정치 제도 · 123
- 1536년 제네바 신앙고백서 · 123
- 칼빈의 『기독교 강요』 · 127
- 1537년 '제네바교회 규정서' · 134
- 1541년 '제네바교회 규정서' · 138

존 녹스와 장로교 정치   155
존 녹스와 장로교 정치 제도   156
존 녹스의 귀국과 종교개혁의 발단   156
스코틀랜드 신앙고백서의 채택과 특징   159
'스코틀랜드 신앙고백서'와 장로교 정치 원리   161
'스코틀랜드 신앙고백서'에 나타난 교회론: 163
특성, 표지, 성례, 권징
『스코틀랜드 신앙고백서』와 치리서 도입 과정   165
존 녹스의 '제1치리서'(The First Book of Discipline, 1560)   167
'제1치리서'에 나타난 교회직제   168
'제1치리서'에 나타난 치리 제도   171
앤드류 멜빌의 '제2치리서'   175
(The Second Book of Discipline, 1578)
앤드류 멜빌의 '제2치리서'의 특징   176
'제2치리서'에 나타난 직제론   177
'제2치리서'에 나타난 치리회 구성   181

영국 웨스트민스터 총회와 장로교 정치   185
  청교도와 종교개혁에 관한 요구들   186
  웨스트민스터 총회의 역사적 배경   190
  웨스트민스터 총회에 의해 가결된 공식 문서들   193
    공예배 지침서   193
    「웨스트민스터 신앙고백서」   202
    교회 정치 조례   207
  웨스트민스터 정치 조례에 나타난 직제론과 치리 제도   211
    직제론   214
    치리회   216

미국 장로교 정치와 치리 제도   221
  초기 미국 장로교 정치제도의 형성과 정치 원리   222
    미국 장로교의 형성 배경   222
    미국 장로교회 설립과 치리회 조직   232
  대각성운동과 미국의 장로교 정치   236
    대각성운동과 미국 장로교회의 분열   236
    청교도 개혁주의 정신과 미국 북장로교   242
    남장로교회의 역사적 배경과 신학   246
    미국 장로교회의 총회 조직   249

미국 장로교회의 정치 원리와 치리 제도	251
정치 원리	251
치리 제도	253

한국 장로교회의 정치 원리와 치리 제도	257
대한예수교장로회 독노회의 조직 배경과 역사적 의의	259
장로회공의회의 성립과 발전	259
독노회의 조직과 장로회주의(Presbyterianism)의 확립	262
대한예수교장로회 총회 조직과 정치 체제	272
총회 조직의 배경과 역사적 의의	272
총회 조직시 각 노회의 상황	273
총회의 결의사항	276
대한예수교장로교의 정치 원리와 치리 제도	278
대한예수교장로회 정치 원리	278
치리 제도의 필요성과 권한	295
치리회의 조직과 권한 및 직무	299

결론	335
참고문헌	345
저자 배광식 박사 약력	363

The History of the Formation of Presbyterian Polity

저자 서문

저자 서문

1907년 한국에서 장로교 독노회가 설립된 이후 한국 장로교회는 수적으로 크게 성장하고 신학적으로 점점 발전해 가고 있다. 이는 교회의 복음 전파와 지도자들의 헌신적인 목회와 성도들의 섬김과 희생의 열매라고 생각한다. 그러나 교단 내의 정치적 운영과 활동이 성경에 기초를 둔 장로교 정치 원리에 입각한 규정에 따라 잘 적용되면서 성숙하게 발전해 가고 있는지 염려가 된다. 개혁신학에 토대를 둔 본 교단은 개혁신학 사상과 정치 원리는 주님이 다시 오실 때까지 지켜 가야 하는 것이 우리 교단의 사명이라 생각한다.

오늘날 한국교회는 극단적인 인본주의와 실용주의의 영향을 받으면서 신학 사상과 정치 원리가 장로교 정치 제도의 원칙과 성경의 가르침에서 서서히 멀어져 가고 있다. 성경의 원리가 아니라 세속적 원리의 기반인 힘과 물질의 논리가 전통적 원리를 밀어내는 상황들과 마주치고 있다. 세속 사상의 영향을 받아 장로교 안에서도 개혁주의 신학과 성도의 윤리적 규범이 서서히 밀려나고 있다. 장로교회의 신학적이고 교회 정치적인 유산들은 속히 회복되고, 그 원리와 원칙들은 흔들림 없이 지켜져야 한다.

필자는 한국 장로교회가 성경과 개혁주의 신학자들이 연구하고 찾아내어 정립한 정치 제도의 틀에서 벗어나지 말고 그것을 더 보완하고 발전시켜야 할 책임이 있음을 통감한다. 필자가 이번에 내놓은 이 책은 『장로교 정치 통전사』(킹덤북스. 2011)를 보완하여 더 세밀하게 역사적으로 서술한 증보판이다. 시대에 따라 개혁주의 신학과 교회 정치 제도의 원천적 제안과 상황에 따른 교회 조직과 치리회의 발전적이고 적용적인 관점을 더 보완했다. 교회 정치 제도의 기초는 성경에 토대를 두고 연구되고 발전되었지만, 이를 적용하는 일은 각 국가가 처한 상황에 따라 다르다. 시대와 상황의 변천에 따라 정치 제도가 사라지기도 했고, 새롭게 추가되기도 했다.

필자는 이 책을 통해 장로교 정치 제도가 담고 있는 신주주의적(theocratic) 요소와 민주주의적(democratic) 요소가 특징적으로 나타나 있다는 점과 그러한 요소들이 창조주요 구속주이시며, 섭리자이신 삼위일체 하나님의 절대주권과 그분의 형상으로 지음받은 인간의 존엄성에 근거하고 있음을 강조하려고 했다. 필자는 스코틀랜드에서 수학하면서 종교개혁자들이 국가교회에 맞서 성경에 입각한 신학과 교회 운영을 위한 정치 제도의 기초를 고안하여 작성하고 철저히 검토하여 개혁교회의 신앙고백과 정치 원리를 세상에 내놓은 역사적 과정과 열매들을 보면서 장로교 정치 사상에 관하여 관심을 두게 되었다. 이러한 관심이 개혁교회의 정치 원리와 제도들을 세밀하게 연구하게 된 동기이다.

스위스 제네바의 칼빈이나 스코틀랜드의 존 녹스를 비롯한 개혁자들과 잉글랜드의 종교개혁자들인 청교도들이 열망했던 성경의 바른 해석과 적용 그리고 국가와 교회 사이의 바른 정치적 원리와 규정들이 깊은 연구와 투쟁을 거쳐 거의 완벽한 신앙고백과 정치 원리로 탄생했다는 것은 종교개혁자들의 공헌이라 말하지 않을 수 없다. 필자가 이 책의 내용을 재검토하고 수정 보완했지만, 전문 영역에서 좀 더 세밀하게 자료들을 추적하고 연구하여 독자들이 만족할만한 글로 세상에 내놓지 못한 부분이 아쉬움으로 남아 있다. 역사의 변천에 따라 후학자들이 더 보완하고 미흡한 부분을 밝혀주리라 생각한다.

이 책이 재출판되기까지 내용의 보완을 지적하고 세밀하게 검토해 준 황봉환 교수(전 대신대 부총장)와 총신대학교 신학대학원의 안인섭 교수님, 저자의 책을 읽고 추천의 글을 써 주신 여러 교수님과 동역자님들께도 감사의 마음을 전한다. 끝으로 이 책의 내용을 꼼꼼하게 읽고, 수정과 편집을 거쳐 기꺼이 출판을 허락해 주신 우리시대 출판사와 필자가 글을 쓸 수 있도록 자료를 정리해 준 자매들과 담임목사를 기도로 후원하고 지원해 주시는 대암교회 성도들께 감사드린다. 이 책을 읽을 독자들과 본 교단뿐만 아니라 한국교회 많은 지도자에게도 참고서가 되고 정치적 원리를 이해하고 헌법에 명시된 규정들을 교단 정치에 바르게 적용하는 일에 도움이 되기를 기대한다.

2024년 9월

배광식 목사(대암교회 담임, 제106회기 총회장)

약어표

Inst(1559) John Calvin, *The Institutes of the Christian Religion,* John T. McNeill ed., Ford Lewis Battles trans. (Philadelphia: Westminster Press, 1960), Vols. I and II.

Inst(1536) John Calvin, *The Institutes of the Christian Religion* (London: Wm Collins Sons and Co, 1986).

CO Jean Calvin, *Ioannis Calvini Opera Quae Supersunt Omnia,* Edouard Cunitz, Johann-Wilhelm Baum, Eduard Wilhelm Eugen Reuss (eds.), (Braunschweig: C.A. Schwetschke, 1863-1900).

COS Jean Calvin, *Joannis Calvini Opera Selecta.* Peter Barth, Dora Scheuner, Wilhelm Niesel (eds), (München: C. Kaiser, 1926-1952).

CT J. K. S. Reid, *Calvin: Theological Treatises* (Philadelphia: The Westminster Press, 1954).

PP David W. Hall, Joseph H. Hall, *Paradigms in Polity* (Grand Rapids: William B. Eerdmans Company, 1994).

The History of the Formation of Presbyterian Polity

서론

서론

본서는 장로교회의 정치 원리와 치리 제도를 역사적 발전 과정을 따라 연구한 것이다. 장로교회의 정치 원리는 통치권이 교회의 머리 되신 예수 그리스도에게 있다는 것과 주권의 대리자들로서 성직자들은 직분이 평등(차별이 아닌 구별)하다는 것과 모든 성도가 만인제사장으로서 교회 정치에 참여하는 대의적(代議的) 제도를 그 근본으로 한다. 칼빈(John Calvin)은 하나님의 말씀에 기초한 평등성, 자율성 그리고 연합성의 원리를 토대로 하여 장로교 정치 제도와 치리회를 구성하였다. 그는 이러한 원리들을 『기독교 강요』뿐만 아니라 『제네바교회 규정서』를 통해 밝혔다. 이것들은 후일 칼빈의 영향을 받은 존 녹스(John Knox)에 의해 스코틀랜드 장로교회에 뿌리내리게 되었다.

스코틀랜드 장로교회는 17세기 초반부터 제네바교회의 정치 원리와 제도에 기초한 그리스도의 주권, 신자들의 종교적 자유와 권리를 천명하면서 장로교 정치 제도의 기능을 발휘했다. 그러나 1560년에 작성한 교회 정치 원리와 제도는 즉시 국가교회에 적용하기가 부적합하다는 판정을 받았다. 그리하여 '제1치리서'(The First Book of Discipline)의 부적합성을 수정 보완하여 '제2치리서'(The Second Book of

Discipline)를 작성하는 계기가 마련되었다. 스코틀랜드 장로교회가 보인 특별성은 '제1치리서'를 작성할 때부터 칼빈이 제네바에서 강조한 장로교 원칙들을 그대로 반영했다는 점이다. 그 바탕 위에 국가교회라는 특수한 상황에서 지역 순회 감독직과 독경사직을 새롭게 고안했다. 그럼에도 스코틀랜드 장로교회가 가장 큰 영향을 받은 것은 제네바교회의 정치적 모델임을 부인할 수 없다.

칼빈이 제네바에서 사용했던 '하나님의 법' 사상은 영국의 개혁자들과 청교도들에 의해 채택되었고 웨스트민스터 종교회의에서 그 열매를 맺었다. 웨스트민스터 종교회의가 가결한 '신앙고백서', '공예배 지침서', 그리고 '교회 정치 조례'는 이후 모든 장로교회의 신조와 교회 정치 제도에 모델로 자리 잡았다. 특별히 웨스트민스터 총회가 가결한 '교회 정치 조례'는 다음의 내용을 강조한다. 교회의 주권자는 예수 그리스도이시며, 교회의 치리는 목사와 치리 장로들의 연합적 치리이며, 직분자들의 평등성 그리고 치리회 제도를 통한 개교회들의 통일성이다. 그러나 웨스트민스터 총회가 가결한 치리 제도는 제네바교회와 스코틀랜드교회가 작성한 치리 제도와 비교할 때 약간의 차이점이 있다. 특별히 장

16세기 프랑스에서 그려진 존 칼빈의 초상

로교회의 협의 제도로서 시찰회와 준노회를 세워 개교회의 현안 문제들을 수행하도록 한 것은 이후 미국 장로교회와 한국 장로교회에 직접적인 영향을 미치게 한 부분이다. 이 제도는 성직자 개인이나 개교회의 독자적 결정을 차단하고 협의적 구조 안에서 결정하도록 도움을 주었다는 점에서 긍정적인 평가를 받는다.

미국 장로교회는 시작부터 웨스트민스터 총회가 결의한 정치 사상을 그대로 반영하였다. 미국 장로교회는 민족주의적 다양성 속에서도 『웨스트민스터 신앙고백서』(The Westminster Confession)를 신앙과 생활의 규범으로 받아들였다. 미국 장로교회의 결정은 오직 그리스도께서 교회를 통치하시며, 그 교회를 다스릴 직분자들을 임명했으며, 그들의 자격과 권위는 성경이 규정한 대로 제시되었으며, 교회의 헌법은 국가의 세속권력으로부터 독립되어 있다는 웨스트민스터 헌법의 내용을 반영한 것이다. 특별히 미국 장로교회가 강조한 바는 치리회는 각 교회 장로들(목사, 치리 장로)이 다스린다는 점이다. 이러한 치리회의 활동을 강조하면서도 미국 장로교회는 각 교회들이 어디에 있든지 모두가 그리스도 안에서 연합된 공동체라는 사실을 강조했다. 이 점은 웨스트민스터 총회가 가결한 교회 정치 지침서의 평등성과 통일성을 협의회적 성격으로 발전시킨 것이다.

이처럼 유럽과 미국 장로교회에 적용되었던 장로교회의 정치 제도는 서양 선교사들의 선교로 말미암아 한국 땅에도 전파되었고, 1907년 독노회를 설립하기에 이른다. 이로써 한국의 장로교회는 세계 장로교회의 원류로 합류하였다. 한국 장로교회는 개혁주의 교회로 출발한 제네바교회와 스코틀랜드 장로교회의 정치 제도의 모범을 따른다. 따라서 한국 장로교회의 뿌리는 근원적인 측면에서는 칼빈의 신학에, 조직교회로서의 제도적인 측면에서는 스코틀랜드 장로교회에, 신앙고백에 있어서는 '웨스트민스터 신앙고백서'에 근거한다고 볼 수 있다.

본 연구를 통해 기여하려는 공헌점은 다음과 같다.

첫째, 본 연구는 장로교회 정치 제도의 형성과 발전을 역사적으로 연구·검토하였다. 둘째, 장로교 정치 원리와 치리 제도를 공식 문서들을 통해 밝혀냈다. 셋째, 장로교회 정치 원리를 통하여 교회의 통치에 대한 그리스도의 주권, 이 주권을 대리하는 직분자들의 평등성 그리고 모든 신자가 '만인제사장'으로서 참여하는 대의정치 제도가 제네바 장로교회, 스코틀랜드 장로교회, '웨스트민스터 신앙고백서' 그리고 미국 장로교회에 어떻게 반영되었는가를 검토하였다. 넷째, 본 연구에서는 신학적이고 교리적인 접근을 통하여 원리와 정치 제도가 성경에 근거하고 있는가를 평가하였다.

본 연구를 통해 제시하는 몇 가지 제안점은 다음과 같다. 첫째, 한국교회 안에서 목사들의 자질을 스스로 높이기 위해 스코틀랜드 장로교회가 실천했던 '성경 토론회'의 부활을 제안한다. 둘째, 장로교 합동측 교단이 현실적으로 활동하고 있는 시찰회 제도를 협의 체제로서 헌법에 명시할 것과 헌법에 명시되어 있으나 실제적인 대회의 조직과 활동은 전무한 대회 제도의 구성을 제안한다. 웨스트민스터 총회가 교회의 합리적인 치리를 위해 치리 제도의 분권을 결정했다면 한국 장로교회 역시 이 제도를 따르는 것이 합리적이기 때문이다. 이러한 제안들은 한국 장로교회 치리 제도의 발전을 앞당기는 데 직접적인 도움을 줄 것이라고 생각한다.

The History of the Formation of Presbyterian Polity

존 칼빈과 장로교 정치

존 칼빈과 장로교 정치

　장로회주의 발생과 정치 제도의 형성 과정에 대한 연구는 개혁주의 신학의 기초를 세운 존 칼빈의 신학으로부터 출발해야 한다.[1] 칼빈은 개혁주의 신학의 뿌리가 되는 '경건의 대전'인 『기독교 강요』 (The Institutes of Christian Religion) 제4권에서 성경에 기초한 교회론을 전개한다.[2] 그리고 '제네바교회 규정서' (Ecclesiastical Ordinances of Geneva, 1541)를 통해 성경에 근거한 교회의 조직, 직분자들 그리고 치리회의 원리를 제시한다. 이 장에서는 칼빈이 『기독교 강요』에 언급한 장로교

---

1) 마틴 루터(M. Luther)가 종교개혁의 불씨를 지핀 이후 두 개혁가 루터와 츠빙글리((H. Zwingli)는 마르부르그 담화(Marburg Colloquy)의 기간 중 주의 만찬(The Lord's Supper)에 그리스도께서 육체로 임재하신다는 본질적 문제(성례론)에 대해 의견을 달리하였다. 이후부터 루터를 중심으로 한 루터주의(Lutheranism)와 츠빙글리를 중심으로 한 개혁주의(Reformed)로 나뉘었고, 츠빙글리가 사용한 개혁주의(Reformed Reformation)라는 단어와 그 내용은 개혁주의 신학과 신앙 형성의 뿌리가 되었다. 츠빙글리의 후계자 불링거(Heinrich Bullinger)는 개혁주의의 사상적 전통을 정착시켰고 이 사상은 스위스에서 프랑스로 급격하게 파급되면서 존 칼빈에 이르러 체계화되었다. 존 칼빈은 개혁주의 신학의 기초를 확실하게 다진 가장 위대한 종교개혁자이다. cf. 황봉환, "교의신학 서론"(대신대학교 신학대학원 강의노트), 6.

2) 칼빈은 『기독교 강요』 초판(1536년 8월)을 쓴 이후 초판의 신학 사상을 그대로 유지하면서 계속 보충해 나갔다. 칼빈의 『기독교 강요』 초판은 I. 율법(십계명 풀이), II. 믿음(사도신경 풀이), III. 기도(주기도문 풀이), IV. 성례, V. 거짓 성례, VI. 기독교인의 자유, 교회의 권능, 그리고 국가의 정치 조직으로 구성되어 있다. 칼빈은 사도신경을 풀이하는 맥락에서 교회가 무엇인가를 논했고(II. 믿음),' 고해성사'와 성직의 계급-신품성사(V. 거짓 성례) 및 로마 가톨릭교회의 잘못된 성직 체제에 대한 비판과 그리고 교회의 권능(VI. 기독교인의 자유, 교회의 권능, 그리고 세속 정치 조직)을 통해 개혁교회의 정치 원리와 치리회에 대한 암시들을 제시하였다.

정치 원리의 본질을 형성하는 교회론과 정치 제도 그리고 '제네바교회 규정서'에 나타난 치리 제도에 관하여 연구 검토해 보기로 한다.

『기독교 강요』에 나타난 칼빈의 교회론과 직제론

존 칼빈은 『기독교 강요』에서 장로교 정치의 필요성과 성경적 기초에 입각한 직제에 대하여 언급했다. 그러나 제네바에서 목회 사역을 하는 동안 그 적용을 위해 구체적으로 '신앙고백서'(Confession), '정치 조례집'(The Articles), 그리고 '교회 규정서'(The Ecclesiastical Ordinances)를 작성하여 실행에 옮겼다. 칼빈의 『기독교 강요』 초판(1536)은 최종판(1559)에 비해 그 내용이 매우 간략하다. 초판의 구조는 ① 십계명(율법), ② 사도신경(믿음), ③ 주기도문(기도), ④ 성례, ⑤ 거짓 성례, ⑥ 그리스도인의 자유, 교회의 권세 그리고 국가의 정치 조직이라는 주제에 따라서 그의 신학 사상을 정리한 것이다. 이 신학적 구조는 아우구스티누스와 루터의 영향을 받은 것으로 생각된다.[3] 칼빈은 이 주제들을 다루면서 교회란 무엇인가를 논한다. 특별히 사도신경(The Apostles' Creed)을 해설하는 2장에서 "거룩한 공교회를 믿사오며"(the Holy Catholic Church)에서 예정론적 입장(엡 1:9-10; 골 1:16)에 근거하여 교회론을

---

3) 칼빈의 『기독교 강요』(1536) 초판은 스트라스부르의 개혁자 마틴 부처(M.Bucer)의 *Evangelical Commentary* (1527)와 취리히의 개혁자 츠빙글리의 *Commenatrius de vera et falsa religione*(1525), 그리고 바질의 외콜람파디우스(Oecolampadius)의 영향을 받았다고 한다. 비록 어거스틴과 루터의 영향이 있었다고 하더라도 스위스 개혁신학의 영향을 무시할 수 없다. 스위스 개혁신학의 특징은 ① 설교된 말씀과 더불어 기록된 말씀의 권위를 강조하고, ② 목회와 경건 훈련 그리고 교회의 치리, ③ 로마 가톨릭적 예배 의식에서 벗어난 단순한 예배 의식, ④ 국가와 윤리적인 영역에 대한 하나님의 주권을 인정하는 것 등으로 요약할 수 있다.

설명한다. 그리고 '성직계급-신품성사'를 비판하는 글에서 만인제사장론을 주장하고 사도적 복음 선포의 직무를 물려받은 교회의 직제에 대하여 언급한다.

칼빈의 교회론:『기독교 강요』초판과 최종판 비교

『기독교 강요』초판(1536년)

첫째, 칼빈은『기독교 강요』초판에서 선택받은 하나님의 백성의 공동체인 교회를 그리스도의 몸으로 표현한다. 그는 보편교회란 '선택받은 자의 전체수'(the whole number of the elect)라고 정의하고, 이 보편 교회는 그리스도 안에서 하나로 연합되어(엡 1:22-23) 한 머리를 가져 함께 자라며 함께 결합된 한 몸의 지체들과 같다는 점을 논한다.

> 첫째로, 우리는 선택받은 자들의 전체의 수, 즉 거룩한 공교회를 믿는다. … 하나의 교회, 하나의 공동체 그리고 하나님의 한 백성이 있으며, 우리 주 그리스도가 그것의 인도자이며, 왕이며, 한 몸의 머리와 같다는 것을 믿는다. 그리고 그분 안에서, 그들은 세상이 창조되기 이전부터 선택되었으며, 이는 그들이 모두 하나님의 나라에 회집하기 위함이다. 더욱이 그 공동체는 공적(catholic)이고, 보편적(universal)이다. 왜냐하면, 두세 개의 교회는 존재하지 않으며, 그 반대로 하나님으로부터 선택받은 모든 사람은 그들이 하나님의 머리에 의존하는 참된 지체와 같이 그리스도에게로 연합되고 연결되어

있기 때문이다(롬 12:5; 고전 10:17; 12:12, 27).[4]

칼빈에 있어서 교회의 근거는 하나님의 예정이다. 로마 가톨릭교회가 역사적 실체로서의 교회, 그리고 재세례파가 신자들의 자발적인 결사체로서 교회를 강조한 데 반하여 칼빈은 '하나님의 선택된 백성의 집합'으로서의 교회를 강조한 것이다. 그는 이렇게 주장한다.

> 교회는 하나님의 선택받은 백성이기 때문에(요 10:28), 진정으로 그 일원된 자들은 소멸되거나(요 10:28) 또는 나쁜 결과의 일이 일어날 수 없다. 왜냐하면, 그들의 구원은 너무도 확실하고 견고한 터전 위에 자리 잡고 있어서, 이 세상의 모든 구조가 허물어진다 해도 그 구원은 흔들리거나 쓰러질 수 없기 때문이다. 우선은 그것이 하나님의 선택과 더불어 서 있으므로 그 영원한 지혜와 함께함이 없이는 변하지도 실패하지도 않을 것이다.[5]

그러므로 하나님께서 영원 전부터 그의 자녀가 되도록 계획하신 자들을 선택하셨기 때문에 우리가 그리스도 예수 안에 거하기만 하면 하나님의 택함을 받으며 교회에 속하는 자가 된다는 명확하고도 충분한 증거를 갖게 되는 것이다. 이렇게 칼빈이 교회를 그리스도의

---

4) John Calvin, *The Institutes of Christian Religion* (Grand Rapids, Michigan: Eerdmans, 1975), 2권 21장 58절. 이하 Inst.(1536), 2.21.58로 표기한다.
5) Inst(1536), 2.23.

몸으로 표현하면서 선택을 강조하는 점에 대하여 오토 베버(O. Weber) 교수는 다음과 같이 주장한다.

> 그는 교회를 택함 받은 자, 즉 천사나 사람의 수로 서술한다. 그리고 이 수에 죽은 자와 산 자를 다 포함시키며, 나라나 종족에 추호의 차이도 두지 않는다. 교회의 일원은 인간의 어떤 입지에 근거하여 되는 것이 아니고 다만 하나님의 택하심에 기인할 뿐이라고 한다. 그리고 이 택하심이 그리스도 안에서 택함을 받은 모든 사람을 하나로 만드는 것이다. 그리스도는 그들 모두의 머리이시며, 그들은 자라면서 하나의 몸을 이룬다고 한다.[6]

칼빈은 교회론의 근거를 철저히 하나님의 선택에 둔다. 즉 하나님의 예정하심에 따라 세워진 기관이 바로 교회이다. 그러므로 누구든지 예수 그리스도 안에서 하나님의 섭리를 따라 선택되지 않은 한, 예수 그리스도의 몸 된 교회의 진정한 구성원이 될 수 없다. 황재범 교수는 이러한 사실을 다음과 같이 강조한다.

> 인간은 그리스도 안에서의 선택에 의해서만 은혜를 받을 수 있다. 인간은 하나님의 은혜를 받음에 있어서 그 어떤 의지나 권리를 주장할 수 없다. 즉 인간은 은혜받음에 있어서 전

---

6) O. Weber, 『칼빈의 교회관』, 김영재 역(서울: 이레서원, 2001), 44.

적으로 수동적이며 무자유하다. 여기서 우리는 칼빈이 그리스도 안에서의 선택론을 통하여 하나님의 은혜의 자유성, 그리고 인간의 무자유성을 동시에 강조했다는 사실을 다시 확인할 수 있다.[7]

칼빈이 그리스도의 몸으로 교회를 강조하는 것은 교회는 불가분리적 관계를 가지고 그리스도에게 연결되어 있다는 뜻이다. 그러므로 이 교회는 영원 전부터 영원 후까지 그리스도와 함께 살아 있다.

둘째, 칼빈은 선택받은 자들의 공동체인 불가시적 교회에 대하여 논한다. 불가시적 교회는 영원부터 택한 자들이며, 영원까지 보호받을 자들이다. 그러므로 결코 멸망하지 않는다. "… 우리는 또한 주님이 영원부터 택하신 자, 그가 영원토록 보호하여 결코 멸하게 허락하지 않을 자들 속에 속하였다…"(롬 8:31-39), 불가시적 교회는 참된 주님의 교회로서 양자의 은혜를 받은 하나님의 자녀들만 포함된다. 이 교회는 하나님만이 자기 백성이 누구인지를 아시는 교회이다(딤후 2:19). "오직 하나님의 눈만이 누가 마지막까지 보전될 자인지를 보실 수 있다"(마 24:13).[8] 반면에 가시적 교회는 인간의 눈으로 볼 때 '완전히 버려진 자요, 아무런 희망도 없고, 포기해 버린 자들이 하나님의 선하심에 의해 생명의 길로 다시 부름 받아' 모이는 교회이며, 다른 한편으로는 믿음에 서 있는 자들이 '넘어지는 경우를' 볼 수 있는 교회이다. 이는 칼

---

7) 황재범, "칼빈의 예정론 이해"(석사학위 논문, 계명대학교, 1986), 26.
8) Inst.(1536), 2.25.

빈이 가시적 교회의 불완전성을 지적한 것이다. 가시적 교회 안에는 선한 자들과 위선자들이 함께 섞여 있고, 말씀 사역자들에 의해 선포된 약속을 받아들이는 자도 있고, '이 약속을 거부하고 경멸하는 자들'도 있다. 더욱이 가시적 교회 안에서는 누가 참된 신자이며 거짓 신자인가를 구별해 낼 수가 없다. 칼빈은 누가 교회에 속한 자인지 또는 "속하지 않는지를 분별할 수 있는 다른 방법이 없다"고 말한다. "이런 일은 믿음 외에는 알 길이 없다. 이런 것이 바로 우리가 교회를 믿는다고 고백하는 의미이다."

셋째, 칼빈은 『기독교 강요』 초판에서 교회의 표지에 대하여 말한다. 그는 하나님께서 우리에게 허락하신 범위 안에서 누가 하나님의 자녀로 선택받은 자인지 또는 누가 유기된 자인지 구별할 수 있다고 한다. 그는 가시적 교회 안에서 하나님의 선택받은 자를 구분하는 기준을 교회의 표지에 둔다. 칼빈이 『기독교 강요』에서 언급하는 교회 표지는 하나님 말씀의 선포와 또는 성례전에 참여하는 자들의 고백을 통해서이다. 그는 "프랑수아 왕에게 바치는 헌사"에서 아래와 같이 밝힌다.

> 우리의 논박은 이러한 점들에 대한 것입니다. 첫째, 그들은 교회의 형태가 항상 나타나며 가시적이라고 합니다. 둘째, 그들은 이 형태가 로마교회의 지위와 성직 제도에 있다고 합니다. 우리는 반대로 교회란 가시적 외형이 없이도 존재할 수 있으며, 이 외형은 저들이 바보처럼 찬양하는 외적인 훌

류함에만 있을 수 없다고 주장합니다. 교회는 오히려 다른 표지를 갖습니다. 즉, 하나님의 말씀의 순수한 선포와 성례전의 합당한 시행입니다.[9]

또 칼빈은 성경이 우리에게 교회의 표지들을 확실히 알려준다고 본다.

> 성경은 우리에게 어떤 확실한 표시들을 일러주기 때문에 그에 비추어서 하나님께서 우리에게 허락하시는 범위 안에서 누가 하나님의 자녀로 택함받은 자인지, 누가 유기되고 소외된 자들인지 구별할 수 있다. 결국 하나님과 그리스도에 대한 신앙의 고백을 통해서나 생활의 모범 또는 성례전에의 참여 등을 통해 고백하는 자들은 사랑의 규칙에 의해 선택받은 자요 교회의 회원으로 볼 수 있다.[10]

칼빈이 이처럼 신앙고백, 말씀의 전파 그리고 성례전을 주장하는 것은 하나님의 교회에 대한 존중과 일치를 강조하기 위함이다. 그에 따르면 교회는 우리의 사적 판단에 속하지 않는다. 말씀과 성례전을 바르게 시행하기만 한다면 언제 어디서나 교회로서의 권위를 가진다. "우리가 볼 때는 하나님의 말씀이 순전히 전파되고 경청되는 곳, 또 그

---

9) Inst.(1536), *Introduction* – The Dedicatory Letter to the French King, 9-10
10) Inst.(1536), 2.26.

리스도께서 제정하신 대로 성례가 시행되는 곳에는 하나님의 교회가 존재한다고 의심치 않고 말할 수 있다"(참고, 엡 2:20)[11]

『기독교 강요』 최종판(1559년)

칼빈은 1559년 『기독교 강요』 최종판을 출판했다. 최종판을 쓰기 이전 1539년[12]에 그는 증보판을 내놓았고, 그리고 1543년[13]에 수정·보완한 증보판을 내놓았다. 또한 1543년부터 1550년까지 확정되었던 전 21장으로 된 『기독교 강요』에 만족할 수 없어서 1559년 『기독교 강요』 최종판을 출간한 것이다. 1559년 판 『기독교 강요』는 사도신경의 구조를 따라 총 4권으로 구성되었다. 『기독교 강요』 최종판에는 초판 이후로 발전된 칼빈의 교의신학이 종합적으로 정리되어 있다. 이 장에서는 『기독교 강요』 최종판에 나타난 교회의 특성, 직제 그리고 치리회에 대하여 살펴보자.

첫째, 칼빈은 최종판 제4권 1장에서 초판에 언급하지 않았던 교회의 특성 가운데 모든 신자의 어머니로서의 가시적 교회에 대하여

---

[11] Inst.(1536), 2.29.
[12] 칼빈이 1539년에 내놓은 『기독교 강요』 증보판은 총 17장 중에서 6장 정도가 전혀 새로운 내용들이고, 5장은 1536년판 『기독교 강요』의 제2장 사도신경(믿음)을 확장시킨 것이고 나머지 6장은 수정·증보한 것이다. 그러나 1539년 『기독교 강요』의 대부분은 1536년의 『기독교 강요』 내용을 발전시키거나 부연 설명한 것이다. 칼빈은 증보판에서 1536년에 기록한 내용을 삭제하지 않았다. 오히려 그가 3년간 로마서, 요한복음 그리고 고린도전서를 강의하고 설교한 내용과 교회사의 폭넓은 연구와 부처와의 신학적 대화를 통해 얻은 지식을 1539년 『기독교 강요』에 삽입한 것으로 보인다.
[13] 칼빈은 제네바의 종교개혁을 성공적으로 이끌면서 1536년 판, 1539년 판에 만족하지 않고 1543년 『기독교 강요』를 다시 썼다. 그가 1543년에 쓴 『기독교 강요』의 목차와 내용은 1550년까지 그대로 반복된다. 최종판인 1559년 판은 대체로 1543년 판의 목차들을 4권 안에 재배열하면서 신약 성경 주석을 통해 보다 새로운 내용들을 삽입하였다. 삽입된 장은 제1권 제18장, 제2권 제6장, 제9장 그리고 제17장이다.

논한다.

> 하나님께서는 이 교회의 품속으로 자녀들을 모으시기를 기뻐하셨는데, 이는 그들이 유아와 어린아이일 때에 교회의 도움과 봉사로 양육을 받을 뿐 아니라 어머니의 지도처럼 교회의 지도를 받아 성인이 되고 드디어는 믿음의 목적지에 도달하게 하시려는 것이다. "하나님이 짝지어 주신 것을 사람이 나누지 못하므로"(막 10:9) 하나님이 아버지가 되는 사람에게는 교회가 어머니가 되어야 한다.[14]

칼빈은 교회의 특성을 '어머니'라는 용어를 사용하여 표현한다.

> 이 어머니가 우리를 뱃속에서 잉태하고, 낳고, 가슴의 젖으로 우리를 양육하며, … 우리가 죽을 육체를 벗고 천사들과 같이 되기까지(마 22:30) 그 보살핌과 인도 아래 우리를 지키지 않은 한, 우리가 생명 속으로 들어갈 다른 길이 없기 때문이다. 또한 우리는 연약하기 때문에 평생토록 교회라는 학교의 학생들로 있어야 하고 거기서 벗어나서는 안 된다. … 그 어머니 품을 떠나서는 죄 사함이나 구원에 대한 소망을 가질 수 없다.[15]

---

14) Inst.(1559), 4.1.1.
15) Inst.(1559), 4.1.4.

존 칼빈의 초상

칼빈에 따르면 신자들은 '어머니로서의 교회' 안에서만 영적 생명으로 양육과 보호와 인도를 받을 수 있다. 교회가 신자들을 보살펴 주고 지도해 주지 않는다면 영원한 생명 속으로 들어갈 수 없다. 칼빈의 견해는 아우구스티누스가 말한 "교회 밖에는 구원이 없다"(Extra ecclesiam nulla salus)라는 말과 일치한다.[16] 이런 의미에서 "교회 없는 구원은 없다"는 가톨릭의 주장을 종교개혁자들도 계승한다고 볼 수 있다. 그렇지만 종교개혁자들이 주장하는 교회는 가톨릭이 주장하는 교회의 내용과는 상당히 다르다. 가톨릭의 주장은 교회라는 기구가 이미 구원을 가지고 그것을 나누어준다는 함축적 의미를 담고 있다. 반면에 종교개혁자들은 구원에 이르게 하는 수단으로서 교회의 중요성을 의무(사명)를 중심으로 말한다. 칼빈이 말하는 어머니로서의 교회는 불가시적 교회가 아니라 가시적인 교회이다. 어머니로서의 교회는 하나님께서 인간의 약함을 돕기 위해서 주신 가시적인 교회이며, 말씀의 선포를 통해 예수 그리스도를 드러내고 신앙의 출생과 양육을 가능케 하는 곳이다. 이처럼 칼빈이 말하는 어머니로서의 교회는 가시적 교회로서 하나님이 이 땅에 주신 유일한 구원의

---

[16] Augustine, *Enchiridion*. XVII, 65. 황재우, "John Calvin 과 Karl Barth의 교회론 비교 연구"(석사학위 논문, 장로회신학대학교대학원, 1994), 7에서 재인용

기관이다.17)

둘째, 칼빈은 『기독교 강요』 초판에서 거짓 교회와 참교회를 비교하여 논하지 않는다. 『기독교 강요』 초판에서 칼빈은 참교회와 거짓 교회에 대한 원리만을 제시한다. 칼빈은 그리스도에 관한 신앙을 고백하고 성례전에 참여하여 참교회의 회원이 된 신자들 가운데서도 도덕 생활이 불완전한 자들이 있다는 점을 지적한다. 비록 그 신자들이 "자기들의 악행을 지나치게 찬동하거나 자랑하지만 않는다면 … 그들도 하나님의 인도에 따라 더 나은 길로 발전해 갈 것이며 마침내는 불완전함을 벗어버리고 택함 받은 자의 영원한 복락을 얻게 되리라"고 한다.18) 칼빈에 따르면 하나님의 선택받은 백성이고 영원한 구원에 참여한 신자라고 할지라도 도덕적으로는 불완전함을 가지고 있다는 것이다. 반면에 칼빈은 참교회의 신자들과 같은 신앙을 고백하지 않는 자들을 거짓 교회로 볼 뿐만 아니라 하나님으로부터 정죄된 자들이라고 본다.

> 비록 입술로는 고백할지라도 행동으로는 하나님을 여전히 부인하는 자들(평생 사악한 사람들, 죄의 탐욕에 취해 있는 자들, 자기들의 악함을 전혀 개의치 않는 자들), 이 종류의 사람들은 그들이 스스로 보여주는 조짐을 통해 교회의 일원이 아닌 것을 나타

---

17) Ibid., 9.
18) Inst.(1559), 1.26.

낸다.[19]

또한 칼빈은 이런 자들은 이미 정죄된 거짓 신자들로 본다. 이들은 "확고한 목적과 악의를 품고 진리를 공격하거나, 복음을 압박하거나, 하나님의 이름을 경멸하거나, 성령을 거역하거나 하는 자들"이라고 한다. 칼빈은 그리스도에 관한 거짓 믿음을 가지거나, 생활의 무가치함을 드러내거나, 마음대로 죄짓는 모습을 보이는 자들은 교회의 거침돌이 될 뿐이기에 참교회 신자들의 회중으로부터 출교시켜야 한다는 단호한 입장을 취한다.

> 출교가 제정된 것도 이런 경우에 사용하기 위함이다. … 첫째는 그들이 그리스도인이라는 이름으로 하나님께 욕이 되지 않게 하기 위함인데, 그들을 용납하면 거룩한 교회가 마치 행악자들과 공적으로 드러난 악한 자들의 모의회가 될 것이다. 두 번째는, 빈번한 접촉으로 그들의 타락한 삶의 모범이 다른 사람들도 부패시키는 것을 막기 위해서이다. 마지막으로 그들이 부끄러움을 느끼고 회개하게 하며 마침내 바른 길을 찾도록 하기 위해서다.[20]

칼빈이 강하게 주장하는 거짓 교회는 기독교의 근본 교리와 성례

---

19) Inst.(1559), 2.26.
20) Inst.(1559), 2.26.

전을 파괴하는 교회로, 구체적으로 로마 가톨릭교회이다. 칼빈은 프랑스 왕에게 드리는 헌사에서 "교회론에 대한 가톨릭교회의 오류들을 열거하고, 교회의 본질을 논증한다"고 기록했다.[21] 그는 로마교회의 성직자들이 개혁자들을 향하여 '분리주의' 또는 '이단'이라고 공격할 때 오히려 그 반대라고 말한다. 로마교회 공의회를 통해 임명되었던 유게니우스(Eugenius)와 제후들을 향하여 "이 반역적이고 완고한 이단들로부터 미래의 모든 교황들, 추기경들, 주교들, 수도원장들, 그리고 사제들이 배출되었다."[22] 이단에 의해 안수받아 성직자가 된 자들을 '분파주의자들'이라고 했다. 칼빈은 참교회는 하나님의 말씀에 근거하여 기독교 교리와 성례전이 바르게 시행되어야 한다는 점을 강조한다. 왜냐하면 하나님의 말씀만이 거짓 교리들을 구별할 수 있는 가장 확실하고 믿을 만한 표지이기 때문이다. 그러나 『기독교 강요』 최종판에서 칼빈은 분명하게 참교회와 거짓 교회를 비교하여 논한다.

먼저 칼빈은 예언자들과 사도들의 교훈, 즉 하나님의 말씀 위에 세워진 교회가 참교회라고 한다.[23] 그에 따르면 교회가 성전을 가지고 있고 사제 계급과 여러 가지 외부 장식들로 꾸며져 있어도 그곳에 하나님의 말씀이 없다면 진정한 교회라고 할 수 없다. "하나님의 말씀이 없는 곳이 교회라고 인정할 수 없다"는 것이다. 칼빈은 "교회의 기초는 사람의 판단이나 사제 계급이 아니라 사도들과 예언자들의 교훈이라

---

21) Inst.(1559), *Introduction*(The Dedicatory Letter to the French King),6.
22) Ibid.
23) Inst.(1559), 4.2.1.

고 바울은 우리의 기억을 환기시킨다"고 말한다.[24] 그는 진정한 그리스도의 교회는 하나님의 말씀을 듣는다는 점을 강조하며 성경을 인용한다. "하나님께 속한 자는 하나님의 말씀을 듣나니 너희가 듣지 아니함은 하나님께 속하지 아니하였음이로다"(요 8:47). 참교회는 그리스도께 속해 있으며, 그리스도께서 그분의 말씀으로 지배하시는 교회이다.

반대로 거짓 교회는 거짓말과 허위가 지배하는 교회이다. 칼빈은 하나님의 말씀 대신에 거짓말을 섞은 조직으로 교회를 지배하며, 주의 성만찬을 추악한 모독행위로 대체하고, 하나님께 대한 예배는 각종 미신으로 더럽혀졌고, 우상 숭배와 경건하지 않은 것을 가르치는 교회는 참교회일 수 없다고 한다. 그는 로마교회를 거짓 교회라고 말한다. "로마 가톨릭교도는 옛날 유대인들이 맹목, 불경건, 우상 숭배 등으로 하나님의 예언자들에게 책망을 받았을 때 하던 주장을 지금도 하고 있을 뿐이다 ⋯ 로마 가톨릭교도들은 교회 대신에 외관을 자랑하지만 그런 것은 교회와 거리가 먼 것이며 또 그것이 없어도 교회는 훌륭히 존립할 수 있다."[25] 칼빈의 주장은 로마교회를 합법적인 교회로 볼 수 없다는 것이다. 로마교회는 '추잡한 우상 숭배'를 하고, 교리[26]면에서도 '순수한 점은 조금도 없고' 실제적으로 더 불순하다고 보았다.[27]

칼빈은 로마교회의 부패성을 다음과 같이 지적한다. 첫째, 로마교회는 기도와 성례 그리고 의식에 있어서 부패하였다. 로마교회는

---

24) Inst.(1559), 4.2.4.
25) Inst.(1559), 4.2.3.
26) Inst.(1559), 4.2.9.
27) Inst.(1559), 4.2.9.

제네바 대학교에 있는 종교개혁자들의 동상.
왼쪽부터 윌리엄 파렐, 존 칼빈, 데오도르 베자, 존 낙스의 동상이 있다.

우상 숭배를 강요한다. "그들에게 있어서 교통(communion)의 중심은 미사인데 미사는 가장 큰 신성모독이다." 칼빈은 교회의 교통은 중시하되 "교회가 부패하고 타락했을 경우 그런 교회를 경솔하게 따라가서는 안 된다"라고 주장한다. 둘째, 로마교회는 그들에게만 교회의 권세와 재판권이 있다고 주장한다. 그래서 신자는 교회에 대해서 "그 판단을 공경하고, 그 권위를 존중하며, 그 경고에 순종하고, 그 징계로 마음을 고치며, 모든 일에 그 교통을 양심껏 보존해야 한다"고 주장한다. 이 점에 대하여 칼빈은 구약의 예를 들어 논한다. 구약의 선지자들은 당시 사람들의 모임이 신성모독적이기에 그들에게 찬성하는 것은 하나님을 부정하는 것과 같은 불법이라고 선포했다. 마찬가지로 우상 숭배와 미신과 경건치 못한 교회에 오염된 회중들을 교회라고 한다면 그

존 칼빈과 장로교 정치 55

것을 인정하는 사람은 큰 오류를 범하는 것이다. 로마교회가 진정한 교회라면 열쇠(교회의 권세를 상징함)의 권한이 그들에게 있겠지만 그러나 교회의 권세는 하나님의 말씀과 불가분리의 관계를 가지고 있기에 말씀을 떠난 교회는 참교회가 아니다. 칼빈은 "그들 안에 있는 말씀이 파괴되었기에 그들의 교회는 교회가 아니다"라고 주장한다.

가시적 교회와 불가시적 교회

참된 기독교의 구별은 교회의 존재만큼이나 오래되었지만, 부인되는 경우는 결코 없었다. "많은 사람이 부름을 받았지만, 소수만이 선택"되었다. "많은 사람이 실제로 부르심을 받았지만, 진정으로 선택된 자들이 누구인가"에 대해서는 오직 하나님만 아신다. 가라지 비유와 그물 비유는 이 세상에 속한 하나님 나라는 선한 사람과 악한 사람을 다 포함하고 있으며, 심판 날까지는 최종적인 분리가 일어나지 않을 것이라는 사실을 밝힌다(마 13:24-30, 47-49). 바울은 육체에 행하는 외적인 할례와 마음에 심겨지는 내적인 할례를 구별할 뿐만 아니라, 육체적인 이스라엘과 영적인 이스라엘도 구분한다. 나아가 그는 기록된 율법에 대해서는 무지하지만 '본성적으로 율법을 행하는 이방인'들이, 문자로 기록된 '율법과 할례'를 지니고 있으면서도 율법을 범하는 자들을 심판할 것이라고 말한다. 그는 이것을 통하여 하나님의 자비가 가시적인 교회의 한계에 제한되어 있지 않다는 것을 암시한다(롬 2:14, 15, 28-29; 골 2:11).

아우구스티누스는 태초부터 하나님의 선택된 자녀들로 이루어진 '그리스도의 참된 몸'과 세례받은 자들을 포함하는 '그리스도의 혼합된 몸'을 구분한다. 중세기에 교회는 교황청의 세력권과 동일시되었으며, "교회 밖에서는 구원이 없다"(Extra ecclesiam nulla salus)고 한 키프리아누스(Cyprianus)의 격언이 "로마교회 밖에서는 구원이 없다"(Extra ecclesiam Romanam nulla salus)는 뜻으로 좁게 해석되어, 이단적 분파들은 물론이요 동방교회까지도 배제시켰다. 위클리프(John Wiclif)와 후스(John Huss)는 로마 가톨릭의 타락에 반대하여, 예정된 자 혹은 선택된 자의 모임과 오직 예견된 사람의 모임이라는, 조금은 적절하지 못한 칭호 아래, 아우구스티누스의 구별을 다시 재개하였다.

개혁자들은 '가시적인 교회'(visible church)와 '불가시적인 교회'(invisible church)라는 전문 용어를 도입하였다. 하지만 이들의 구별은 두 개의 분리된 교회를 의미하는 것은 아니고, 오히려 같은 외견적 교제 가운데 있는 기독교인들의 두 부류를 의미했다. 영혼이 육체 안에 있다는 것이다. 하지만 누가 불가시적인 교회에 속해 궁극적으로 구원받게 될지에 대해서는 오직 하나님만이 아신다. 그리고 이런 의미에서 참된 자녀들은 불가시적이기 때문에, 확실히 인식할 수 없고 또한 사람에게 알려져 있지도 않다. 하지만 이 구별은 실제로 존재하는 것이며 또한 중요하다.

루터는 라이프치히 논쟁에서 후스의 견해를 공개적으로 채택했으며, 사도신경에서 의미하는 진정한 교회에 '불가시적'이라는 용어를 처음으로 적용시켰다.[28] 아우크스부르크 신앙고백은 교회를 '복

---

28) 루터는 갈라디아서에 대한 자신의 두 번째 주석 제3권에서 불가시적인 교회에 대해 말한다. 루터파의

마틴 루터의 초상
(1528, 루카스 크라나흐 작)

음이 순전하게 가르쳐지며 성례가 올바르게 시행되는 성도들의 모임'이라고 정의한다. 그러나 이 정의는 불가시적인 교회에 대한 너무 편협한 견해로, 침례교인들과 퀘이커 교도들을 배제시킨다.

개혁파의 교리 체계는 불가시적인 혹은 진정한 교회의 영역과 구원의 가능성을 가시적인 교회의 범주 너머로 확대 해석하여, 하나님의 성령은 일상적인 은혜의 수단에 제한되지 않으시고, '언제, 어디서나, 어떤 식으로든 자신이 기뻐하시는 대로' 역사하시고 구원하실 수 있다고 주장한다. 이는 '웨스트민스터 신앙고백서' 제10장 3절에 명확하게 나온다.

츠빙글리가 두 용어를 처음으로 도입하였다. 그는 '가시적인' 교회는 기독교인이라는 이름을 가진 모든 사람의 공동체를 의미하고, '불가시적인' 교회는 모든 시대의 진정한 신자 전체를 의미한다고 본다.[29] 그리고 그는 모든 경건한 이교도들과 세례를 받았든지 아니든지 상관없이 유아기에 죽은 모든 아이들까지도 불가시적인 교회 안에 포함시켰다. 이 혁신적인 견해는 그 시대에는 거의 홀로 서 있어야 했으나, 근대에 출현할 사상을 예고한다고 볼 수 있다. 아마도 불

상징적인 서적들은 이 용어를 사용하지 않지만, 같은 내용을 담고 있다.

29) *Opera*, IV. 58. Niemeyer, Coll. *Confess*.,53. 츠빙글리가 카를 5세에게 바친 초기의 신앙고백에서도 같은 구별을 가르치지만, 이 용어를 사용하지는 않았다. Niemeyer, 22를 보라.

링거는 존경하는 스승이자 친구인 츠빙글리의 견해에 동조하였던 것 같다. 그는 경건한 이교도들의 구원을 강조하는 츠빙글리의 마지막 신앙고백에 대해 절대적으로 지지를 표했다. 츠빙글리가 죽은 지 5년이 지난 후 불링거는 이 신앙고백을 출판하면서 츠빙글리가 자신을 능가한다고 서문에 썼다.

츠빙글리

칼빈은 다른 어떤 개혁자보다도 더욱 명확하고 철저하게 이 구별을 정의하였고, 그의 견해는 '제2스위스 신앙고백서', '스코틀랜드 신앙고백서'(The Scots Confession), '웨스트민스터 신앙고백서', 그리고 다른 개혁파 신앙고백들 속으로 스며들었다. 그는 『기독교 강요』에서 다음과 같이 말한다.

> 거룩한 성경에서 교회는 두 가지 의미로 사용된다. 때때로 성경이 교회에 대하여 언급할 때에 하나님께서 보시기에 참된 교회를 의미하는데, 이 참된 교회에는 하나님의 양자 삼으심과 은혜에 의해 하나님의 자녀로 받아들여진 사람들만이 속할 수 있으며, 그들은 성령의 성화에 의해 그리스도의 진정한 지체들이 된다. 그리고 이 교회는 어느 한 시기에 이 땅에 사는 성도뿐만 아니라 태초부터 살았던 모든 선택받은 자들을 포함한다. 하지만 성경에서 '교회'라는 단어는 온 지

구상에 흩어져 있으면서, 한 하나님과 예수 그리스도를 예배한다는 것을 고백하고, 세례에 의해 자신의 신앙을 시작하고, 신성한 성찬에 참여함으로써 참된 교리와 사랑으로 서로 하나가 되었음을 증거하고, 주님의 말씀에 동의하고, 그리스도께서 복음을 전파하기 위한 목적으로 제정하신 사역을 보전하는 사람들을 가리키기 위해서도 자주 사용되었다. 이 교회에는 불가불 많은 위선자들도 포함되는데, 이들은 그리스도와는 상관없이 이름과 외관만의 그리스도인이다. 자신들의 생활 속에서 야망적이고, 탐욕스러우며, 시기하고, 중상하며, 무절제한 많은 사람이 있다. 이들의 경우 합법적인 과정을 통해 그 죄를 묻는 것이 불가능하고, 또한 치리가 충분한 효력으로 항상 지켜지지 않기 때문에 묵인된다. 그러므로 우리의 입장에서는 하나님께만 홀로 알려져 있어서 보이지 않는 불가시적 교회를 믿는 것이 필요한 만큼, 사람들의 눈에 보이는 이 가시적인 교회를 존중하고 이와의 교제를 유지해야 한다.[30]

칼빈은 츠빙글리처럼 선택된 자들의 수를 늘리지는 않지만, 그렇다고 그가 원칙적으로 확장을 금하는 것은 아니다. 그는 구원은 하나님의 주권적인 은혜에 의존하는 것이지, 은혜의 가시적인 수단에 의존하는 것은 아니라고 판단한다. 그는 불가시적인 교회의 범주에

---

30) Inst.(1559), 4.1.7.

'태초부터 살았던 모든 선택된 자'를 포함하며, 심지어 그리스도에 대한 역사적인 지식이 없었던 자까지도 명백히 포함한다. 그는 아우구스티누스에 동의하며 다음과 같이 말한다.

> 하나님의 비밀스러운 예정에 따라, 교회의 울타리 밖에 존재하는 양들이 많은가 하면 교회 안에 들어온 많은 이리들도 있다. 하나님께서는 하나님에 대해서나 자기 자신에 대해 모르는 사람까지도 친히 아시고 또한 인치신다. 오직 하나님의 눈만이 외형적으로 자신의 인치심을 받은 자 가운데서 거짓 없이 거룩한 자가 누구이고, 구원의 완성의 궁극에 이르기까지 견인될 자가 누구인가를 식별하실 수 있다[31]

하지만 칼빈은 『기독교 강요』에서 계속 말하기를, 우리는 사랑의 판단 안에서 '신앙을 고백하고, 모범적으로 생활하고, 그리고 성례에 참예함으로 우리와 함께 동일한 하나님과 그리스도를 고백하는 모든 사람'을 교회의 지체로 인정해야만 한다고 주장한다.

보름스에 있는 칼빈과 츠빙글리 부조상

---

31) Inst., 4.1.10.

교회의 권위

그리스도는 교회에게 사명을 수행할 수 있는 권능을 주셨다. 그것은 교회자체를 위한 권위 부여가 아니라 교회에 맡겨진 사명을 효과적으로 수행하기 위한 것이다. 즉 가르치는 사명, 교회를 다스리는 사명을 위한 것이다. 가르치는 권위는, 가르치는 교리가 구원을 위해 위로부터 받은 것을 그대로 수용해야 한다는 뜻이다. 가르치는 사람에게 취사 선택의 권위가 있다고 말하는 것은 가르침의 권위를 부정하는 것이다. 이것은 가르치는 사람에게 권위가 있다는 것과는 다른 의미이다. 교회를 다스리는 권능에 대해서도 마찬가지이다. 교회가 바르게 질서가 잡히지 않으면 직무를 완수할 수 없다. 다스리는 권위에 복종하지 않으면 교회의 일치와 질서는 유지되지 않는다. 위임받은 직무에 권위가 부여되는 것이지, 사람에게 권위가 주어진 것은 아니다. 교회 질서 유지라는 명목으로 사회의 기존 질서 유지를 주장할 위험이 있다. 또 한 가지, 질서라고 할 때 교회에서는 말씀의 직무와 연결되지 않는 질서는 생각할 수 없다는 점을 인지해야 한다. 질서가 잘 지켜지는 교회는 평온하고 아무 일도 일어나지 않는 교회가 아니라, 선교와 봉사의 사명을 잘 감당하는 교회라는 의미이다. 앞에서 교회의 표식에 대해 말했지만, 교회의 표식이 분명한 교회가 질서 있는 교회이다.

이 권능은 본래 그리스도로부터 위임받은 모임을 통해서 드러난다. 그리스도의 권능을 실수 없이 대행하는 것은 어렵다. 영적인 은사를 풍부하게 받은 개인에 있어서도 어렵다. 단체도 결코 쉽지 않

존 칼빈이 설교했던 제네바의 성 베드로 교회

다. 단체를 통해 인간의 잘못이 확인되기 때문에, 비교적 잘못이 적다고 기대할 수 있을 뿐이다. 교회가 행사하는 권위는 무엇보다도 먼저 교리 혹은 신앙 조목을 결정하는 권위이다. 이것이 결정되지 않을 때에는 교회는 이른바 방향 잃은 배와 같다. 목적지인 구원의 항구에 도달할 수 없다. 교리가 교회적으로 확정되지 않고, 설교자 각각의 자유재량에 맡겨진다면 교회의 일치도 없을 것이다.

다만 그 결정은 성경에 입각한 결정이어야 한다. 교회의 결정권은 성경의 권위를 넘어서서는 안 된다. 교리의 결정은 확인된 것이다. 교회는 질서를 지켜야 하는데 각자가 스스로 마땅하다고 여기는 것을 수행한다고 저절로 질서가 서는 것이 아니다. 교회가 결정하고 각 개인은 그 결정에 따라야 한다. 그러나 교회법은 바른 양심을 구속하지 않도록 주의해야 한다. 이 권위의 행사는 회의에 의해 이루어진다. 회의가 바른 기능을 하지 못할 때에는 한 사람 혹은 소수의 인간에게 권위가 집중되거나 혹은 반대로 권위가 확산되어 어떤 확정도 내릴 수 없는 상태가 된다. 그러나 회의가 결코 올바른 것만은 아니다.

예수 그리스도께서 천국의 열쇠를 베드로에게 준다고 말씀하셨다. 여기에서 열쇠를 가톨릭교회는 교회가 행사하는 재판권 없는 치리권(治理權)이라고 보고, 개신교는 복음이라고 해석한다. 교회의 권위를 대표하고, 또한 집행하는 것은 누구일까. 교회 정치 문제에 대해 『기독교 강요』는 그다지 자세히 설명하지 않는다. 그러나 칼빈은 장로제 교회 운영이 가장 타당하다고 생각했음에 틀림없다. 문제는 그리스도가 중심임을 가장 잘 드러내는 제도를 추구해야 한다는 점이다. 앞서 언급했듯이, 규율, 치리를 교회의 표식으로 보려는 견해들이 상당히 많았다. 표식이라 하는 것에 대해 칼빈은 찬성을 보류하지만, 그 중요성에 대해서는 충분히 인정했다. 일반적으로 개혁파 교회에서는 규율이 중시된다. 이 문제를 추상론으로 혹은 역사적 연구로 논하는 것은 비교적 쉽지만, 오늘날 교회에 있어서 치리가 어떻게 시행되어야 하는가 하는 문제는 상당히 어렵다. 다음과 같이 네 가지 원칙적 사항을 살펴보자.

교회 독자적 권위

치리권을 국가가 행사하려는 시도가 자주 있었다. 이것은 영적 지도와 상관없다는 것인데, 칼빈의 주장은 이와 대립한다.

성만찬과의 결부

구체적인 국면에 있어서는 성만찬을 바르게 받아들이게 하기 위해서 강권적으로 지도하고, 때로는 배찬을 금하는 조치도 시행한다. 말할 것도 없이 그리스도의 몸과 관계되어서는 안 되기 때문이다.

마태복음 18장의 규정

형제가 죄를 범하는 것을 알았을 때는, 혼자 가서 두 사람만의 장소에서 충고하고, 회개를 권고한다. 그래도 듣지 않으면 혹은 세 사람의 증인을 데려가 충고를 반복한다. 그래도 듣지 않으면, 교회에 맡긴다. 교회법정은 이 순서를 지켜야 한다고 칼빈은 믿었다.

훈련과 치리

훈련(Discipline)은 징벌의 의미를 포함한 권위를 가진 치리이다. 외적 징벌이 효과를 나타내어서 회개를 하게 하느냐 마느냐의 문제이다. 다만 교회의 청결과 질서를 위해 이것의 필요를 부정할 수는 없다.

칼빈의 직제론: 초판과 최종판 비교

초판에 나타난 직제론

칼빈은 하나님의 교회를 다스리고 신자들을 양육하기 위해 조직된 교회는 직분자들인 '말씀의 사역자'가 존재해야 한다고 강하게 주장한다. 그는 제6장에서 '말씀의 사역자들'은 하나님께서 그의 교회에 주신 권세를 올바르게 행사하도록 세움을 받은 '그리스도의 일꾼들'이라고 했다.[32] 『기독교 강요』에 나오는 직분에 대한 설명이다.

첫째, 칼빈은 초판에서 직제론의 성경적 근거에 대하여 명확하게 설명한다. 칼빈은 무엇보다도 성경이 하나님의 교회에 허락하신 직분에 대하여 어떻게 말하고 있는가를 가장 먼저 그리고 중요하게 다룬다. 그는 하나님의 교회를 담당했거나 지금 맡고 있는 사람들은 이 직분의 권세는 교회를 세우기 위해 주어진 것이지 헐기 위한 것은 아니다(고후 10:8; 13:10)라고 말한다. 칼빈은 주님께서 교회를 세우기 위해 특별한 은사들을 각자에게 주셨다는 사실을 상기시킨다. 주님께서 허락하신 직분의 은사들은 사도, 선지자, 복음 전하는 자, 목사, 그리고 교사이다(엡 4:11-13). 성경에 기초한 이 직분들은 말씀에 의해 주어진 위임 받은 사역이라고 했다.[33]

그는 직분자들이 받은 권세는 '하나님 말씀의 사역'이라는 점을 강조한다. 구약의 선지자들이나 신약의 사도들이나 이 시대의 목회자들이나 하나님께서 이들의 입에 담아 두신 말씀을 전하고 가르치는 것이 가장 중요한 직분자들의 사역임을 밝힌다. 칼빈은 "그리스도께서도 친히 자신에게 부과하셨고(요 7:16) 또 사도들과 사도들의 계승자들에게 부과하신 이 법을 거부하는 것은 악한 일이다"라고 한다.[34] 성경의 직분에 근거하여 칼빈은 교회의 직분으로 목사, 교사, 장로, 집사의 직제를 인정하였다.

둘째, 칼빈은 교회의 사역자는 하나님의 말씀을 맡은 자로 임명

---

32) Inst.(1559), 4.15.
33) Inst.(1559), 4.15.
34) Ibid.

받았기에 여기에 따르는 구체적 임무가 있다고 한다.

① 교회의 사역자는 하나님의 말씀에 따라 모든 일을 행하되 "세상의 모든 권력과 영광과 위대함을 물리쳐서 하나님의 위엄 앞에 굴복시키고 복종케" 해야 한다. 하나님의 충성스러운 군사들은 "모든 이론을 파하며 하나님 아는 것을 대적하여 높아진 것을 다 파하고 모든 생각을 사로잡아 그리스도에게 복종"(고후 10:4-5)해야 한다.

② 교회의 사역자는 그리스도를 위하여 세상의 모든 자들에게 명령해야 한다. 그에 따르면 교회의 권위로 모든 사람에게 명령하는 것이 아니라 그리스도께서 제자들에게 모든 족속에게로 가라고 명령하신 것을 가르치고 전해야 한다.

③ 교회의 사역자는 "그리스도의 집은 세우되 사탄의 집은 분쇄"해야 한다.

④ 교회의 사역자들은 "양 무리는 기르되 이리들은 쳐서 멸"해야 한다.

⑤ 교회의 사역자들은 "잘 배우는 자들을 권면하여 가르치며, 반역적이고 완고한 자들을 나무라고 질책"해야 한다. 이 점에 대하여 칼빈은 신자들은 교회에서 하나님의 순수한 말씀만을 가르치고 배워야 한다고 강조한다. 특별히 칼빈은 교회의 직분자들은 성직을 가지고 "권세를 부리듯 함이 없이 양 무리를" 칠 것을 당부한다. 왜냐하면 이 직분은 "오직 하나님의 규정과 교훈을 고취시키라고 주신 것이기 때문이다."[35] "그들은 분명히 교회를 보존시키기 위해 임명받았기에 교회의 평안과 안전을 위한 보호자와 파수꾼이 되

---

[35] Inst.(1559), 4.17.

어야 한다."36) 이것이 직분자가 받은 사명이다. 칼빈은 『기독교 강요』(1536)에서 교회 정치 제도의 필요성과 법 제정의 목적에 대한 입장을 분명히 한다. 그럼에도 어떤 형태의 정치 조직이 성경적 체제이며, 어떤 정치 원리와 세부적 조항을 취해야 하는지에 대해서는 다루지 않는다. 그리고 교회의 직제에 대하여 어떤 청사진도 제시하지 않는다. 단지 교회의 성경적 의미와 본질적인 표지가 무엇인가 질문하고 있을 뿐이다. 이 점에 대하여 이형기는 다음과 같이 논한다.

『기독교 강요』 초판은 전혀 장로교 직제론(presbyterianism)을 펼치지 않는다. 칼빈은 다만 로마 가톨릭교회의 잘못된 직제를 비판하면서 신약 성경이 말하는 사도들의 두 가지 직책, 즉 복음 선포와 성례 집례의 직무에 주로 집중한다. 그리고 목사, 장로 및 감독은 사도들과 신분(status)은 다르지만 모두 동등하게 이 사도적 직책을 이어받은 '교회의 교역자들'(the ministers of the Church)이라고 한다.37)

이처럼 칼빈은 교회의 본질론에 입각하여 신약 성경의 직제론을 말한다. 그리고 '성직계급 – 신품성사'(Inst., V. 49-67)를 비판하는 글에서 만인제사장론을 주장하고, 말씀 사역과 성례전 집례라고 하는 사

---

36) Inst.(1559), 4.24.
37) 이형기, 『장로교의 장로직과 직제론』(서울: 한국장로교출판사, 1998), 138.

도적 직무를 신약 성경에서 감독, 장로, 목사가 전하는 복음 선포와 동일하다고 보며, 마지막으로 신약 성경의 집사직에 대하여 말한다. 칼빈은 치리회에 대하여 구체적으로 언급하지 않는다. 다만 로마 가톨릭 직제를 비판하는 논증에서 마태복음 18:15-19절에 나오는 '교회'를 권징의 담당자로 보지만 그것이 장로교 직제원칙에 입각한 치리 기구(당회, 노회, 혹은 총회)라고는 결코 말하지 않는다. 그러나 그는 제네바교회를 목회하면서 조직교회가 필요로 하는 '신앙고백서'와 '교리 문답'과 '규정서'를 만들었다. 조직교회가 필요로 하는 기초 문서들을 만들면서 칼빈은 개혁교회의 정치 제도와 직제에 대하여 세밀하게 언급한다. 이것은 후에 '제네바교회 규정서'와 정치 제도를 통해 명확하게 나타난다.

최종판에 나타난 직제론

첫째, 칼빈은 하나님께서 그의 교회를 다스리기 위해 쓰시는 교회의 직제의 필요성을 지적한다. 하나님만이 교회를 지배하시는 권위를 가지셨지만, 그러나 그는 그의 교회를 섬기도록 사람을 세우셔서 자신의 뜻을 선포하게 하신다. 바로 이 일을 사람에게 위임하시고 하나님 자신의 사업을 성취토록 하신다. 하나님의 뜻과 사업을 성취시키는 성립의 수단으로 "사람들을 택하여 세상에서 그의 사자가 되게 하시며(고후 5:20), 그의 비밀스러운 뜻을 해석하게" 하신다. 칼빈은 직분자의 필요성에 대하여 이렇게 말한다.

사람들을 결합해서 상호 간의 사랑을 보다 바르게 양육하는 한 끈이 있다. 그것은 곧 한 사람이 목사로 임명되어 다른 사람들을 가르치며, 제자가 되라는 명령을 받은 사람들은 한 입에서 공통된 교훈을 받는 것이다. 만일 모든 사람이 각각 자기만으로 충족해하고 다른 사람의 도움을 필요로 하지 않는다면 서로가 남을 멸시하며 또 멸시를 당할 것이다. 그러므로 주께서는 그의 교회를 한 끈으로 묶으시고 이것이 연합을 유지하는 가장 힘있는 수단이라고 예견하셨다.[38]

칼빈은 구원과 영생의 가르침을 사람에게 맡기시고 전달하기 위해 주께서 친히 직분자들을 세우셔야 한다는 필요성을 에베소서 4:11-12에 근거하여 설명한다. "그가 혹은 사도로, 혹은 선지자로, 혹은 복음 전하는 자로, 혹은 목사와 교사로 주셨으니 이는 성도를 온전케 하며 봉사의 일을 하게하며 그리스도의 몸을 세우게 하려 하심이라." 이 직분에 대한 설명이다.

하나님께서는 이 직책을 목회자들에게 위탁하시고 직책을 수행할 수 있는 은혜를 베푸셔서 그들을 통해서 선물을 분배하시며, 그의 이 제도 안에서 성령의 능력을 나타내심으로써 친히 임재하신다는 것을 어느 정도 보이심으로써 그 제도가 허망한 것이나 무익한 것이 되지 않도록 하신다. 성도들

---

38) Inst.(1559), 4.3.1.

의 갱신은 이루어지고 그리스도의 몸은 이렇게 세워지며(엡 4:12), 우리는 범사에 머리이신 그에게까지 자라며(엡 4:15), 서로 함께 성장한다.[39]

그러므로 칼빈은 "지상의 교회를 유지하기 위해서는 사도적·목회적 직분이 더욱 필요하다"고 본다. 칼빈의 교회론은 직분자들을 중심에 세워 섬기게 하는 교회론이다. 그래서 베버는 "칼빈의 교회는 '직분 중심의 교회'(Amtskirche)"라고 한다.[40] 베버는 교인의 공동체인 교회는 칼빈에게 있어서 하나님의 실재이지만 이 실재는 그 자체를 통해서는 이해될 수 없고, 그 공동체의 보존을 위하여 일하는 직분자들을 통하여 이해될 수 있다고 본다. 이처럼 칼빈은 직분의 의미를 강조하면서 직분 중심의 교회론을 주장한다. 칼빈에 따르면 하나님은 교회를 위하여 인간을 대리자로 택하셔서 그를 도구로 사용하신다. 그러면 하나님께서 인간들을 통해서 일하시는 이유가 무엇인가? 그 이유에 대하여 황정욱 교수는 다음과 같이 답한다.

> 첫째로 하나님은 인간적 도구를 통해서 우리에 대한 관심, 사랑을 알리신다. 둘째로 인간을 도구로 세우시는 목적은 성도들의 겸비를 훈련시키기 위함이다. 셋째로 상호 간의 사랑을 실천하기 위해서 인간적 도구를 세운다. 넷째로 하나

---

39) Inst.(1559), 4.3.2.
40) O.Weber, 63-64.

님은 그들을 통해서 교회에 은사를 분배하고자 하신다. 말하자면 그들은 교회 앞에서 하나님의 대행자이며, 따라서 성도들은 그들을 주님이 임재한 것같이 대해야 하며, 그런 점에서 성도들은 교회의 일꾼들을 존중해야 한다. 교회에는 교역자가 필수적이다. 주님은 인간적 도구를 통해서 계시를 주시기 때문이다.[41]

그렇기 때문에 칼빈에게 있어서 직분이란 철저히 하나님께서 주신 고귀한 것이다. 그렇다고 그들에게 하나님의 영광과 권위가 이전된 것은 아니다. 단지 하나님은 그들을 통해서 주의 일을 하시는 것이다.[42]

둘째, 칼빈은 성경에 근거하여 직분자를 임시직과 항존직으로 구분한다. 임시직으로는 선지자직, 사도직, 그리고 복음 전하는 직분이다. 칼빈은 이 세 직분에 대하여 이렇게 설명한다.

이 세 가지 직책은 교회 내의 항존직으로 정하신 것이 아니라 교회가 없는 곳에 세우거나 교회를 모세로부터 그리스도에게로 옮겨야 할 당시에 한한 것이었다. 그러나 나는 주께서 그 후에 간혹 사도들을, 적어도 그들 대신에 전도자들을 일으키신 것을 부정하지 않는다. … 적그리스도의 반역으로

---

41) 한국칼빈학회, 황정욱, "칼빈의 직분론", 『칼빈신학 해설』(서울: 대한기독교서회, 1999), 369.
42) 황정욱, "칼빈의 새로운 교회관과 목회", 기독교사상 40(1996, 11), 78.

부터 교회를 돌이키기 위해서 이런 사람들이 필요했던 것이다. 그러나 나는 이 직책이 바르게 조직된 교회 내에는 자리가 없기 때문에 '임시직'이라고 부른다.[43]

칼빈은 목사와 교사를 교회에서 없어서는 안 되는 항존직으로 보며, 두 직분의 차이점은 다음과 같다. "교사는 제자 훈련이나 성례 집행이나 경고와 권면을 하는 일을 맡지 않고 성경을 해석하는 일을 맡았다. 이는 신자들 사이에 건전하고 순수한 교리를 유지하려는 것이다." 그러나 목사직은 이 모든 의무를 겸하는 직분이다. "목사의 직분에는 복음을 전하며 성례를 집례한다는 두 가지 특별한 기능이 있다." 하나님께서 목사에게 이 기능을 부여하신 것은 "그리스도의 교훈으로 사람들에게 진정한 경건을 가르치며 거룩한 성례를 집례하고 올바른 치리를 유지하며 실시하라는 것이다."[44]

교사(Teacher)의 직무 『해석 16,17,18,19,20』은 복음의 순수성이 무지와 잘못된 생각에 의해 부패되지 않도록 신자들에게 건전한 교리를 가르치는 것이다. 칼빈은 에베소서 4장 11절을 근거로 하여 교사와 목사 사이에 구별을 짓고, 『기독교 강요』에서 두 직분 간의 차이를 다음과 같이 말한다. "교사들은 공식적으로 치리와는 관계가 없고, 성례의 집행과도 관련이 없으며, 권면과 훈계와도 관련이 없다. 단지 성경에 대한 해석과 관계되지만, 반면에 목사의 직무는 이 모든 책무를 다 포함

---

43) Inst.(1559), 4.3.4
44) Inst.(1559), 4.3.6.

한다"45).

그는 또한 목사들이 사도들과 닮은 것처럼 교사들은 선지자들과 동일한 유사성을 유지한다고 한다. 칼빈은 지적으로 굉장히 뛰어나고 설득력 있는 가르침을 베푸는 선지자적 은사를 소유하였다. 신학 교수들은 교사들 중에서도 가장 높은 부류를 차지한다.

장로들(Lay-Elders)은 신자들의 선한 행동을 관찰한다. 이들은 하나님을 두려워하는 현명한 사람이어야 하고, 외부에서 의심을 제기할 만한 여지가 없어야 한다. 칼빈 시대의 제네바 컨시스토리는 총 12명(목사와 장로)이 치리에 참여했는데 25인 소의회에서 2명, 60인 의회에서 4명, 200인 의회에서 6명이 선출되었다. 각 사람에게 제네바 시의 특정 구역을 배정하였다. 장로교회에서 장로의 직분은 대단히 중요하다(고전 12:28; 비교. 롬 12:8). 칼빈은 『기독교 강요』에서 이 직분을 지지하면서 다스리는 은사를 제시한다. "처음부터 모든 교회는 경건하고 침착하며 그리고 거룩한 사람들로 구성된 자체의 원로원 혹은 의회를 두었고, 이들에게는 제반 악덕을 교정하는 일에 있어서 사법권이 부여된다. 다스리는 직분은 모든 시대에 필수적이다"46). 칼빈은 디모데전서 5장 17절에 근거하여 장로직을 다스리는 장로와 가르치는 장로 사이의 구별을 시도한다. "잘 다스리는 장로들을 배나 존경할 자로 알되, 특별히 말씀과 가르침에 수고하는 이들에게는 더욱 그러할 것이니라." 이 구별을 위한 주석적인 근거는 약하지만, 다스리는 장로직은 매우 유용한 기구

---

45) Inst.,4.3.4

46) Inst., 4.3.8

로 증명되었고, 가르치는 목회자들을 효과적으로 돕는다.

셋째, 칼빈은 1541년 '제네바교회 규정서'에서 교회 직제를 목사, 교사, 장로, 집사라는 네 직분으로 구분하였다. 이 네 가지 전문화된 직분들 덕택으로 교회는 본질적인 역할들, 곧 설교, 성례의 집행, 교리의 교육, 권징에 의한 선한 질서의 유지 및 자선 행위 등을 수행할 수 있다. 하지만 칼빈은 『기독교 강요』 최종판에서는 세 가지 직분, 곧 목사, 장로, 집사에 대해서만 언급한다. 그 이유는 무엇일까? 벤델(F. Wendel)은 "더욱이 칼빈은 스트라스부르, 제네바에서 자신이 담당했던 경우처럼 때때로 목사와 교사의 두 직분을 한 사람에게 해당하는 것으로 혼합하기도 한다. 결국 개인의 능력에 좌우된다"고 주장한다.[47] 니이젤(W.Niesel)에 따르면 칼빈은 한 사람이 여러 가지 다른 임무를 수행할 수 있다고 본다고 한다. 그래서 그는 "어떠한 경우에도 목사는 장로의 직책을 겸임한다. 설교와 목회의 봉사직이 교사에게 개방되어 있듯이 교사의 직책은 목사에게도 개방되어 있다"고 하였다.[48] 칼빈은 목사와 교사 사이의 차이점을 설명하면서도 "목사직은 이 모든 의무를 겸한다"라고 말한다.[49] 그러나 임시직과 항존직을 설명하는 자리에서 칼빈은 목사와 교사 직분의 성격이 같으며, 그 목적도 같다고 했다. "현대의 교사들은 고대의 선지자에 그리고 목사는 사도에 해당한다. 선지자의 직분은 그 탁월한 특수 계시의 은혜 때문에 더욱 두드러졌다. 그러나 교사의 직분도 성격이 매우 비슷하며 그 목적이 똑같

---

47) F.Wendel, 『칼빈주의 신학 사상의 근원과 발전』, 김재성 역(서울: 크리스챤다이제스트, 1999), 370.
48) W.Niesel, 『칼빈의 신학』, 이종성 역(서울: 대한기독교서회, 2000), 200.
49) Inst.(1559), 4.3.4.

다."[50]

서재에 있는 칼빈 초상
(데벤테르 박물관)

교사는 목사의 직분과 비슷한 측면을 가지고 있기에 칼빈은 목사직과 교사직을 하나로 묶어 교회의 네 직분 대신에 세 직분으로 나누기도 한다. 칼빈은 목사와 교사를 교회에서 가장 기본적인 기능을 감당하는 직분으로 본다. 그는 "그들이 없이는 교회가 유지될 수 없다"고 까지 말한다. 하나님은 이들의 입을 통하여 자신을 우리에게 말씀하신다. 즉 하나님은 자기 백성을 가르치시려고 '목사와 교사들'을 임명하셨고 그들에게 권위를 주셨으며, 그들의 입술에 권세를 주셨고, 신앙의 거룩한 일치와 올바른 질서를 위해 도움이 되는 것은 하나도 빠뜨리지 않으시고 그들에게 주셨다.[51] 그러나 칼빈은 목사직과 교사직의 기능과 임무의 차이점을 설명한다.

[52]칼빈은 목사의 직분을 평신도와 구분하여 '하나님의 일을 대행하는 자', '하나님의 도구', '그리스도의 봉사자', 혹은 '하나님의 비밀을 맡은 자'라고 한다. 이 직분은 하나님으로부터 교회 위에 내려진 것이지 결코 교회로부터 생기거나 만들어진 것이 아니라는 것이다. 목사의 임무에 대하여 칼빈은 디도서 1:9절의 말씀을 근거로 설명한

---

50) Inst.(1559), 4.3.5.
51) Inst.(1559), 4.1.1.
52) Inst.(1559), 4.3.6.

다. 즉 말씀을 선포하고 가르치며, 성례전을 올바로 집행하고, 하나님께서 맡기신 양떼를 지키고 돌보는 파수꾼으로서 권징의 책임이 있음을 강조한다. 또한 칼빈은 목사에게는 신자들에게 성결한 삶의 모범이 되어야 할 책임이 있음도 강조한다.[53] 왜냐하면 바로 이것이 목사직이 다른 어떤 직분보다도 우위에 있는 근거요 이유이기 때문이다. 특별히 목사는 교회 안에 악한 일이 발생할 경우 권징을 통해서 교회 질서를 바로잡아야 하고, 교회 밖에서 거짓 교사나 거짓 예언자들이 양떼를 앗아가려고 유혹하는 경우 양떼에게 경종을 울려 그들을 지켜야 할 책임이 있는 것이다.[54] 만일에 목사가 이러한 사명을 잘 감당하지 못한다면 주님의 무서운 책망을 받게 된다. 이것은 칼빈이 목사의 직임에 대한 헌신을 강조한 것이다. 칼빈은 목사의 직분을 맡은 자가 무엇을 해야하는지에 대해 다음과 같이 설명한다.

> 즉, 그들이 교회에 임명된 것은 무위도식하라는 것이 아니라, 그리스도의 교훈으로 사람들에게 진정한 경건을 가르치며, 거룩한 성례를 집행하고, 올바른 치리를 유지하며 실시하라는 것이다. 교회의 파수꾼으로 임명된 모든 사람을 향하여 주께서는 만일 그들의 게으름으로 인해서 어떤 사람이 무지 가운데 멸망한다면 '그 피 값을 네 손에서 찾을 것'(겔 3:18)이라고 하셨다.[55]

---

53) 황정욱, 『칼빈의 초기 사상 이해』(서울: 선학사, 1998), 101.
54) 칼빈신학회, 370.
55) Inst.(1559), 4.3.6.

칼빈에 따르면 목사는 모든 일이 혼란에 빠지지 않도록 지켜야 할 과업을 가진 사람이며, 자기 교회에 매여 있는 사람이다. 그렇기 때문에 목사는 하나님께서 만드신 질서를 따라서 다른 사람의 영역을 넘볼 수 없으며, 하나님께서 자신에게 맡겨 주신 사역지에서 충성을 다해야 한다. 이것은 사람의 생각이 아니고 하나님 자신이 제정하신 일이다.[56]

칼빈은 "하나님의 교회를 돌보고 맡으려고 하는 사람은 하나님의 소명이라는 법에 자기가 매인다는 것을 자각해야" 한다고 경고한다. 그가 "만약 다른 곳으로 옮기는 것이 유익하다 하더라도 자신의 개인적인 결정으로 시도할 것이 아니라 공적인 인가를 기다려야 한다"고 말한다.[57] 그는 이 소명과 관련하여 교회 안에서 혼란이 생기지 않기 위해서는 누구도 소명 없이는 이 직책을 맡을 수 없다고 밝힌다. 소명은 내적인 소명과 외적인 소명이 있는데, 내적인 소명은 목사 자신이 하나님 앞에서 의식하는 것으로 그가 얼마나 하나님을 두려워하며 교회를 세우려는 욕구가 있는지를 봄으로 이것을 확인할 수 있고, 외적인 소명은 교회가 목사로 부르는 것인데, 이것은 건전한 교리와 거룩한 삶을 구비했는가 하는 것과 관련이 있다. 이렇게 두 조건을 구비한 사람을 목사로 뽑는데, 특히 교인들의 동의를 받을 것을 강조한다.[58]

장로직에 대한 칼빈의 견해를 살펴보자. 칼빈은 교회를 다스리는

---

56) Inst.(1559), 4.3.7.
57) Ibid.
58) 이양호, 『칼빈의 생애와 사상』(서울: 한국신학연구소, 1997), 172-173

사람을 구체적으로 구분하지 않고 성경의 근거에 따라 혼용하여 부른다. "내가 교회를 다스리는 사람을 '감독', '장로', '목사' 또는 '사역자'라고 부른 것은 성경이 이 말들을 구별하지 않고 사용하기 때문이다."[59] 칼빈은 장로의 직분을 언급할 때 임시직으로 보지 않고 항존직으로 본다. 특별히 목사와 함께 다스리고 구제하는 일을 위해 허락된 영구적 직분으로 여긴다.

> 다스리는 일과 구제하는 일 두 가지는 영구적인 것이다. 다스리는 사람들은(고전 12:28) 신자들 사이에서 선택된 장로들이었으며, 감독들과 함께 도덕적인 견책과 권징을 시행하는 일을 맡았다고 나는 믿는다.[60]

칼빈이 여기에서 언급하고 있는 장로직은 모든 시대에 필요한 항존직이며, 교회의 치리를 맡아 다스리는 치리 장로직을 가리킨다. 칼빈은 치리 장로직에 대한 견해를 초기『기독교 강요』에서부터 언급한 것은 아니었다. 그가 스트라스부르와 바젤에 있으면서 장로들의 활동을 목격하고 치리 장로직을 구체적으로 언급할 필요성을 알게 된 것이다. 이 점에 대한 벤델의 견해이다.

---

59) Inst.(1559), 4.3.8. 칼빈은 장로의 직분을 성경의 근거에 따라 설명한다. 성경은 말씀을 전하는 자들을 모두 '감독'으로 부른다. "바울이 디도에게 각 도시에 장로들을 임명하라"고(딛 1:5) 명령한 직후에 "감독은 … 책망할 것이 없고"라고 한다(딛 1:7; 딤전 3:1). 다른 곳에서는 한 교회에 있는 여러 감독에게 문안하였다(빌 1:1). 바울이 에베소교회 장로들에게 이야기한 기록을 보면 그는 장로들을 "감독"이라고 부른다(행 20:17). 칼빈은 이러한 내용을 근거로 '감독'과 '장로'는 같은 직책이라는 장로 교회 제도의 근본 원칙을 주장한 것이다.

60) Inst.(1559), 4.3.8.

1536년까지만 해도 장로에 관한 언급은 없었다. 그러나 칼빈은 바젤의 교회에서 장로들이 활동하는 것을 목격하였으며, 훗날 스트라스부르에서 같은 경험을 하였다. 1537년부터 칼빈이 '제네바 신앙 조항'(Geneva Article)에 장로 제도를 포함시켰던 점을 미루어 볼 때 바젤에서의 경험이 결정적이었다고 추정할 수 있다. 그러나 칼빈은 스트라스부르의 체험과 제네바에서의 교회 법규 채택 이후인 1543년 판 『기독교 강요』에 이르러서야 장로에 관한 이론을 전개한다.[61]

칼빈이 말하는 장로직은 설교권을 가지지 않은 치리 장로직이다. 다스리는 직책을 맡은 장로는 부지런하고, 경건하며, 근엄하고, 거룩한 사람이어야 한다는 것이 칼빈의 생각이다. 계층적 구조의 틀에서가 아니라 민주적인 구조로서 그 직책에 대한 기능상의 차이점을 지적한 것이다. 칼빈은 성경의 가르침에 따라 교회를 다스리는 치리 장로직을 '영구적'이고, '한 시대에만 국한'된 것이 아니라 '모든 시대에 필요한' 직분으로 이해한다. 그러나 칼빈의 실제 목회 활동에서는 장로의 임기가 항존직이나 혹은 종신직이 아니었다. 치리 장로의 임기는 1년이었다. 그들의 연임에 대해서는 제네바시의회가 결정했는데, 그들은 선출된 이후 그해 연말에 그들이 임명을 받을 것인지 포기할 것인지를 결정하여 통보해야 했다.[62] 칼빈 당시의 교회 안에서

---

61) Wendel, 369.
62) 이형기, 120.

장로직은 연임은 할 수 있었지만 결코 항존직이나 종신직은 아니었으며, 그 임무에 있어서도 약간의 차이가 있었음을 알 수 있다. 칼빈 당시의 장로직은 매년 면직 가능성과 연임 가능성에 대하여 모두 열려 있었던 것이 특징이다.

칼빈은 집사직에 대해서도 논한다. 집사직(diakonia)이란 넓은 의미를 가지고 있지만 성경의 가르침에 따르면 가난한 자들과 병든 자들을 돌보며 구제 물자를 나누어 주는 직분을 맡은 자를 뜻한다. 그는 "성경에서 집사라고 부르는 사람들은 교회가 구제 물자를 분배하며 빈민을 돌보고 빈민 구제금을 관리하는 일을 맡긴 사람들이다"라고 말한다.[63] 칼빈은 로마서 12:8을 근거로 집사직에는 두 가지 등급이 있다고 주장한다.

> 로마서에는 "구제하는 자는 성실함으로 … 긍휼을 베푸는 자는 즐거움으로 할 것이니라"라고(롬 12:8) 두 가지 종류에 관해 언급한다. 바울은 여기서 교회 안에 있는 공적인 직분에 대해서 말하는 것이 분명하며, 따라서 집사직에는 두 가지 등급이 있었을 것이다. 만일 내 생각이 틀리지 않는다면, 처음 문장은 구제 물자를 나누어 주는 집사들을 가리키며 둘째 문장은 빈민과 병자들을 돌보는 사람들을 가리킨다,… 이 해석을 인정한다면, 집사에는 두 종류가 있는데 교회를 위해서 구제 사업을 관리하는 집사들과 직접 빈민들을 돌보

---

63) Inst.(1559), 4.3.9.

는 집사들이다.[64]

칼빈은 집사직의 기원과 임명과 직분에 대한 성경적 근거를 사도행전 6장에 둔다. 그는 사도행전 6장에서 구제 사업을 맡은 일곱 사람을 '집사'라고 부른다. "헬라파 유대인들이 자기들의 과부들은 매일 구제에서 제외된다는 소문을 퍼뜨렸기 때문에, 사도들은 자기들이 말씀 전하는 일과 공궤를 함께 할 수 없다는 이유로 정직한 7명을 선택해서 이 일을 맡기라고 신자들에게 부탁했다." 이 주장은 성경에 근거한 초대교회 집사 직분의 회복의 의미가 있다. 그래서 워커(G. S. M. Walker)는 초대교회의 집사 제도를 부활시킨 것을 칼빈의 위대한 업적으로 보았다.[65] 칼빈은 사도행전에 기록된 집사직의 원리에 따라 제네바교회에 두 집사 제도를 두었다. 즉 구제품을 분배하는 집사들과 병자들을 돌보는 집사들이었다.[66] 그는 초대교회 안에 두 종류의 집사직이 있었기에 오늘날 교회들이 그 제도를 본받는 것이 마땅하다고 한다.

장로교 치리회의 역사적 발전 과정

칼빈 이전의 제네바 상황
제네바의 종교개혁은 1536년 5월 21일 일요일 파렐(Farel)의 권고

---

64) Ibid.
65) G.S.M. Walker, "Calvin and the Church", *Scottish Journal of Theology* 14(1963), 379. 이양호, 189.
66) Inst.(1559), op. cit.

에 따라 제네바시 소위원회와 200인 위원회의 요청으로 제네바시 총회가 생 삐에르(St. Pierre)교회에서 개최되고 공식적으로 종교개혁 신앙을 채택함으로 시작되었다. 그러나 제네바 시민들이 비록 민주적 합의에 의한 정치적 결정에 의하여 개신교를 받아들이기는 하였으나 제도적으로 로마 가톨릭과 결별했을 뿐 성경적인 신앙과 삶의 방식에 대하여는 백지 상태나 다름없었다. 파렐은 열정적인 설교자였으나 훌륭한 조직가나 신학자는 아니었으므로 엄격한 의미에서 유기적 공동체로서의 개혁교회는 칼빈이 오기 전에는 아직 형성되지 못한 상태였다.[67]

당시 제네바에는 어떤 공식적인 신조나 신앙적인 훈련 체계도 마련되어 있지 않았다. 법적으로도 교회는 재산권 관리나 교인 훈련 또는 교인 심사, 그리고 목회자를 청빙하거나 해고할 어떤 권리도 없었다. 교회의 제도적 지위 역시 시 정부의 행정 체계 속에서 자리를 찾지 못하고 있었다. 당시 제네바시 당국은 새로이 성립된 교회를 법인조직으로 인정하지도 않았고 인정할 수도 없는 상태였다. 그 이유는 교회가 합법적이거나 명확하게 구축된 지위를 갖고 있지 못했기 때문이다.[68]

제네바가 개신교를 수용한 것은 스위스 지역의 종교개혁의 흐름

---

[67] 1536년에 『기독교 강요』를 출간한 후 칼빈은 이탈리아의 페라라에 갔다가 돌아와 스트라스부르를 향하여 가던 중 전쟁으로 인하여 제네바를 경유하게 되었다. 이때 파렐은 『기독교 강요』의 저자가 자신과 같은 도시에 머물고 있다는 사실을 알고 찾아와 제네바의 종교개혁에 동참하기를 강력히 권유한다. 이것이 칼빈의 생애에서 크나큰 전환점이었다는 사실을 시편 주석 서문에서 진술하고 있다. Timoth Tow, 『존 칼빈의 생애와 업적』, 임성호 역(서울: 도서출판 하나, 1998), 49-50.

[68] Herbert Foster, "Calvin's Puritan State in Geneva", *Harvard Theological Review 1* (1908), 402. 오형국, 『칼빈의 신학과 인문주의』(파주: 한국학술정보(주), 2006), 175에서 재인용

속에서는 이웃의 다른 도시들보다 더디게 반응한 것이었다. 그것도 종교 문화적 각성에 의한 것이라기보다는 정치적 변혁 과정에서 발생한 사건이었다. 스위스는 1499년 신성로마제국으로부터 자치적 독립을 인정받았다. 종교개혁 당시에는 13개 주(canton)로 구성되어 일종의 연방 체제를 형성하고 있었다. 그러나 제네바시는 스위스 연방에 가입하지 않은 도시 공화국이었다. 이 도시의 실질적인 행정권과 사법권은 로마 가톨릭의 주교가 장악하고 있었다. 시 당국과 주교는 세력 확장을 위해 끊임없이 대립하고 있었으므로 사실상 황제권과 교황권의 대립의 축소판이었다. 신성로마 황제의 지배에서 벗어난 사보이 왕국은 가톨릭교회와의 항쟁 끝에 주교를 사보이 왕가에서 선출할 수 있는 권리를 획득함으로 14세기 초 제네바시를 실질적으로 장악하였다. 사보이 왕가의 지배하에서 제네바의 시민 세력은 크게 발달하지 못했다.[69] 사보이 공은 교회 지도자들을 모두 자신의 일족으로 세습화하였고 영지를 몰수하여 그 수입을 방탕과 호사에 사용하였다. 이는 제네바시의 경제적 파탄, 종교적 부패, 도덕적 풍기 문란의 원인이 되기도 했다. 1526년부터 제네바 시민들은 이와 같은 사보이 공의 세력에 대항하기 위하여 의회를 조직하여 투쟁하였다. 무력이 우세한 사보이 군을 상대로 싸우던 제네바시는 한때 위기 속에 빠지기도 했지만 스위스 연방 도시들의 도움으로 위기를 모면하여 1519년 제네바시가 독립 전쟁에서 승리를 쟁취하였

---

69) T.H.Parker, 『존 칼빈의 생애와 업적』, 김지찬 역(서울: 생명의말씀사, 1986), 124.

다.[70] 이 승리는 정치와 종교가 동시에 로마 교권으로부터 해방되었음을 의미하는 것이다. 그들은 제네바가 구(舊)신앙에 머무를 경우 사보이 가(家)와 연결된 제후주교가 다시 돌아올 것을 우려하여 개신교를 채택하였다. 따라서 제네바에서는 정치상의 혁명이 결과적으로 종교개혁을 낳은 것이라고 말할 수 있다.[71]

제네바가 바젤과 베른, 스트라스부르 등의 이웃 도시들보다 종교개혁에서 뒤진 이유는 정치·문화적 후진성을 들 수 있다. 특히 인문주의 문화에서 후진적이었고 종교적 변화에 대해서도 매우 폐쇄적이었다. 대부분의 개신교 도시에서는 에라스무스(Erasmus)적인 인문주의 교육을 받은 성직자들이 복음적 교리를, 그것을 수용할 수 있는 평신도들에게 설교하였고 그들이 초기 지지자들이 되었음에 반해 제네바의 성직자들 중에는 새 사상에 관심이 있는 자가 없었다.[72]

이 상황에서 제네바에서 개혁적 교리를 전한 자는 종교개혁을 제네바에까지 확장시키기 위해 베른에서 파송한 설교자들이었다. 그러나 개혁신앙에 대한 종교적 동기나 이해가 취약한 제네바에서 베

---

70) 오형국, 앞의 책, 176.
71) 위의 책, 177.
72) 종교개혁 이전의 제네바에는 뚜렷한 지식인이나 사상가가 없었다는 것을 알 수 있다. 코넬리우스 아그립바(Cornelius Agrippa)가 1521-23년간 거주했을 뿐이다. 제네바 학교의 교장을 토착민 중에서는 맡을 사람이 없었으므로 외부에서 청빙해야 했다는 사실에서도 문화·교육적 후진성이 드러난다. W. Bouwsma, "The Peculiarity of the Reformation in Geneva", S. Ozment ed. *Religion Culture in Renaissance and reformation* (Kirksville: Sixteenth Century journal Publisher, 1989), 71. 위의 책, 177에서 재인용.

른의 설교자들은 배척을 받았다.[73] 그 첫 번째 인물이 파렐이었다. 파렐은 바젤에서도 추방된 적이 있었는데, 그는 그 후로 베른의 후원으로 스위스의 여러 불어권 도시에서 설교하였다. 그는 1532년 제네바에 들어왔다가 곧 추방당했다. 그 무렵 프랑스의 개혁자인 앙뚜안느 프로망(Antoine Fromen)이 제네바에 왔으나 역시 배척받았다. 이에 베른은 좀 더 온유한 피에르 비레(Pierre Viret)를 파송하였다. 시의회는 베른의 압력에 저항하기 위한 방법으로 1533년 말에 도미니크 수도회원인 조르쥬 푸비티(George Furbity)를 대강절 설교자로 초청하였다. 베른은 그의 설교를 극력 반대하였으므로 제네바시의회는 1534년 초에 공개 토론회를 갖기로 동의하였다. 이때 사보이 공국의 군대는 제네바에 강력한 공격을 가하였고 1535년 가을까지 제네바는 기근에 시달렸다. 시의회는 파렐의 복귀를 막을 힘이 없었고 그의 설교는 성상파괴의 폭동을 불러일으켰다. 안으로는 무질서와 밖으로는 적들의 긴박한 위험 속에서 행정관들은 미사를 폐지하였다. 이 조치의 배후에는 사보이 군대를 격퇴시기 위해 도착한 베른 군의 영향이 작용하였다. 이듬해 여름 제네바는 사보이 가(家)로부터 독립했으나 그 대신 베른이 종주국의 지위를 갖게 되었다. 한걸음 더 나아가 제네바의 개신교회는 외부로부터 온 소수의 목회자들을 통치하였다. 미사가 폐지되자 그동안 남아 있던 가톨릭 사제들은 거의 전부가 제네바를 떠나갔고 남은 소수의 성직자들도 목회를 위한 적절한 교육을 받지 못했다는 이유로 성직자의 임무를 수행하지 못하게 되었다.

---

73) W. Bouwsma, Ibid. 파렐도 베른에서 파송된 설교자였다. 오형국, 위의 책, 177.

제네바 종교개혁의 주된 문제는 목회자들이 주장한 영적·도덕적 훈련을 대중들이 거부하는 데 있었다. 이것은 목사단과 행정관 사이의 분열의 가장 중요한 원인이 되었다. 목회자들의 통제에 대한 제네바 사람들의 저항은 한 제네바교회의 강단에 부착된 익명의 항의문에 잘 나타난다. 그 내용은 행정관들에게 백성들이 그처럼 많은 주인을 섬기기를 원하지 않는다는 것과 목회자들의 감독이 이제 지나친 정도에 이르렀다는 사실을 주목하도록 요구하였다.[74]

16세기 도시들 가운데 제네바는 신앙에서는 물론 도덕과 학문에서도 다른 도시들보다 열등한 상태였다.[75] 유럽 각지에서 모여든 리베르틴파(the Libertine)는 결혼 제도를 경시하고 자유연애를 강조하였다. 폭동이 빈번하였고 통치 계급에 있는 자들은 걸핏하면 칼을 들고 맞서곤 하였다. 당시 제네바 사회의 부도덕과 향락주의는 종교개혁자들에게 도덕적인 엄격성을 강조하도록 하는 요인이었다.[76]

---

74) Text in CO 11:546, n.8 quoted in Bouwsma's "The Peculiarity of the Reformation in Geneva", 71. 위의 책, 179에서 재인용
75) 정성구, 『칼빈주의 사상과 삶』(서울: 성서협회, 1978), 51-52. 시민들은 매우 음란하여 시의회에서는 첩을 1명만 두자는 결의를 할 정도였고 창녀들이 너무 많았으므로 일반인과 구별하기 위하여 공창지대를 정하고 특별한 복장을 입혔다. 심지어 로마교회 교역자 중에는 첩을 몇 명이나 두거나 민간 재산을 수탈하여 향락 생활에 소비하는 자들도 있었다.
76) 제네바에는 유별난 신학적 입장을 취하면서 칼빈에게 적대적인 두 개의 집단(Libertines와 Spirituals)이 있었다. 칼빈은 1545년 이들에게 대항하여 논문을 발표한 적도 있다. 이 논문은 하나님의 주권과 인간의 책임을 강조하는 칼빈의 신학을 담았다. 심창섭, "리베르틴파에 대한 칼빈의 신학적 입장", 신학지남 55-4(1998), 123.

제네바 개혁

교회를 통한 개혁

칼빈은 제네바에서 26년(1541~1564)간 종교개혁의 사역을 수행하였다. 그는 하나님이 선지자와 교사를 보내어 세상에 질서를 부여한다고 믿었고 세상을 바로잡는 그 일에 자신이 부름을 받았다고 여겼다.[77] 그는 세상을 바로잡는 과업이 신학을 주해하는 것보다 훨씬 더 시급한 일이라고 생각했다. 제네바 종교개혁의 과업은 전체적으로 타락한 기독교 사회를 개선하고 시민들에게 신자로서의 삶을 회복시키는 일이었다. 그는 이 과업의 중심을 교회에 두었다. 왜냐하면 교회만이 성령의 은혜로 말미암아 사람의 마음을 개혁할 수 있기 때문이다. 따라서 교회의 교회다움, 참된 교회의 정체성을 회복하는 것이 개혁의 구체적 목표였다.

교회론은 신학적 사색보다는 참된 교회를 만들기 위한 실천적 과제를 제시함으로 전개되어야 한다. 예를 들어, 교회론이 포함된 『기독교 강요』 제4권은 '은혜를 받는 수단'이라는 제목으로 시작된다. 그리고 1536년 '제네바 신앙고백서'에서 참된 교회의 표지는 '복음을 순수하고 충성스럽게 설교하고 경청하고 지키는 교회 성례가 적절하게 집행되는 교회'라는 실천적 덕목으로 진술한다.[78] 이처럼 교회에 대한 그의 견해는 그의 개혁사상을 이해하는 데 매우 중요한 위치를 차지한다.[79]

---

77) 『예레미야서 주석』 1:9-10
78) W. Bouwsma, 『칼빈』, 이양호, 박종숙 역(서울: 나단, 1991), 214.
79) 삶의 모든 영역에서 철저한 신율의 추구를 요구하는 칼빈주의 신학은 아우크스부르크 회의의 결정과

개혁을 위한 칼빈의 투쟁

존 녹스에 따르면 제네바에서의 칼빈의 사역은 '사도 시대 이래로 지상에 존재한 가장 완전한 그리스도의 학교'라 할 만큼 성공적인 평가를 받았다. 하지만 적지 않은 대중의 반발과 정치적 적대 세력과의 갈등 속에서 진행된 칼빈의 종교개혁은 엄격성에서는 극단적이었고, 정치 체제의 성격은 신정의 형식을 띤 독재라는 비난을 받기도 하였다. 칼빈 당시의 제네바는 정치적으로는 신정독재와 민주주의, 경제적으로는 부의 옹호와 물질적 방종이 교묘하게 조화를 이루고 있었다고 말할 수 있다.[80] 칼빈은 임종 직전인 1564년 4월, 제네바교회의 목사들에게 한 고별사에서 다음과 같이 말한다.

> 나는 여기서 지독한 싸움 속에서 살았다. 나는 저녁마다 문 밖에서 오륙십 발씩 쏘아대는 화승총질로 조롱하는 사람들의 문안 인사를 받았다. 사람들이 개들을 풀어 놓고 쉬쉬거려서 내 옷을 잡아 뜯고 내 다리를 물게 했다. 나는 제네바에서 일어난 삼천 개의 소란을 막아냈다.[81]

같이 제후의 신앙을 따르는 집단적인 정치적 개종이나, 정치와 교육 등 종교 이외의 영역을 국가에 위임하는 '두 왕국론'의 신학과는 상당히 다른 문화를 불러왔다. 민주주의 혁명과 자본주의적 경제윤리의 발달은 가톨릭이나 루터파 전통이 지배하는 지역에서는 칼빈주의 문화권에 비하여 강하게 나타나지 않았음을 볼 수 있으며, 나치하의 저항 운동인 고백교회 운동의 경우에도 칼빈주의 개혁과 교회들의 참여가 루터파 교회보다 크게 두드러진 사실이 지적된다. Paul Tillich, *History of Christian Thought: Helmut Thielicke, Theological Ethics*, W. Lazaret ed.(Minneapolis : Fortress, 1996), 35. 오형국, 앞의 책, 183에서 재인용.

80) Lindsay, 25. 위의 책, 184에서 재인용.
81) J. Cadier, 『칼빈-하나님이 길들인 사람』, 이오갑 역(서울: 대한기독교서회, 1995), 197-199

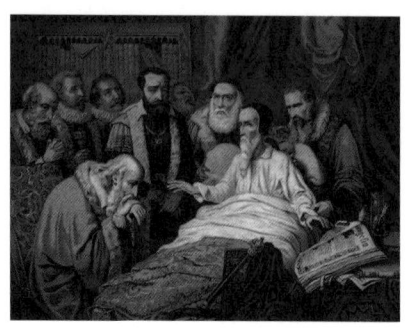
칼빈의 죽음 J. 호닝 작

칼빈은 목회자의 급여를 스스로 제한함으로 경제적으로도 말년까지 검약하게 생활하였다. 교황은 칼빈이 죽은 후 가톨릭교회에도 그와 같은 인물이 있었으면 하는 아쉬움을 토로한 적이 있었는데, 그 때 교황이 그의 신학적 사상이나 조직적 역량보다 오히려 청빈을 언급하였다는 사실은 그의 권위와 영향력의 원천에 관하여 시사하는 바가 크다.

칼빈은 제네바를 개혁신앙의 도시로 만드는 데 결코 정치적 개종이나 시민종교의 형식적인 신앙으로 만족치 않았다. 그는 제네바의 종교개혁을 위해 엄격한 권징을 수반하는 철저한 교육을 실시했다. 그는 교회를 교육적 구조로 개혁하는 한편, 제네바 아카데미를 설립하여 학교를 통한 기독교 교육의 영역을 확대시켰다. 칼빈 이전의 제네바에서는 지적·종교적 차원에서 개혁신앙을 이해하고 추진할 만한 토착 기반이 없었으나 시민 전체를 대상으로 하는 철저한 교육이 그의 제네바 종교개혁의 특성을 부여한 것이다.

신앙 교육

칼빈이 목표로 한 개혁은 제네바의 도덕적 수준을 개선하고 시민들을 참된 신앙인으로 변화시키는 것이었다. 다시 말하면 제네바 전체를 경건한 성도들의 도시로 만드는 것이었다. 이는 오늘날의 용어로 성시화 운동에 해당된다고 할 수 있다. 성시화의 목적은 신앙이 무엇인지를 분명히 이해하고 고백하며 신앙적 삶의 결과가 개인의 내면생활에서만 아니라 사회의 공적 부문을 포함한 삶의 모든 영역에서 나타나도록 하는 것이었다. 이처럼 칼빈은 제네바시를 신정국가는 아니지만 신앙의 원리가 지배하는 공동체로 만들려는 목표를 갖고 있었다.[82] 이 과업을 위한 방편은 세 가지로 요약할 수 있다.

첫째, 중세교회의 성례주의(sacramentalism)와는 전혀 다른 목회 방식인 말씀 중심의 목회였다. 예배는 과거의 미사와 달리 설교 중심으로 행해졌고 평일에도 성경 강해가 거의 매일 이루어졌다. 특히 신앙고백서와 교리 문답서로 교리 교육이 철저하게 시행되었다. 칼빈은 이 신앙 교육서들과 교회법령들을 통하여 제네바교회의 정체성을 확립하였다.

둘째, 교회가 교육적 사역을 수행하는 기관으로서의 제도적 기반을 갖추기 위하여 교회의 직제에서 교사(Doctor)의 직분을 회복시켰다. 교사의 직무는 연구와 교육으로서 목사가 겸할 수도 있지만 고유 직무는 목양적 돌봄과 성례의 집행, 행정적 직무로부터 자유로웠다. 칼빈의 구상에 따르면 목사가 겸하지 않는 교사는 교회와 연결

---

[82] 칼빈 시대의 제네바가 신정국가였는가라는 물음에 답하기 위해서는 신정(theocracy)의 개념에 대하여 별도의 설명이 필요하다. 다만 16세기의 제네바는 호메이니 식의 정치 구조와는 거리가 멀고 하나의 사회 속에서의 교회의 권세와 국가의 권세가 협동적으로 작용하는 상황이었다는 것은 쉽게 식별할 수 있다. Sang Il part, *The Implication of John Calvin's Doctrine of Education for Religious Education in the korean American Chruch*(Ph. D. diss New York University, 1994), 31. 오형국, 앞의 책, 185에서 재인용.

된 신학교 및 기독교 학교에서 교사의 직무를 수행하는 자였다.

셋째, 교육의 효과성을 위한 질서와 권위를 확보하기 위하여 교회가 권징의 권한을 보유하게 하였다. 이것은 교회의 영적 권위와 시정부의 물리적 권력의 협력 관계에 의해 시행되었는데, 이 과정에서 교회와 국가의 관계에 대한 칼빈주의 개혁파의 전통이 발전하였다. 여기서 교회와 국가는 내면적으로 필연적인 연관성을 갖는 보완적 관계이지만 제도적으로는 분리됨으로써 교회의 자율성이 확보된다. 양자의 관계는 "교회는 시민 사회를 계몽하고 인도하며, 시민 정부는 교회의 선교를 이해하고 보호해야 한다"는 명제로 설명할 수 있다.[83]

① 신앙고백과 교리 문답: 교회의 정체성

개혁 초기 칼빈의 사역은 신앙 교육을 통해 교회의 정체성을 회복하는 데 초점을 맞추었다. 이는 교회의 정체성을 결정하는 근거가 올바른 성경적 교리에 있다고 믿었기 때문이다. 루터는 "이전의 사람들은 교황의 사치스러운 생각과 악행을 공격했지만 나는 그의 교리를 공격한다"고 하며 로마 가톨릭의 부패와 폐단의 원인이 근본적으로 교리의 타락에 있음을 지적한 바 있다.[84] 루터의 견해는 칼빈 신학의 근본적 전제와 일치하기 때문에 칼빈은 루터의 견해에 전적으로 동의했다. 칼빈은 신앙의 본질을 '하나님을 아는 지식'으로 간주했는데 교리란 바로 신앙의 지적 차원의 가장 주요한 부분이다. 이것은 참

---

83) Inst.(1559), 4.20.2.
84) 김영한, 『개혁신학이란 무엇인가』(서울: IVP, 1994), 156.

된 교회의 첫 번째 표지인 '하나님의 말씀이 바르게 선포되고 가르쳐지는 것'에 해당하는 것이다. 따라서 제네바에서 교회의 정체성 확보, 즉 참된 교회를 세우는 사역의 제1순위는 교리서를 작성하고 교육하는 일이었다.

칼빈의 교리 교육의 특징은 무엇인가? 첫째, 칼빈의 교리주의는 신본주의자로서의 성경중심주의이다. 그것은 자신의 신학의 절대적 규범으로 삼았던 성경에 기원을 둔 것이었다. 설교에서나 저술에서나 공히 "성경이 가는 곳까지 가고 성경이 멈추는 곳에서 멈춘다"고 할 만큼 철저히 성경 의존적인 자세를 견지했다. 이는 교리가 신학자들의 이성적인 사변에 의해 결정되어서는 안 된다는 것을 의미한다. 둘째, 교리 교육의 당위성을 고대교회의 전통에 연결시켜 주장하고 있다는 점이다. 교부학에 능통했던 칼빈은 교리 문답이 루터와 당시 개혁자들의 창안물이 아니라 본래 세례 신청자를 위해 실시되었던 고대교회의 관습이었다는 점을 상기시킨다. 이 전통이 중세 초의 혼란기에 사라져 버린 것은 성직자들의 태만과 무지 때문이었다.[85] 칼빈은 1538년의 『규례』에서 어린이들에게 그러한 가르침을 받게 하는 것이 교회의 목적 중 가장 중요한 일의 하나임을 고대교회의 사례를 들어 주장한다.[86] 셋째, 칼빈의 교리주의는 신학의 지성주의적인 경

---

85) 중세 말의 가장 탁월한 신학자로 평가되는 제르송(Jean Gerson)은 교회의 개혁이 어린이로부터 시작해야 한다는 교리 교서서를 작성하여 교회 당국에 제출하였으나 거부된 적이 있었다. 제도권 교회가 종교 교육에 미온적인 태도를 견지하고 있을 때 이른바 분파주의로 불린 발도파, 보헤미아 형제단이나 위클리프, 후스 등이 만든 어린이 교육을 위한 교리 교서서는 정죄되어 버렸으나 종교개혁자들의 교리 교육 운동을 위해서는 선구자적인 위치를 차지하는 것이었다. 한인수, 『칼빈의 요리 문답』(서울: 경건, 1995), 3.
86) 황성철, "칼빈 당시 제네바교회의 정체성에 관한 연구", 신학지남(2001년 봄), 145.

향을 반영한다. 신앙에서의 지성주의란 믿음의 도리에 대하여 이해하면서 믿고자 하는 자세를 뜻한다. 당시에 "제네바의 소년들이 소르본느의 박사보다 구원의 도리에 대하여 잘 알고 있다"는 평판이 나올 정도였는데 이것은 제네바교회의 신앙 노선을 잘 말해 주는 예이다. 칼빈이 "사랑할 수 있기 전에 우리는 먼저 알아야 한다"[87]라든지 "회개와 신앙은 가르쳐진 진리로부터 시작되는 것이다"[88]고 말한 것은 감정의 근원에도 지식이 작용한다는 칼빈의 사고를 보여 준다. 하지만 스콜라주의자들의 과도한 회심과 지적 과잉을 비판한 적이 있는 칼빈은 단순한 지성 일변도의 신앙을 경계하며 교리 교육이 성경의 권위와 성령의 역사에 의존해야 함을 역설한다.[89] 칼빈은 교리도 설교도 지성적 내용이 스스로 능력을 낸다고는 믿지 않았고 그렇게 가르치지도 않았다. 그에 의하면 그것들은 성령의 도구로서 역할을 하는 것이었다.[90]

우리는 칼빈의 교리주의가 중세교회의 그것과는 전혀 다른 성질이었음에 주목해야 한다. 그는 교리를 받아들이는 것에 대한 교황청의 가르침인 내재적 신앙의 개념을 단호히 거부하였다. 내재적 신앙이란 생각이 단순한 신자가 교리 자체의 가르침에 대해서는 무지하더라도 교회와 교회의 가르침에 대해 유익함이 있음을 믿는 신앙을

---

87) Piedmont의 한 영주에게 보낸 편지, 1554년 2월 25일. CO 15, 42. quoted in Bouwsma, *John Calvin*, 99. 오형국, 앞의 책, 191에서 재인용.
88) 『예레미야서 주석』 26:3
89) Inst.(1559), 1.2.2.
90) W. Bouwsma, 이양호, 박종숙 역, 앞의 책, 228.

가리킨다. 칼빈은 내재적 신앙이 지적으로 확립된 신앙의 준비 단계로서 갖는 가치는 인정하였다. 그는 우리가 이 세상에서 나그네로 사는 한 기독교 신앙은 많은 조항들이 내재적일 수밖에 없음을 인식한다. "아직 많은 것들이 우리에게 숨겨져 있기 때문만이 아니라 짙은 오류의 구름들이 우리를 둘러싸고 있기 때문에 우리는 모든 것을 이해할 수는 없다."[91] 그러나 이 사실이 신앙의 가르침을 가능한 한 완전히 이해하려는 노고를 게을리하는 것에 대한 구실이 될 수 없었다. 만일 이러한 노고가 없다면 하나님께서는 선지자들과 사도를 통하여 헛되이 말씀하신 것이다. 왜냐하면 지식이 없는 곳에는 믿음도 없기 때문이다(렘 27:10; 갈 1:8). 내재적 신앙의 경건한 무지는 우리를 오직 끝없는 미궁 속에서 방황하도록 만들 뿐이다.[92]

칼빈의 제네바 사역에서 교리 교육은 그 방법에서 교양 교육과는 다른 차원의 것이었다. 또한 이때의 교리 교육은 개인적 신앙의 자유가 주어진 시대에 구도적 탐구를 위한 학습과는 달리 개신교 신앙을 선택하기로 이미 결정한 제네바 시민들이 자신들의 신앙의 신조가 무엇인지 알게 하며 공동체의 규범이 무엇인가를 이해하고 지키도록 하기 위한 것이었다. 이것이 16세기 종교개혁에서의 신앙 교육을 종교의 다원화가 이루어진 현대 사회의 기준으로 바라볼 때 고려해야 할 점이다.

---

91) Inst.(1559), 3.2.5.
92) 『예레미야서 주석』 31:34

② 교사직의 재발견

교회가 바른 신앙을 전승하는 교육의 기관이 되도록 하기 위해 칼빈이 착안한 것은 교회의 제도 속에 교육의 기능을 담당하는 교사직을 확립하는 일이었다. 이는 신약 성경에 명시된 것이지만 중세교회의 전통에서는 가려져 있던 일이다(엡 4:11). 칼빈은 로마 가톨릭의 성례주의 전통에서 주목받지 못했던 교사의 직분을 회복시킴으로 개혁교회가 말씀 중심의 신앙 전통을 세워나갈 수 있는 제도적 기초를 확립했다.

종교개혁가로서 실천적 교회론을 추구하였던 칼빈은 교회의 영적 본질에 대한 사색보다 기능과 직분의 관점에 더 비중을 둔다. 칼빈의 신학에서 교회는 앞서 본 바와 같이 본질에 있어서는 하나님의 선택하심을 받은 거룩한 백성들의 공동체이며, 기능에 있어서는 하나님 백성들을 양육하여 그리스도의 장성한 분량에 이르도록 양육하는 어머니요 학교와 같은 기관이었다. 그의 인간론은 교회론의 기초가 되는데, 인간은 하나님의 형상을 따라 지음받은 존귀한 존재라는 지위와 하나님의 은총이 아니고서는 회복할 수 없는 타락한 죄성에 사로잡힌 존재라는 양면성을 지닌다. 그러므로 그리스도로 인한 칭의를 입은 후에도 성화를 위한 외적인 도움은 반드시 필요하다.[93] 외적인 도움이란 자신에게 전적인 타자가 아닌 자신이 유기적으로

---

93) 성화에 대한 견해에는 결정적 성화론과 점진적 성화론이 있다. 은혜에 의해 유효하게 부름 받을 때 하나님 백성의 정체성이 이루어진다는 것이 결정적 성화론이며 신자들에게도 죄가 있으므로 전 생애에 계속적으로 성화된다고 보는 것이 점진적 성화론이다. 후자는 은혜에 의하여 촉발되는 것이지만 인간 자신의 거룩을 향한 노력의 역할과 교육적 과정을 통한 성화의 가능성을 인정하는 데 적극적이다. cf. 한춘기, "성화의 교육적 가능성과 수단에 관한 연구", 총신대논총 17(1998), 134-135.

속하여 상호작용하는 공동체 즉 바로 교회이다. 그는 가견교회(볼 수 있는 교회)를 말씀 선포와 신자들의 성화를 위하여 하나님께서 주신 외적 방편으로 간주하였으므로 가견교회를 개혁하고 돌보는 일을 결코 부차적인 일로 여기지 않았다.[94]

교회는 다양한 사역 때문에 직분론을 필요로 한다. 칼빈이 교육을 교회의 주요 기능으로 착안할 때 성경에서 주목하지 않을 수 없었던 것은 에베소서의 교사 직분에 관한 조항이었다. 교회가 교육의 장이 되어야 한다는 원론적인 주장을 넘어 실제로 교육 사역을 수행하는 기관으로 만들기 위하여 그는 교회의 직제를 정비했다. 칼빈은 1541년과 1561년의 교회법령에 교회의 직분을 네 가지로 규정했다. 즉 목사, 교사, 장로, 집사이다. 이것의 성경적 근거는 신약 성경 에베소서 4:11이다. "그가 혹은 사도로 혹은 선지자로 혹은 복음 전하는 자로 혹은 목사와 교사로 주셨으니"(Is igitur dedit alios quidem apostolos, alio vero prophetas alios autem evangelitas, alios autem pastores et doctores).[95]

교회의 가장 첫 번째 직분은 목사이지만 칼빈은 네 직분 중 목사와 별도로 가르치는 자(교사)의 직분을 교회의 고유한 직분으로 명시한다.

---

94) Inst.(1559), 4.1.10.
95) 에베소서 4:11 교사직의 성경적 근거에 대하여는 예수 그리스도가 교사(선생)의 역할을 하셨다는 것과 사도 바울이 사도이며 교사직 사역을 하였다는 것 등을 근거로 제시하기도 하지만 목사직과 교사직을 구별하는 즉 교사직을 별도로 제정하는 것에 대한 강한 근거는 되기 어렵다. 예수께서 교사이셨지만 우주적인 제사장직이라는 더 큰 목적이 있었고 주교들이 가르치는 권한을 가진 것도 사실이지만 역시 주교는 제사장적 목회직이라는 것 때문에 교사직의 구별에 도움이 되지 않는다. 오히려 성서의 은사론을 통해 가르치는 은사들이 교사직의 근거가 될 수 있다. 로마서 12:4-11의 은사론에서 가르치는 은사는 사도 예언 다음으로 나온다. 고린도전서 12:8-11에서도 지식의 말씀을 은사의 하나로 특기한다.

교사는 권징이나 성례의 집례, 또는 경고나 권면을 행하는 것이 아니라 회중들 가운데 교리가 온전하고 순수하게 지켜지도록 성경 해석의 직무만을 담당한다.[96]

먼저 용어에 있어서 교사의 직분은 그리스어가 원어인 신약에서 포괄적으로 '가르치는 사람'이라는 뜻의 '디다스칼로이'(didaskaloi)로 표현되는데 라틴어 역본에서는 doctores로 표기되었다.[97] Doctor 또는 Magister라는 칭호는 원래 자격증(licentia)를 보유한 사람을 가리키는 데서 유래하였다. 그러나 14세기 중반부터 이 칭호는 학문적 학위를 가리키는 의미로도 쓰였다. 이 직분은 신학과 성경 해석의 전문가라고는 할 수 없는 교리 문답을 가르치는 사람을 가리키기보다는 교회 전체의 교사를 지칭하는 것으로 보아야 한다. 따라서 '디다스칼로이'가 교사 외에 박사, 또는 신학자로 번역되는 것도 타당하다.[98]

칼빈은 목사로서 그리고 교사로서 종사하였다.[99] 그는 제네바의 목회자로서 예배를 인도하고 설교하며, 유아 세례를 주고 결혼 주례를 서고 교회의 행정을 책임지며, 권징을 위한 회의에 참여했으며, 목사회의 대표로서 시의회에 출석할 때도 있었다. 다른 한편으로는 제네바는 물론 전 유럽 교회가 부딪치는 신학적인 문제와 질문들에

---

96) Inst.(1559), 4.3.4.
97) Robert Handerson, *The Teaching office in the Reformed Tradition: A History of Doctoral Ministry* (Philadelphia: Westminster Press, 1962), 18. 오형국, 앞의 책, 199에서 재인용.
98) 칼빈은 『기독교 강요』 4권 3장에서 '교회의 신학자들과 목회자들의 사역, 그들의 선택과 직분'이라는 제목 아래 16개 절을 기술하는데 이는 교회 전체를 지도하는 신학자라는 의미로 해석할 수 있다.
99) 칼빈이 이상적으로 삼은 교사상은 모세였다. 황성철, 106.

대해 수많은 서신과 논문으로 응답하는 작업을 수행하였다.[100]

그럼에도 불구하고 그는 교회가 목사직과 교사직을 구별해야 할 필요를 절실히 인식하였다. 교회의 신학자로서의 교사상에서 주목해야 할 점은 첫째, 성경의 해석과 연구의 독립성을 제도적으로 확보하는 것이다. 그것은 수다한 목양적 업무로 인하여 연구에 전념할 여유를 갖지 못하는 경우가 있기 때문이며 둘째, 정확한 교리적 가르침은 공동체의 운영이나 인간관계, 위기적 상황 등으로 말미암아 객관성과 엄정함을 잃을 가능성이 크기 때문이다. 셋째, 교회와 신학교 또는 기독교 학교와 긴밀히 연계되어 있는 상황을 전제할 때 교회의 교사직은 학교의 교수직과 겸임되어야 하기 때문이다.[101]

신약 성경에서 교사직을 구별하여 제정한 것은 구약의 제의 전통뿐 아니라 이적 신앙과 주변 세계의 이단 운동으로부터 순수한 교리를 보존하기 위함이었다. 칼빈은 신앙 교육이란 말씀의 진리를 지속적으로 제시하는 일이라고 생각하며, 이것만으로도 교회는 세워지고 자란다고 믿었다. 성례주의자들의 주장과 달리 교회는 제도가 처방한 공로적 행위를 수행함으로써 하나님의 복을 받는 것이 아니라 성경에 계시된 그리스도의 말씀을 듣고 이해하고 순종함으로 복을 받는다고 보았다. 이것이 종교개혁자들이 공통적으로 표방한 '오직 성경'의 원리이다. 신학자로서의 칼빈의 작업은 신비주의나 사변적 지식, 그리고 성사에 의거하지 않고 이 원리에 의거하여 성경의 순

---

100) John T. McNeilll, *Doctor Ecclesiae Calvin*, 18-19.
101) R. Handerson, 32. 스트라스부르에서 학교의 교사들은 교단총회에 소속되었다.

수한 교리를 깨닫고 가르치는 것이었으므로 말씀의 신학이라고 불리며, 이것은 교회적으로 교육의 사역과 교사의 직무로 연결된다.

칼빈은 자신의 소명에 관해서도 교육의 관점에서 인식하였다. 그의 생애의 후기인 1559년에 증보된 『기독교 강요』의 독자를 향한 머리글에서 그는 자신의 직무를 교회의 교사직을 감당하는 것이라고 표현한다.

> 하나님께서는 나의 마음을 당신의 나라를 펼쳐나가고 공공의 선을 증진하려는 열정으로 채우셨습니다. 내가 교회의 교사직분을 맡은 이래로 나에게는 경건에 관한 순수한 교리를 유지하는 것으로써 교회를 유익하게 하는 것 외에 다른 목적을 품은 적이 없음은 내 자신의 양심으로 확신하며 또한 하나님과 천사들이 증인이 되게 할 수 있습니다.[102]

그가 개인적으로 교육적 동기를 발전시키게 된 것 역시 『시편 주석』 서문에서 술회한 바와 같이 그의 회심 직후부터 신앙의 가르침을 베풀어야 하는 입장에서 살아가게 되었기 때문이다. 칼빈은 제네바 사역 역시 목회자 이전에 교회의 교사로서 시작하였다. 그리고 생애 후기까지 자신을 이 직분과 관련시키기를 원하였다. 1537년에 파렐의 강권으로 제네바 종교개혁의 사역에 참여했을 때 그는 공식적으로 제네바교회의 성경 교수로서 청빙을 받았으며 그 스스로도

---

[102] Inst(1559), preface. 4.

자신을 이 호칭으로 부르기를 즐겨했다. 이 호칭은 두 개의 1537년 서신 표지에서도 나타난다.[103] 이 직분은 교회의 대표나 지도자의 위치는 아니었으나 그가 하고 싶었던 일의 성격과 일치하는 것이었다. 분명히 당시의 칼빈은 사람들과의 관계와 활동적인 사역과 예전 집행이 주를 이루는 목회에만 전념하기를 원치 않았다. 그는 교회 현장에서 공동체를 조직해 나가는 일을 하되 연구와 저술, 독립적 사상가로서의 활동의 가능성을 열어놓고 싶어 했다. 그리고 교회에는 이러한 역할이 반드시 필요하다고 믿었다. 그렇기 때문에 수개월 후에 목회자로 임명받은 뒤에도 그는 성경 강의를 포기하지 않았으며 1541년의 교회법령에서는 목사와 별도로 교사 또는 신학자의 직분을 교회의 제도 안에 명시하여 회복시키고자 했던 것이다. 그러나 여기서 주목할 것은 이것이 칼빈의 개인적인 선호와 성향에 따른 것이 아니라 그 자신이 성경에서 발견한 교회의 직분론을 따른 것이라는 점이다.[104] 제네바교회의 지도자로서 거의 목사직은 목사와 교사

헝가리 중앙 은행 (Magyar Nemzeti Bank)에서 칼빈 탄생 500주년 기념으로 주조한 기념 주화(2009년)

---

103) K. Barth, *Die Theologie der Calvin's*(Zurich, 1922) trans. Geoffrey Bromiley, *The Theology of John Calvin*(Eerdman, 1995), 258. 오형국, 앞의 책, 203에서 재인용.

104) "그가 혹은 사도로 혹은 선지자로 혹은 복음 전하는 자로 혹은 목사와 교사로 주셨으니 이는 성도를 온전케 하며 봉사의 일을 하게 하며 그리스도의 몸을 세우게 하려 하심이라"(엡 4:11). "안디옥 교회에 선지자들과 교사들이 있으니 곧 바나바와 니게르라 하는 시므온과 구레네 사람 구리도와 분봉왕 헤롯의 젖동생 마나엔과 및 사울이라. 주를 섬겨 금식할 때 성령이 가라사대 내가 불러 시키는 일을 위하여 바나바와 사울을 따로 세우라"(행 13:1)

의 직분을 겸한다는 모델을 보여 주었다.

제네바 권징

칼빈은 제네바에서의 1차 사역을 시작할 때(1537년) 이미 출교를 포함한 교회 권징의 독립성을 주장했으나 그의 주장이 너무 과격해서 받아들여지지 않았다. 그러나 1541년 제네바시의 간곡한 요청에 따라 제네바로 돌아가게 되었을 때 칼빈은 교회의 훈련과 권징에 관하여 명백한 입장을 밝혔다. 이때에 그가 밝힌 입장을 베자(Theodore Beza)는 다음과 같이 기록한다.

> 만일 여러분이 나를 당신들의 목사로 원하신다면 생활의 무질서를 고쳐야 합니다. 만약 여러분들이 진심으로 망명 생활 하는 나를 다시 부르는 것이라면 여러분 가운데 만연해 있는 범죄와 성적 방탕함을 청산하십시오. 내 생각에 복음의 가장 큰 적들은 교황도 이단도 유혹하는 자들도 독재자도 아니고 바로 나쁜 그리스도인들입니다. 선한 행위가 없는 죽은 믿음이 무슨 쓸모가 있겠습니까? 진리 자체인들 무엇이 중요하겠습니까? 사악한 삶이 깔렸고 행하는 것이 말한 것을 부끄럽게 한다면 나를 두 번째로 이 도시에서 내치셔서 나로 하여금 새로운 망명지에서 고통의 쓰라림을 다스리게 하십시오. 아니면 준엄한 법이 교회를 다스리게 하십시오.

순전한 권징을 다시 세우십시오.[105]

칼빈의 제네바 사역에서 목회적인 면의 주된 내용은 철저한 교육과 엄격한 권징이었다. 교리와 권징은 교회의 삶을 위해서는 절대적으로 필요한 것으로 권징은 교리를 알려주고 해석하고 보호해 주는 척도요 방편이다.[106]

제네바에서 칼빈의 권징은 대단히 중요한 비중을 차지한다. 당시의 권징은 오늘날과 같이 단순한 개인의 사적 생활에 관한 도덕적 엄격성의 문제가 아니었다. 시민들의 사회적 윤리까지 다루었고 불복종하는 자에게는 교회적 징계를 넘어 시정부를 통한 심각한 형벌이 시행되는 경우도 종종 있었다. 이로 인해 권징의 권한을 갖는 주체와 시행 방법 및 해벌의 결정 등에 대해 교회의 치리법원과 시의회, 교회와 국가 사이의 관계에 있어서 복잡한 논의가 일어났다. 따라서 권징권의 소재를 놓고 교회와 국가는 예민한 반응들을 표출했다. 칼빈은 거룩한 공동체를 세우고 죄인을 교화하는 차원에서 권징이 필요하다는 것을 인정하였다. 그러나 칼빈은 이 권징이 국가에 의해서 시행되는 정치적인 행위가 아니라, 교회의 목회적인 활동이라는 것을 강조한다.

---

105) Theodore Beza, *Life of John Calvin*, 『존 칼빈의 생애와 신앙』, 김동현 역(서울: 목회자료사, 1999), 25-26
106) R. Hedtke, *Erziehung durch die Kirche die Calvin*(Heidelberg: Quelle & Meyer, 1969), 132. 정준모, 『칼빈: 교리 교육과 현대 교육 목회론』(서울: 은혜출판사, 2003), 51에서 재인용.

교회의 제삼 표지인 권징

칼빈은 권징(Discipline)을 교회의 제삼 표지에 추가시켰다.[107] 그는 지금까지 루터와 같은 교회의 표지를 지향해 왔으나 권징을 제네바 교회 컨시스토리를 통해 독자적인 교회의 제삼 표지로 정착시켰다. 칼빈의 권징은 신학적으로 성화 교리를 실천하는 제도적 방편이었다. 종교개혁자들이 주장한 이신칭의의 교리는 신자들로 하여금 중세 교회의 잘못된 구원관에서 벗어나 하나님의 은총과 자유를 누리게 하는 데 결정적으로 기여했다. 그러나 그들의 자유는 종종 무규범 또는 율법폐기론(antinomianism)으로 오해받거나 그런 상태로 빠질 가능성을 갖고 있었다. 이에 대한 신학적 대응책은 구원의 표현으로서의 선행과 거룩한 삶, 즉 성화(sanctification)의 교리를 강조하는 것이었다. 따라서 교회에서는 이를 실천하기 위해 권징 제도를 만들어서 신자들에게 그리스도인의 윤리에 합당한 삶을 살도록 감독하고 유도하고자 하였다. 그러한 관점에서 몇몇 개혁자들은 참교회의 표지에 바른 말씀의 선포와 성례 전의 올바른 시행과 함께 권징을 포함시킴으로 성화의 삶의 중요성을 부각시키고자 하였다.[108] 이는 권징이 없는 이상적(理想的)상태란 가능하지 않다고 보았기 때문이다.

---

107) Inst.(1559), 4.12.1.

108) 정작 칼빈 자신은 참교회의 표지에 권징을 포함시키지 않았다. 카스웰(R.N. Caswell)은 그 이유에 대하여, 칼빈은 권징을 하나님의 말씀의 진정한 작용으로 보았으며, 교회의 권징은 하나님의 말씀 선포나 성례전의 바른 집례와는 달리 교회의 기초(esse foundation)가 아니라 형식(bene esse form)에 해당한다고 보아 이를 교회의 표지에서 제외한 것이라고 설명한다. R. N. Caswell, "Calvin's View of Ecclesiastical Discipline", G. E. Duffield ed'., *John Calvin* (Appleford Berks: Sutton Courtney Press, 1966), 11. cf. 이정숙, "출교에 관한 존 칼빈의 신학과 제네바 콘시스토리의 활동", 한국칼빈학회, 『최근의 칼빈 연구』(서울: 대한기독교서회, 2001), 306ff.

칼빈은 권징을 대단히 중요시하였으므로 권징의 특성은 교회에 관한 그의 사상에 있어서 시금석이 된다. 칼빈주의 전통이 다른 개신교 신앙 전통과 다른 중요한 요소가 신학적으로는 예정론, 하나님 주권사상, 인간의 전적 타락 등으로 대표하는 철저한 신(神)중심주의이며 그것에 기초한 실천에 있어서는 교회의 독립과 자율에 대한 비타협적인 추구와 그로 말미암는 세속 권력과의 차별화라고 할 수 있다. 여기서 후자를 가능케 한 것이 바로 칼빈의 독특한 권징의 사상인 것이다. 그만큼 권징은 1차적으로 칼빈의 교육적 방편이었지만 결과적으로 역사적 칼빈주의 신앙 전통의 특질을 형성하는 핵심적인 근거로 그 기능을 발휘하게 된 것이다.

권징이란 '권면과 징계로 다스림'이라는 의미의 용어로 '치리'로 번역하기도 한다. 또한 이 용어는 '징벌의 성격을 띠지 않는 훈련'을 가리키는 뜻으로 쓰이기도 하는데 이는 권징의 본질이 교육적 목적을 갖고 있음을 보여 주는 용례이다. 이처럼 권징은 광의적으로 신자의 삶에 있어서 드러나는 죄 문제에 관하여 개인, 교회 지도자들, 또는 전교인들에 의해 매겨지는 '비교하며 교정하는 수치'(measure)라고 할 수 있다.[109]

교회는 성경이 주의 깊게 교회 권징의 실천을 추구하고 있음에 유념해야 한다. 따라서 교회의 권징은 보살핌이 동반되어야 한다. 성경은 우리의 견해나 우리가 싫어하는 것들에 대한 지침서가 아니

---

109) Carl Laney, *A Guide to Church Discipline* (Bloomington: Bethany House Publisher, 1990), 14-15.

라 죄가 무엇인지에 대한 지침서가 되어야 한다. 더욱이 우리는 사람들을 혹평하거나 또는 흠을 들추어내는 사람이 되어서는 안 된다.[110] 교회가 새롭게 세워졌을 때 교회 훈련이 무시되지 않도록 확실하게 하기 위해 권징은 반드시 필요한 것이다. 조그마한 가족 사회에서도 규율이 없이는 올바른 상태를 유지할 수 없음을 생각할 때, 질서가 가장 정연해야 할 교회에서 규율의 필요성은 더 언급할 필요도 없다. 따라서 그리스도의 구원의 교훈이 교회의 생명인 것같이, 권징은 교회의 근육이다. 교회는 이 근육에 의해 몸의 지체들을 결합하여 각각의 자리에서 정상적인 기능을 발휘할 수 있도록 돕는다. 권징은 그리스도의 교훈에 반대해서 날뛰는 사람들을 억제하며 길들이는 일종의 재갈과 같고, 나태한 사람을 일깨우는 일종의 격려제와 같으며, 중한 타락에 빠진 사람들을 그리스도의 영으로 부드럽게 징벌하는 아버지의 회초리와 같다. 그러므로 권징을 폐지하는 사람들은 결국 교회를 해체시키는 일을 하는 것이다.

권징의 목적(이유)

교회란 타락된 세계 속에서 죄성을 가진 인간들이 모인 곳이므로 이 땅에서의 유형 교회는 완전할 수 없다. 필연적으로 죄의 오염과 진리상의 오류에 빠질 수밖에 없다. 그러므로 경중의 차이가 있으나 권징은 시행되어야 한다. 만일 권징이 시행되지 않는다면 그것은 거룩을 포기한 행위이므로 참교회가 될 수 없다.

---

110) Inst.(1559), (Gen.,1541), 59-60.

칼빈도 출교를 비롯한 권징이 교황권에 의하여 남용되어 온 것을 개탄하였지만 구교의 권징에 대한 개신교의 공격이 교회를 도덕적으로 무정부 상태에 빠뜨릴지 모른다는 두려움에서 이 제도의 필요성을 강조하였다. 그의 권징에 대한 열정은 여러 곳에서 발견된다.

> 만약 기독교 신앙을 가지고 있지만 그럼에도 불구하고 나쁘게 살아가고 추문을 일으키는 사람이 있다면 우리는 그들을 용서해 주지 말고 바로 정죄해야 합니다.[111]

> 기독교 신앙을 가진 사람이 악덕을 행하는 것을 방치해서는 안 됩니다. 나그네라 하더라도 악덕을 행하면 처벌해야 합니다. 우리가 용납한다면 우리는 필히 그들과 함께 방탕하게 되고 완전히 타락하지 않겠습니까?[112]

칼빈은 『기독교 강요』에서도 폭군의 통치보다 더 악한 것이 무정부 상태라고 하였듯이 무질서의 상태에 대하여 예민한 성향을 갖고 있었다.[113] 성화를 추구하는 신앙관에는 교육적 차원이 수반된다.

---

111) 『사무엘 하 설교』 9번, 30.
112) 『신명기 설교』 35, 306-307.
113) 바우스마(W. Bouwsma)는 칼빈의 이러한 모습을 특유의 '칼빈의 불안'으로 해석한다. 그러한 예민함과 불안 때문에 권위주의적인 통제 방식을 선호하였고 성직자주의로 나아갈 수 있었다고 본다. 사실 칼빈이 구교의 성직자들에 대하여 매우 비판적이었음에도 불구하고 성직주의 경향을 갖게 된 것은 제네바의 평신도들 속에 있는 성직자의 권위에 대한 반항 의식을 보고 심화된 것이 틀림없다. 그는 루터의 만인사제론에 대해서도 거부하지는 않았지만 찬동하지도 않았다. W. Bouwsma, *John Calvin*, 219. 오형국, 앞의 책, 210에서 재인용.

칼빈은 출교에 관한 논의에서 권징의 목적을 세 가지로 설명한다. 그에 의하면, 출교는 단순히 악의 제거 또는 제한이라는 도덕적 통치의 의미만이 담긴 것이 아니다. 이것은 첫째, 그리스도께서 모욕을 받지 않으시고 불명예를 당하지 않으시게 하려 함이다. 둘째, 출교를 통하여 고침을 받은 자들이 죄에 대하여 부끄러움을 가지고 자신을 고쳐 나가기 위함이다. 셋째, 교회 내 성도들이 나쁜 삶의 모습에 전염되고 타락하지 않도록 예방하기 위함이다.[114] 우리는 칼빈의 권징 교리와 그것의 엄격한 실천을 보면서 은총의 신학과는 대립적 긴장을 이루는, 그리고 단순히 성화론의 신학적 지향만으로 설명할 수 없는 강력한 도덕주의가 작용하고 있음을 발견할 수 있다. 이억주는 그의 논문에서 칼빈이 강조한 권징의 이유와 목적과 원인을 다음과 같이 논한다.[115]

첫째, 인간의 삶에 제일 된 목적은 실현되어야만 한다. 이로써 하나님을 알게 되고, 그 목적을 파악할 수 있다. 둘째, 하나님께서 우리들의 삶에 근원이시기 때문이다. 그러면 "왜 성도가 무슨 이유로 권징을 받아야 하는가?"라고 묻는다면, 이에 대한 답변은 "하나님은 우리들 가운데 영광을 받으시기 위하여 우리를 지으시고 세상에 살게 하셨기 때문입니다"이다. 그러므로 이것은 당연한 일이다. 셋째, 인간에게 있어서 최상의 행복을 추구하도록 명령받았기 때문이다. 인간이 하

---

114) 이정숙, 341-315.
115) 이억주, "존 칼빈 시대의 제네바 컨시스토리 회의록(1542-1544) 연구"(박사학위 논문(미발표), 계명대학교대학원 신학과, 2007).

나님을 알지 못하면 동물보다 더 비참하다. 이러한 사실은 가룟 유다를 통해 드러났다. 넷째, 가룟 유다와 같은 사람들은 반드시 주님의 성찬을 모독하며 더럽히기 때문이다. 다섯째, 교회 안에 가룟 유다와 같은 사람들의 자기 죄가 아직 감추어져 있기 때문이다. 주님께서는 그의 죄를 모두 알고 계셨을지라도 모든 사람들에게 충분히 드러나게 하시지는 않았다. 여섯째, 이러한 사건을 처리하기 위해서 어떤 담당기관이 있어야 한다. 교회가 잘 관리되려면 교회의 질서와 규율을 관리하는 기관이 필요한 것이다. 그러므로 교회에서는 앞으로 일어날지도 모르는 잘못들을 감시하기 위해서 감독자를 선출해야 한다. 이들은 교회의 공직 권위를 소유하고 성찬에 절대 참석할 수 없는 부도덕한 자들과 또한 성찬을 받는다면서 하나님의 이름을 욕되게 하고 교우들을 실족하게 할 수 있는 자들을 성찬에 참여하지 못하도록 금하는 일을 해야 한다. 권징의 원인들은 다양하다.[116]

권징의 구체적 시행

권징의 단계와 검증의 절차

교인이 의무를 다하지 않거나 불손한 행동을 하거나 점잖지 못한

---

116) 난잡한 행위들, 성경에 기록된 명령들에서 분명히 벗어난 행위들, 이런 행위들은 교회의 고백과 일치에 부정적인 영향을 끼친다(살후 3:6-15). a. 회원들 간에 생기는 어려움들(마 18:15-17), b. 교회에서의 분열을 일으키는 분파주의적 사람들(롬 16:17,18; 딛 3:9-11), c. 부도덕한 행위들, 근친상간, 부도덕한 음란 행위, 탐욕, 우상 숭배, 상스러운 언어 사용, 술 취함, 사기 행위, 혹은 일하기를 싫어하고 광범한 의견 차이로 인하여 헛되게 참견을 좋아하는 태도들과 같은 고린도전서 5장에 언급된 형태의 죄들(고전 5:1,11; 살후 3:10-15), d. 거짓된 가르침, 신앙의 근본들과 성경 해석의 사소한 차이들과 관계되는 잘못된 가르침들과 견해들이다(딤전 1:20; 딤후 2:17,18; 계 2:14-16; 빌 3:2,3,15-19; 롬 16:17,18). 여기서 우리가 관심을 기울여야 할 중요한 사항들은 하나님의 거룩하신 성품, 공동체의 신앙고백, 공동체의 일치와 순결의 결과, 개인들의 교화와 회복이다.

생활을 하거나 비난받을 행동을 했을 때에, 그는 충고를 받아들일 용의가 있어야 한다. 필요한 경우 모든 사람이 형제에게 충고하도록 노력해야 한다. 특히 목사와 장로들의 의무는, 신자들에게 설교를 하는 것뿐만 아니라, 일반적인 교훈으로 충분한 성과가 없을 때에는 각 가정에 다니면서까지 경고와 충고를 하는 것이다(행 20:20,26). 만일 이런 충고를 완강하게 거부하거나 죄악을 계속함으로써 충고를 멸시하는 경우 시행할 그리스도의 명령 절차가 있다. 첫째, 증인들 앞에서 두 번째로 충고한다. 둘째, 후에는 교회 재판소인 장로회에 불러 공적 권위로 더욱 엄중히 충고한다(4.11.6). 셋째, 이렇게 해도 굴하지 않으면 교회를 경멸하는 자로 인정해서 신자의 사회에서 제외한다(마 18:15, 17).

권징을 위한 교리의 검증 절차는 다음과 같다. 교리적인 문제에 관하여서는 세 가지 점들이 증명되어야 한다.[117] 첫째, 교리 공부로 증명한다. 교회, 학교 또는 후보자가 이전에 거주하던 곳에서 증명할 수 있는 무엇이 있어야 한다. 이는 이단성 여부를 증명한다. 그래서 그가 어떤 이단 사설에 기울어져 있는지의 여부, 이상하고 진기한 질문들과 무익한 사고들을 포함한 부적당한 단계로까지 자기 자신을 혼란스럽게 하였는지의 여부가 증명되어야 한다.[118] 둘째, 권징의 검증 절차는 내면적 신앙 사상을 증명하는 것이다. 그가 외형적인 모습을 갖추었는지를 알아보기보다는 그가 이단 사설에 관한 책

---

117) Bettenson, 57.
118) Carl Laney, 14.

들을 더욱 열심히 읽었는지의 여부가 증명되어야 한다. 셋째, 교우 관계를 증명한다. 그가 광신자들과 자신들의 상상 속에 빠져 있는 사람들과 많은 대화를 나누었는가의 여부를 명백히 해야 한다.

숨은 죄와 나타난 죄

사적인 죄와 공적인 또는 공개적으로 나타난 죄는 구별해야 한다.[119] 사적인 죄에 대해서는 "너와 그 사람과만 상대하여 권고하라"(마 18:15)고 하셨다. 공적인 죄에 대해서는, 베드로에게 한 바울의 경우처럼(갈 2:14) "모든 사람 앞에 꾸짖어 나머지 사람으로 두려워하게 하라"(딤전 5:20)는 말씀이 적용된다.

경한 죄와 중한 죄

단순한 허물과 범죄와 부끄러운 행동을 잘 구별해서 이들을 시정하기 위해서는, 충고나 견책뿐만 아니라 출교와 같은 더 엄격한 대책을 써야 한다(고전 5:3 이하)[120]. 간음범과 음행자, 절도와 강도, 반역자와 거짓 맹세한 자, 거짓 증거하는 자와 그 밖의 죄에 대해서 충고를 받고도 하나님과 그 심판을 냉소하는 불손한 자들을 공동체 생활에서 제외하는 것은 불합리한 처사가 아니라 주께서 주신 재판권을 행사하는 것일 뿐이다. 정당한 교회의 권징은 패악한 자를 정죄하는 면도 있지만, 회개한 자를 받아들이는 효과도 있다(마 16:19, 18:18; 요 20:23).

---

119) Inst.(1559), 4.12.6.
120) Inst.(1559), 4.12.6.

경우에 따라 처리 방법이 다양한 권징

경우에 따라 적절한 권징을 시행하기 위해서는 공적이며 사적 혹은 비교적 비밀에 속하는 죄들의 성격을 잘 구별해야 한다.[121] 공적인 죄는 한두 사람만이 본 것이 아니라 공개적으로 지은 것으로, 교회 전체에 나쁜 영향을 주기 때문에 교회는 그런 죄가 드러나면 여러 가지 단계를 거칠 필요 없이 당사자를 불러서 교정책을 취해야 한다(마 18:15-17). 비밀한 죄는 아는 사람이 아주 적고, 교회 앞에 문제가 제출되지 않았지만 이후 교회 앞에 제기된 때에는 범죄와 허물을 잘 구별해서 처리해야 한다. 경한 죄에 대해서는 엄격한 처벌보다 온화한 아버지와 같은 태도로 말로만 징계해도 충분하고, 추악한 행동에 대해서는 더욱 엄격한 방법으로 징계하여 얼마 동안 성찬에 참가하는 것을 금지시켜 회개의 확증을 보일 때까지 기다려야 한다(고전 5:1-7). 옛적에는 죄에 빠졌던 사람이 교회가 만족할 정도로 의식들을 지키면 교회원들의 찬성을 얻어 안수함으로 회개한 죄인에게 회복을 선고하여 다시 받아들였다. 키프리아누스는 이것을 평화라고 부르면서 이렇게 묘사한다. "그들은 일정한 기간을 참회한다. 다음에 공중 앞에서 고백하고 주교와 사역자들의 안수에 의해서 성찬에 참가할 권리를 얻는다."

---

121) Inst.(1559), 4.12.3.

정치 제도에 대한 칼빈의 견해

장로교 정치 원리
직분자들의 평등성과 대의정치

칼빈의 정치 사상의 기본적인 정치 원리는 그리스도의 주권, 직무의 분배 및 평등성 그리고 대의정치를 그 골격으로 한다. 해석하자면 그리스도의 주권 아래서 모든 지체들이 누리는 평등성(equality), 직분자들을 통하여 스스로 운영되는 자율성(autonomy), 그리고 대표를 통하여 실시되는 연합성(unity)이다. 칼빈은 감독과 장로가 동일한 직분이며, 교회 직분자들은 평등하다고 주장한다. 교회 직분자들에 대한 그의 평등 사상은 신약 성경에 근거한다. 성경에 근거하여 그는 교회 직분을 계급으로 보거나 계급적으로 만들려고 하는 모든 시도를 배척하였고, "교회 통치에 관련된 지배력 혹은 지배권을 형성하는 것까지도 아주 싫어했다"[122][123] 칼빈은 신약 성경에서 말하는 목사와 장로와 감독은 모두 동일하게 "복음을 전파하고 성례를 집례하는" 자로 보고, 그들을 모두 교회의 교역자들(the ministers of the church)로 불렀다.[124] 목사, 장로, 감독은 사도들과 신분은 다르지만 결국 사도의

---

[122] Inst., 21:1072

[123] 칼빈이 교회 직분자들의 평등성을 주장하는 것은 성경에 근거한다. 그는 감독과 장로와 목사라는 말을 동의어로 보았다. "말씀을 전하는 사람들을 성경에서는 모두 '감독'이라고 부른다. 바울은 디도에게 각 도시에 '장로들을 세우라'(딛 1:5)고 명령한 다음, '감독은 … 책망할 것이 없고'라고 하였다(딛 1:7; 딤전 3:2). 다른 곳에서는 한 교회에 있는 여러 장로에게 문안하였다(빌 1:1). 사도행전에는 그가 에베소교회 장로들을 불러 모으고 고별설교를 할 때(행 20:17) 장로들을 '감독'이라고 불렀다." Inst.(1559), 21.

[124] Inst.(1559), 4.57.

직능을 물려받은 자들이라고 하였다. 칼빈은 본래 사도들이 세운 감독, 장로, 목사의 직분은 사도들로부터 물려받은 말씀 사역인바, 이것은 가톨릭교회의 사제나 장로의 직분과는 전혀 다른 것이라고 강조한다.[125] 그는 바울 역시 디모데와 디도에게 성직 임명권을 준 것이 아니라 필요한 지역에 장로나 감독을 세우라고 권하였다고 말한다[126]. 또한 바울과 바나바는 교회의 회중과 협의를 거쳐 감독이나 장로나 목사를 선출했다는 점을 지적한다. 특별히 교회가 목사나 감독이나 장로를 세울 때 심사숙고할 필요가 있다면 이웃교회들에서 시무하는 신앙과 생활에 모범이 되는 "감독 한 둘을 초청해서" 협의할 필요가 있다고 하였다.[127]

칼빈의 교회 정치 원리에서의 교회의 자율사상

그는 『기독교 강요』(1536) 6장에서 "그리스도인의 자유, 교회의 권능 그리고 국가의 정치 조직"에 대하여 논한다. 칼빈은 그리스도인은 이신칭의와 성화의 차원에서 자유함을 얻었음으로 그 자유함을 '그리스도의 왕국'의 특성으로 본다.[128] 칼빈은 그리스도인의 양심을 속박하는 로마교회의 잘못된 교회법에 반대했으며, 고린도전서 14:40에 근거하여 교회법을 만들되 그리스도인의 양심을 얽어매지 않는 교회법을 만들어야 한다고 한다.

---

125) Inst.(1559), 5.58-9.
126) Inst.(1559), 5.60.
127) Inst.(1559), 5.60.
128) Inst.(1559), 4.14.

우리는 모든 인간 사회에서는 공공의 평화를 촉진시키고 조화를 유지하기 위해서 상당한 조직적 형태를 필요로 한다는 것을 알고 있다. 나아가서 우리는 인간적 계약에서 공적인 예의범절이나 바로 인간성 그 자체에 준하는 일종의 절차가 있다는 것을 알고 있다. 이것은 특별히 교회에서 지켜져야 하는 것이다. 교회는 모든 일들이 질서정연하게 조정될 때 최선을 유지하기 때문이며, 일치가 이루어지지 않고는 교회는 결코 존재할 수 없기 때문이다. 그러므로 만약 우리가 교회의 안전을 위해서 최선을 다하기를 바란다면, 우리는 "모든 것을 적당하게 하고 질서대로 하라"(고전 14:40)는 바울의 분부에 세심하게 주의해야 한다.[129]

이러한 칼빈의 주장은 그리스도의 왕국뿐만 아니라 세속 국가까지도 통치하려는 로마교회의 전제군주적인 통치에 대하여 교회의 자율성을 주장한 것이다. 그는 또한 교회의 예산 사용이나 목회자를 청빙하는 권한이 교회 당국자의 손에 있는 것이 아니라 지교회의 회중들에게 있다고 주장한다. 특별히 목사에 대한 청빙은 교인들의 대표로 선출된 장로들이 청빙하거나, 교권을 가진 한 사람이 임명하는 경우도 있지만, "회중의 합의와 인정을 받은 적격자가 목사로 세움을 받을 경우에 비로소 하나님의 말씀을 따르는 것" 이라고 한다. 그래서 칼빈은 교회가 목사를 세울 때 "회중의 경솔한 행동이나 무질서로 인하여

---

[129] Inst.(1559), 4.32.

교인 총회가 잘못되지 않도록 다른 목회자가 그 투표를 주재해야 한다"고 강조한다.[130] 칼빈이 교역자가 회중의 선택에 의해서 선출되어야 한다는 점을 강조한 것은 교회에 대한 세속 통치자의 간섭이나 교권주의자들의 횡포를 막으려는 목적이 있었지만, 무엇보다도 중요한 사실은 교회의 자율성을 지키려는 의미였다.

칼빈은 교회의 평등성과 자율성과 더불어 교회의 연합성을 강조한다. 이러한 그의 주장은 교회의 평등과 자율을 강조하면서 연합을 부정하는 회중 교회 정치와 그리고 연합을 주장하지만 평등과 자율을 부정하는 감독 정치를 모두 배척한 것이다. 그는 하나님의 뜻은 개개인이나 모든 사람들에 의해 결정되는 것이 아니라 특별한 기준을 갖춘 선택된 사람들에 의하여 결정이 이루어질 때 나타난다고 보았다. 그러므로 칼빈은 회중과 회중의 대표에 의하여 선출되어 다스리는 장로 정치를 특별한 권위를 가진 것으로 간주한다. 노회나 총회 같은 기관들은 "처음부터 진지하고 하나님의 말씀으로 잘 훈련된 사람들이 자기 자신들의 욕망이 아니라 하나님의 권위에 의해서

칼빈이 제네바에서
사역할 때 지내던 사택

---

130) Inst.(1559), 4.3.15.

논쟁을 해결하기 위하여" 하나님이 세우신 기관이라고 한다. 이러한 배경에서 교회 연합은 성경적이다.[131]

칼빈은 성직자 중심의 독단적인 교회 운영도 반대했으며 전 회중이 직접적으로 교회 행정에 참여하는 것도 바람직하지 않다고 보고 대의정치를 강조한다. 그는 회중에 의해 대표가 뽑히고 그들에 의하여 교회 업무가 수행될 때 질서가 유지되므로 교회 회의는 회중의 대표인 장로와 목사로 구성해야 된다고 한다. 그는 사도행전 15:6의 주석에서 다음과 같이 말한다.

> 실제로 많은 사람들에 의해 논쟁이 벌어졌을지도 모른다. 비록 그 문제에 대하여 듣고 해결하기 위해 많은 사람들이 모였을지라도, 누가는 일반 대중이 그 문제를 해결하느라고 고심했다고 생각하지 않도록, 사도와 장로만을 언급했다. 다른 방도로 해결할 수 없는 논쟁이 벌어져서 공회가 소집될 경우, 우리는 이같이 어떤 하나의 질서가 하나님에 의해 제정되어 있음을 알아야 한다.[132]

칼빈은 전제군주적 제도에 의해 무너진 그리스도의 왕권을 회복함으로 교회를 개혁하고자 했다. 따라서 칼빈은 교회 개혁의 수단으로 권징(discipline)을 주장했고, 그리고 성경만이 그리스도인의 신앙과

---

[131] John Calvin, *Commentary: Acts of the Apostles*, Henry Beveridge ed.(Grand Rapids: Eerdmans Publishing Company, 1949), 41.

[132] Ibid.

행위의 유일한 법칙이며, 교회 정치의 틀을 제공한다고 믿었다. 이러한 칼빈의 정치적 원리는 후대 모든 장로교회에 정치 원리의 근거를 제공하였다. 칼빈은 하나님의 언약의 공동체인 교회의 표지(marks)는 첫째, 하나님의 말씀의 바른 증거이며, 둘째는 적법한 성례의 집행이라고 한다. 그리고 비성경적 정치 제도가 교회 정치의 골격으로 유지되어서는 안 된다는 점을 강조한다. 칼빈이 말하는 교회 정치는 일반 국민들의 안녕과 복지를 위한 정치가 아니라 교회 안에서 하나님의 영광을 드러내야 하며, 하나님께 대한 경배의 조건을 유지하기 위함이며, 그리스도인의 삶이 이웃들과 조화되고, 바른 진리와 교리를 보존하고 유지하며, 공동의 평화와 안녕을 수립하는 것이 가장 중요한 목적이다.[133] 그는 성경이 제시한 교회 정치 체제는 장로 정치였으나 세월이 지나면서 감독 정치가 등장하였다고 본다. 이는 초대교회는 감독을 계급적인 계층으로 인식하지 않았지만 시간이 흐르면서 교회 제도가 계급화되었고 교권주의가 일어났다는 것이다. 초대교회의 정치 체제에 대하여 칼빈은 다음과 같이 말한다.

> 사람들은 가르침의 성격을 부여받은 사람이면 누구나 '장로'라 불렀다. 각 도시에서는 장로들 가운데 한 사람을 뽑아 특별히 '감독'이라고 불렀다. 그것은 서로 대등한 지위 때문에 분쟁이 일어나지 않도록 하기 위함이었다. 그렇다고 감독이란 직분이 그의 동료들에 대하여 지배권을 행사할 만큼 영

---

133) Inst.(1559), 4.20.2.

예롭고, 위엄 있고, 높은 지위는 아니었다. 오히려 감독은 원로원에서의 집정관의 역할과 같았다. 즉, 일에 대한 보고서를 제출하고, 의견을 수렴하고, 상담, 권면, 격려, 자신의 권위로 전체 의사를 통제하는 등의 일과 같은 것을 장로회에서 수행하고 있었다.[134]

그는 교회 안에 교권주의를 개혁하기 위해서는 성경이 제시하는 정치 원리로 회복되어야 한다고 밝힌다. "인간 사회에서 공공의 평화를 조성하고 화합을 유지하려면 어떤 형태로든 조직이 필요한" 것처럼 교회도 영적인 질서가 필요하다는 것이다.[135] 영적 질서 유지를 위한 체제는 인간의 지혜에 근거한 것이 아니라 성경의 가르침에 따라야 한다는 것이다. 이처럼 하나님의 법에 따라 다스려지는 교회 정치 형태는 우리 주님께서 원했던 질서 체계요, 주님께서 제정한 교회 정치 형태이며, 주님이 그의 말씀 속에서 보이시고 제정하신 바로 그 영적인 정부 형태이다[136]. 그러므로 칼빈은 교회는 하나님의 법에 따라 다스려져야 한다는 장로교 정치 원리를 제공했다.

교회 정치 제도의 필요성

칼빈은 기독교인의 자유, 교회의 권능, 그리고 정치 조직을 논하

---

134) Inst.(1559), 4.32.
135) Inst.(1559), 4.10.27. "주님은 그의 말씀 속에 참으로 의로운 모든 것과, 예배와 구원에 필요한 모든 것을 규정하지 않으셨기 때문에 … 하나님께서 우리에게 주신 일반적인 규범에 우리를 맡기고, 교회가 필요로 하는 질서와 예법을 따라 판단해야 한다."
136) Inst.(1536), 6.27

는 자리에서 교회 정치 조직의 필요성과 직제에 대하여 언급한다. 그는 교회의 헌법(법률)이나 정치적 규칙에 대하여 반대 입장을 보이지 않았다. 그러나 그 교회 헌법이 성경에 근거한 것이 아니고 인간의 영혼을 얽어매고, 양심을 억압하고, "인간에게 떠맡긴" 헌법일 때 이는 "사람들의 영혼을 잡아채어 함정에 빠뜨리는 덫이다" 라며 위험성을 경고한다.[137] 칼빈은 교회가 정치 조직이나 직제를 논하기 전에 하나님께서 주신 규정과 교훈을 우선적으로 따라야 한다고 주장한다. 그는 하나님만이 유일한 입법자이시며, 영혼에 대한 재판권을 갖고 계시는 분이심을 밝힌다. "우리는 하나님께서 유일한 영혼들의 지배자로서 그분께만 구원하시거나 파하시는 권능이 있으며, 또(이사야가 선포하듯이) 그는 동시에 왕이시요 재판장이시요 입법자이시요(약 4:11) 구원자이시라는(사 33:22) 사실을 인정해야 한다."[138]

칼빈은 '세상 정치'를 논하는 자리에서 그리스도의 영적 왕국과 세속적 왕국 사이에는 분명한 차이점이 있다고 말했다. 그는 그리스도의 왕국을 이 세상에서 찾거나 포함시키는 것은 잘못된 허영이지만 교회의 영역이든 국가 영역이든 조직의 형태와 직제가 필요함을 역설한다.

> 첫째로 이것을 알아야 한다. 우리는 모든 인간 사회에서는 공공의 평화를 촉진시키고 조화를 유지하기 위해서는 상당

---

137) Inst(1559), 4.14.
138) Inst(1559), 4.17.

한 조직적 형태를 필요로 한다는 것을 알고 있다. 나아가서 우리는 인간적 계약에서는 공적인 예의범절이나 바로 인간성 그 자체에 준하는 일종의 절차가 있다는 것도 알고 있다. 이것은 특별히 교회에서 지켜야 하는 것이다. 교회는 모든 일들이 질서정연하게 조정될 때 최선을 유지하기 때문이며, 일치가 이루어지지 않고는 교회는 결코 존재할 수 없기 때문이다. 그러므로 만약 우리가 교회의 안전을 위해 최선을 다하기를 바란다면, 우리는 "모든 것을 적당하게 하고 질서대로 하라"고(고전 14:40) 하는 바울의 분부에 세심하게 주의해야 한다.[139]

칼빈에 따르면 사람의 마음, 판단, 성향이 모두 달라서 서로 상충되기 때문에 "명확한 법의 규정이 없으면 견고한 조직을 이룰 수 없다"고 보았으며[140] 그러므로 어떤 조직이든 '확고한 법률로 제도화'되어야 하며, '확정된 형식'(set form)을 갖추어야 된다고 한다.[141]

교회 정치 제도의 기초인 법

칼빈은 교회가 법을 제정하는 것을 비난하지 않았다. 그러면서도 교회법은 분명한 목적을 가지고 제정되어야 한다는 점을 강하게 주장한다. 첫째, 교회 안에서 신자들의 활동은 "질서에 따라 행해져야 한

---

139) Inst(1559), 4.32.
140) Inst(1559), 4.10.27.
141) Inst(1559), 4.32.

다"고 말한다. 그는 "모든 것을 적당하게 하고 질서대로 하라"는 바울의 요구대로 교회의 연합을 위한 규정들을 만들어서 질서와 예절을 확립해야 한다는 점을 지적한다.[142] 이 주장은 인간 공동체를 보존하기 위해 제정한 세상법과는 다른 목적을 가지고 있다는 점을 지적한 것이다. 특별히 칼빈은 종교적 의식들과 관련된(교회 안에서 여성들의 가르침, 머리에 아무것도 쓰지 않고 기도하는 것, 벌거벗은 시체를 매장하는 것 등) 내용에 대하여 "인간성 자체와 절제의 규범에 따라 지키기도 하고 피하기도 해야 한다"라고 말한다. 종교적 의식의 문제들은 하나님께 대한 예배와 관련된 것이 아니므로, 경건 문제는 양심에 위임된다는 것이다.[143] 성경의 가르침을 불변의 관습으로 삼아 신자의 양심과 생활을 얽어매는 것은 교회법의 근본 목적이 아니라는 점을 시사해 준다.[144] 둘째, 교회법 역시 공공의 유익을 목표로 제정되어야 한다는 것이다. 칼빈은 인간의 관습을 하나의 종교적 유전으로 삼아 그것이 마치 구원에 필수적인 것처럼 가르치는 것은 신자의 양심에 심한 공포를 던져 주는 것과 같다고 했다. 셋째, 공동체 안에서 서로의 노력으로 사랑을 촉진시키는 일을 목적으로 한다.[145] 마지막 언급에 칼빈의 암시적 교훈이 들어 있다. 근본적으로 교회는 법으로 다스려지는 공동체가 아님을 시사한다. 모든 인간은 하나님께 대한 불순종과 죄로 말미암아 영원한 죽음과 멸망에 처한 자들이다. 그러나 하나님의 사랑

---

142) Inst(1559), Ibid.
143) Inst(1559), 4.33.
144) Inst(1559), Ibid.
145) Inst(1559), 4.32. 참조. Inst(1559), 4.10.28.

과 은혜의 법 안에서 이들은 죄와 죽음으로부터 구원받았다. 신자들은 누구나 사랑으로 하나님의 교회를 봉사하고 이웃을 섬겨야 한다. 왜냐하면, 사랑의 법은 하나님이 가르치는 최고의 법이기 때문이다. 특별히 칼빈은 교회법을 집행하는 자들의 예절에 대하여 두 가지 점을 강조한다. 첫째, "책임자들은 훌륭하게 다스리는 법을 알아야 하고 다스림을 받는 사람들은 하나님과 올바른 권징에 순종하는 습성이 있어야 한다." 둘째, "질서 정연하게 교회를 세운 후에는 교회의 평화와 평온을 마련해야 한다."[146]

'제네바교회 규정서'와 정치 제도

1536년 제네바 신앙고백서

교회의 공식적인 '신앙고백서'[147]는 개혁교회 신학의 기초를 제공하며 또한 원리가 된다. 제네바시의회는 1536년 5월에 실시한 투표의 결의에 따라 제네바의 종교개혁을 공식적으로 선포했다. 종교개혁을 위한 공식적인 신조는 "하나님의 거룩한 복음적 법도와 말씀에 따라서 살며, 교황주의와 관련된 모든 잘못된 종교적인 악습들을 따르지 않

---

146) Inst(1559), 4.10.28.
147) 1536-1539년의 3년간은 칼빈의 사역에 있어서 중요한 시기였다. 1536년에 칼빈은 신학대전인 『기독교 강요』 초판을 집필했으며, 그 이후 이 책의 요약 해설서로 여겨지는 '제1차 신앙 교육서'(1536년 11월에서 1537년 1월 사이에 작성된 것으로 추정)를 집필했다. 칼빈의 2차 사역 시기는 1541년-1564년 사이로, 이 시기는 제네바시 전역의 개혁은 물론 구라파 전체와 세계 교회의 개혁에 큰 영향을 끼친 기간이었다. 이때에 칼빈은 교회법을 비롯하여 신조, 예배 모범, 그리고 '제2차 신앙교육서' 혹은 '제네바 신앙 교육서'를 작성하였고 어린이와 청소년 및 성인들의 신앙 교육에 심혈을 기울였던 시기이다.

도록 지도할 것"이었다.[148] 이때 제네바에서 종교개혁을 준비하던 파렐은 1536년 7월에 칼빈을 만나서 종교개혁을 권유했고, 11월에 신앙 항목들을 제네바시의회에 제출하였고, 시의회는 이 문서를 받아들였다. 시의회에 제출된 '제네바 신앙고백서'는 21항목으로 구성되었다.[149] 이 항목들 가운데 18항은 '교회'(the Church) 그리고 20항은 '말씀의 사역자들'(Ministers of the Word)에 관하여 언급한다. 이 두 항목에서 정치 제도의 근본 원리를 발견할 수 있다.

먼저 18항은 교회의 표지에 대한 언급이다. 이 내용은 칼빈의 『기독교 강요』(초판과 증보판을 포함하여)에서 강조된 부분이다. '제네바 신앙고백서'가 언급하고 있는 칼빈의 주장은 다음과 같다. "우리는 그의 거룩한 복음이 순수하고 신실하게 설교되고, 선포되며, 청종되고, 지켜지며, 그의 성례전들이 바르게 집례 되는 것을 예수 그리스도의 교회를 바르게 분별할 수 있는 표지라고 믿는다."[150] 칼빈의 '제네바 신앙고백서'와 『기독교 강요』 초판은 신학적인 맥락에서 유사성을 가진다. 칼빈의 '제네바 신앙고백서'에는 '신앙고백'(Confession)이라는 단어가 강조되어 있다. 그러나 『기독교 강요』는 복음 설교에 대한 기독교인들의 청종과

---

148) William E. Monter, *Calvin's Geneva*(New York: Robert E. Krieger Publishing Company, 1975), 5.
149) 1536년 11월에 제네바시 행정관들에게 제출된 고백서는 '제네바의 모든 시민들과 거주민들 그리고 이 나라의 백성들이 고수하고 약속해야 하는 신앙고백서'(Confession of Faith which all the citizens and inhabitants of Geneva and the subjects of the country must promise to keep and hold)라는 제목으로 제출된 것이다. 21항목으로 구성된 이 문서는 복음적 신앙의 확실한 본질들에 대한 개요이다. 이 제네바 신앙고백서 가운데 18번은 '교회'(The Church), 19번은 '출교'(Excommunication), 그리고 20번은 '말씀의 사역자들'(Ministers of the Word)에 대하여 언급한다.
150) John Calvin, 'The Genevan Confession', in *Calvin: Theological Treatises*, J. K. S. Reided. (Philadelphia: The Westminster Press, 1954),31.(이하 CT라 한다.)

순종의 측면이 더욱 강조되어 있다. 이 신앙고백서를 통해 보인 칼빈의 강조점은 예수 그리스도의 참된 교회에 속한 사람은 누구나 공적으로 선서하고 이 기본 교리를 이해하고 믿어야 한다는 데 있다.

'제네바 신앙고백서' 20항은 교회 안에서 하나님의 말씀으로 신자들을 섬기는 신실한 사역자들에 대한 언급이다. 여기에 언급한 '말씀의 사역자들'은 목사들을 지칭한다. 칼빈은 '말씀의 사역자들'이 두 기능을 가지고 있다고 한다. 하나의 기능은 예수 그리스도의 양무리를 하나님의 말씀으로 먹이고 양육하는 것이고, 다른 하나의 기능은 하나님의 말씀으로 예수 그리스도의 양무리를 다스리는 것이다. 칼빈은 이렇게 주장한다.

> 우리는 교회 안에 하나님의 말씀을 섬기는 신실한 목사들 이의에 다른 목사들에 대하여 알지 못한다. 이 목사들은 예수 그리스도의 양무리를 교육, 훈계, 위로, 권고, 탄원으로 양육하고, 다른 한편으로 악마의 거짓 교리와 속임수를 물리치며, 저들의 망상과 공상을 성경의 순수한 가르침과 혼동하지 않는다. 그리고 우리는 여기에 더하여 이 목사들에게 그들에게 위탁된 하나님의 백성을 동일한 하나님의 말씀으로 지도하고 다스리며 통치(govern)하는 권능과 권위 이외에 그 어떤 것도 부여하지 않는다.[151]

---

151) CT., 32.

칼빈의 주장에서 하나님의 백성들을 "하나님의 말씀으로 지도하고 다스리며 통치하는 권능과 권위"는 하나님께서 목사들에게 위탁하신 것이다. 이것은 신자들을 하나님의 말씀과 교회 정치 제도에 의해 다스리고 통치해야 한다는 교회가 지켜야 할 불변의 원리이다. 또한 신자들을 교육, 훈계, 권고, 탄원으로 양육하도록 목사들에게 위탁했다는 것은 그들을 '하나님의 메신저와 대사들'로 보고 있다는 뜻이다. 말씀을 선포하고 성례를 집례하는 목사들의 임무에 대하여 언급한 것이다. 교회를 지도하고 다스리는 임무를 수행하는 것이 목사들의 직분이다. 위의 주장처럼 칼빈의 장로교 정치의 근본 원리는 교회에 대한 그의 이해에서부터 출발한다고 볼 수 있다. 그는 성도는 교회에 의하여 잉태되고 교회로부터 태어나고 교회의 가슴으로부터 양육을 받고 이 죽을 몸에서 벗어나 천사와 같이 될 때까지 교회의 돌봄과 다스림 가운데 보존되지 않는다면 생명으로 들어갈 수 없다고 인식한다.[152] 칼빈은 로마 가톨릭을 바른 교회라고 인정하지 않았다. 따라서 교회 안에 오랜 전통으로 남아 있는 교권주의를 개혁하기 위해서 성경이 제시하는 교회 정치 원리를 회복하여 영적인 질서를 제네바시 전체에 실현하고자 노력했다. 그러므로 그 일은 인간이 만든 어떤 정치 제도 위에서가 아니라 성경에 기록된 것을 근거로 한 하나님의 법이어야 한다고 말한다.

---

152) CT., 21:1015

칼빈의 『기독교 강요』

'제네바교회 규정서'를 살펴보기 전에 이것의 기초가 되는 칼빈의 대표작인 『기독교 강요』와 저술의 배경을 살펴볼 필요가 있다.

『기독교 강요』(1536년 판)

칼빈은 1535년에 초판을 완성했다. 이 초판은 프랑수아 1세 왕에게 보내는 1535년 8월 23일자 편지로 시작한다. 이 편지에는 제한된 지식만을 갖고 있는 사람들을 구비시키기 위해 기독교 신앙으로 교육하고 싶어 하는 칼빈의 의도가 나타나 있다. 비록 칼빈이 1536년에 평신도들을 위해 『기독교 강요』를 썼음에도 불구하고 우리가 아는 불어판이 없다는 사실은 놀라운 일이다. 『기독교 강요』의 라틴어 초판[153]

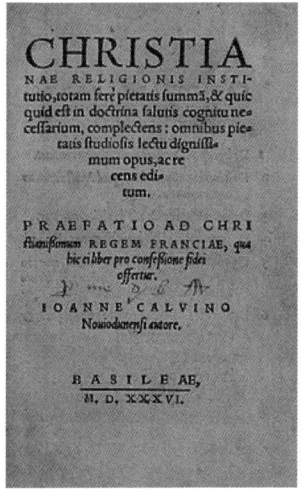

기독교강요 1536년 판

은 1536년 3월에 바젤에서 토마스 플라터(Thomas Platter)와 발타자르 라시우스(Balthasar Lasius) 등에 의해 출판되었다. 원제목은 『기독교 강요, 경건에 대한 거의 모든 요점과 구원 교리를 아는 데 필수적인 모든 것을 담고 있음 경건에 대해 열심을 가진 모든 사람들에게 가장 가치 있는 작품이며 최신판임』이었다. 이렇게 긴 제목을 붙이는 것이

---

153) CO 1:1-252; CO 1:11-283

당시에는 일반적인 현상이었는데, 그 이유는 제목으로 그 책을 분명하게 설명해 주면서, 또한 읽도록 권하기 위해서였다. 『기독교 강요』의 제목은 이 책이 경건에 관한 전체적인 요약이면서 구원의 교리를 알기 위해 절대적으로 필요한 모든 것을 제공한다는 의도를 보여 준다. 또한 새로 출판된 이 책이 경건에 대한 열심을 가진 사람들이 읽을 가치가 충분히 있다고 전한다.

칼빈은 거룩한 교리의 거의 모든 요점이 두 부분, 즉 하나님과 우리 자신에 관한 지식으로 구성되어 있다며 『기독교 강요』를 시작하는데, 이 서두는 자신에 의해 고안된 것으로[154] 『기독교 강요』 전체가 그 서두의 관점에서 쓰였다는 의미에서 참으로 원조라고 말할 수 있지만 진술 자체는 전적으로 원조라고 말할 수 없다. 왜냐하면 마틴 루터, 울리히 츠빙글리, 마틴 부처 등도 역시 그와 같은 방식으로 표현했기 때문이다.

1536년 10월 13일에 칼빈은 오를레앙에 있는 프랑수와 다니엘(Daniel)에게 편지를 보내어 『기독교 강요』를 불어로 번역하겠다는 계획을 시사했다[155], 하지만 알려진 불어판은 없다. 라틴어판은 금세 매진되었다.

칼빈에 관한 연구의 최대 관심사는 이 『기독교 강요』를 저술하도록 그에게 영향을 끼친 원천이 어디인가 하는 질문에 있다. 형식적으로 볼 때 『기독교 강요』는 교리 문답서(Catechism)와 유사하다. 칼빈

---

154) CO 1:27
155) CO 10b:63-64

은 이 책의 구성에 있어, 특히 처음 네 장의 순서에 있어서는 루터의 1529년 『소교리 문답서』를 따랐다. 이 네 장에서 칼빈은 이미 중세 시대에 관습화된 것처럼 율법과 사도신경, 주기도문 그리고 성례(세례와 성찬)를 설명했는데, 그는 성만찬이 적어도 매주 시행되어야 한다고 믿었다는 것과 이와 같은 교회 예배를 위해 예배 규정을 제공했다는 것은 주목할 만하다.[156] 그리고 변증의 성격을 보이는 두 장이 그 다음에 오는데, 하나는 남은 다섯 가지의 잘못된 성례에 관한 것이고, 다른 하나는 기독교적인 자유, 교회와 정부에 대한 기독교적인 교리, 그리고 영적 통치와 현세적 통치에 관한 것이다.

여기서 형식적인 면은 물론 내용면에서도 『기독교 강요』에 미친 루터의 영향을 알 수 있다. 칼빈은 분명히 1520년에 출판된 루터의 가장 중요한 몇몇 저서들로부터 영향을 받았지만(예를 들면 『그리스도인의 자유』와 『교회의 바벨론 포로의 서막』) 루터의 다른 저서도 또한 이용했다. 칼빈은 루터 외에 필립 멜란히톤(Philipp Melanchthon), 부처, 츠빙글리 등의 영향도 받았다.

『기독교 강요』(1539년 판)

제네바에서 추방되어 바젤에 정착한 해인 1538년에 칼빈은 『기독교 강요』의 두 번째 라틴어판을 저술할 기회를 갖게 되었다. 1539년 8월 1일에 그는 새 판을 위한 서문을 작성했다. 이것은 1536년 판 분량의 세 배였으며 스트라스부르에서 출판되었다. 다수의 사본들은

---

156) CO 1:139-40; COS 1:161

로마 가톨릭 지역에 배포하기 위해 그의 필명인 알쿠니우스(Alcunius)로 인쇄되었는데, 그 제목은 초판과 단어의 순서가 조금 바뀐 『기독교 강요』(Institutio Christiane Religionis)로 정했다. 책의 서두는 다음과 같이 조금 변화되었다. "우리의 지혜, 즉 진실하고 건전한 지혜의 거의 모든 요점은 다음의 두 부분으로 이루어진다. 하나님에 대한 지식과 우리 자신에 대한 지식." 새로운 판은 학생들이 성경의 주요 교리에 익숙해지도록 하기 위한 안내서 역할을 했다.

이 저서는 17장으로 구성되었고 증보 부분은 주로 초판에 대한 추가 설명이었다. 특히 신약과 구약의 관계를 다룬 장과 유아 세례에 관한 부분, 그리고 그가 교회에 관해 썼던 부분들은 칼빈이 스트라스부르의 재세례파들과 빈번하게 접촉했다는 것을 보여 준다. 이 도시의 시민이 되기 위해서 칼빈은 재단사 길드에 가입했고 이 길드에는 상당수의 재세례파 교인들이 속해 있었다.

『기독교 강요』의 1539년 판에서는 1536년에 『로마서 주석』을 출판한 부처의 영향을 찾아볼 수 있다. 그 영향은 특히 예정에 관한 내용에서 두드러지게 나타난다. 칼빈은 예정과 섭리를 한 장에서 논하였음에 도 불구하고 이것을 구원이라는 실제적인 문제, 즉 어떤 사람은 하나님의 풍성한 은혜에 감사하고 믿음의 능력에 감사하는데, 왜 어떤 사람은 설교를 듣고도 복음에 대해 아무것도 알고 싶어 하지 않는가라는 문제와 분리시키지 않았다.

칼빈은 라틴어를 읽지 못하는 사람들을 위해 1539년 판『기독교 강요』를 불어로 번역했다. 불어판의 제목은 Institution de la

Religion Chretienne로, 그가 제네바로 돌아오고 난 후 얼마 지나지 않은 1541년에 출판되었다. 라틴어판과 불어판 모두 프랑스에서는 금서였는데, 파리 국회는 1542년 7월 1일에 『기독교 강요』를 소지하고 있는 모든 사람에게 자진 신고하라는 포고령을 내렸다.

『기독교 강요』(1543년 판과 1545년 판)

1543년에 『기독교 강요』의 새로운 판이 등장했다. 이것은 1545년에 다시 인쇄되었는데 기존의 4장에서 총 21장으로 증보되었다. 새로운 자료에는 수도원 생활에 관한 것이 한 장 포함되었고 사도신경에 대한 논의가 4장으로 확장되었는데, 특히 교회에 관한 조항과 직분에 관한 신학적인 기초를 다루는 부분이 대폭 확장되었다. 이 판의 프랑스 번역본은 타이틀 페이지에 쟝 스튀흠(Johann Sturm)의 추천 서문을 달아 1545년에 제네바에서 출간되었다. 1551년에는 이 판의 한 부분이 익명으로 『우리 주 예수 그리스도의 기도에 대한 해설』이라는 제목으로 출판되었다.[157]

『기독교 강요』(1550년 판)

1550년 봄 『기독교 강요』의 네 번째 판이 제네바에서 나왔고 뒤이어 1553년과 1554년에 다시 인쇄되었다. 1550년 판은 다시 한번 이전 것보다 분량이 증보되었는데, 무엇보다도 양심에 관한 설명이 추

---

157) CO 3:424-50

가되었다.¹⁵⁸⁾ 칼빈은 또 이 자료들을 단락에 숫자를 매겨 장으로 나누었다. 이 판의 여러 부분이 독립적인 소책자로 출판되었다.

1551년에 이 판의 프랑스 번역본이 등장했고 뒤이어 1553년과 1554년, 그리고 1557년에 동일한 재판이 등장했다. 1551년의 번역본은 1550년 라틴어판에 대한 몇 가지의 부록을 포함하는데, 특히 육신의 부활에 관한 설명이 들어 있다.¹⁵⁹⁾ 이 부록은 1549년에 있었던 칼빈과 렐리오 소씨니(Socini)의 편지 왕래의 결과로 생겨났다. 이 부록으로 첨가된 자료들은 마침내 1559년 라틴어 판에도 포함되었다.¹⁶⁰⁾

『기독교 강요』(1559년 판)

1559년 8월 1일에 칼빈은 『기독교 강요』의 최종판 서문을 썼고 같은 해에 책이 세상에 나왔다. 또한 프랑스 번역본도 만들어져 1560년에 인쇄되었다. 서문에서 칼빈은 자신이 1558년과 1559년 사이의 겨울에 심하게 앓았으며 죽을 것이라 생각했다고 말한다. 그때 그는 『기독교 강요』의 새로운 판을 한 권 더 출판하려고 많은 노력을 했는데, 이유는 이전 판들에 만족하지 못했기 때문이라고 밝힌다. 서문에서 그는 또한 신학을 공부하는 학생들이 그의 책을 통해서 성경을 이해하도록 돕고자 했다고 적고 있다. 그는 『기독교 강요』를 경건의 요약으로, 즉 우리가 성경 안에서 무엇을 구해야만 하는지, 그리

---

158) Inst.,3.19.15-16
159) CO 4:443-45
160) Inst., 3.25.7-8

고 성경의 내용들이 향하고 있는 결말은 무엇인지를 분명하게 해주는 경건의 요약으로 간주할 것을 당부한다.

1559년의 최종판과 이전의 것들 사이에는 형식상의 차이가 두드러진다. 1559년 판 『기독교 강요』는 네 권으로 구성되었고 다시 그 밑으로 총 80장으로 세분되어 있다. 1권은 창조주로서의 하나님에 대한 지식을 다루고 2권은 그리스도를 통해 구원자로서의 하나님에 관한 지식을 다룬다. 이 지식

기독교강요 1559년 판

은 처음에는 율법 아래에서 조상에게 계시되었으며 다음에는 복음을 통해 우리에게 계시되었다. 3권은 그리스도의 은혜를 받는 방법, 은혜를 통해 우리에게 전해지는 혜택, 그리고 이어지는 효과를 다룬다. 4권은 하나님께서 우리를 그리스도와의 교제에로 초대하여 그 속에서 우리를 보존하시는 외적인 방편들을 다룬다.

『기독교 강요』의 마지막 판의 내용들은 다시 한번 이전의 것들을 능가하는 증보판이 되었다. 이것은 제목에서도 알 수가 있는데, 제목에서는 권과 장으로 구분했다는 언급뿐만 아니라 거의 새로운 책이라고 말할 수 있을 정도로 자료를 늘렸다고 밝힌다. 자료의 증가에 있어서 무엇보다도 칼빈이 관여한 다른 사람들과의 교리적 논쟁이 끼친 영향을 탐지할 수 있다. 그 논쟁들을 열거한다면 루터파와의 싸

움, 특히 요아킴 베스트팔(Joachim Westphal)과의 성찬 논쟁, 안드레아스 오시안더(Andreas Osiander)와 벌인 하나님의 형상과 그리스도의 사역, 그리고 칭의 등에 관한 논쟁, 렐리오 소치니(Lelio Sozzini)와 벌인 그리스도의 공로와 죽은 자들의 육체적 부활에 관한 논쟁 등을 들 수 있다. 그러나 칼빈은 인간의 타락과 자유의지의 상실과 같은 특정한 주제들에 관해서도 자료를 확대했다.

1537년 '제네바교회 규정서'

'제네바에서 교회의 조직과 예배에 관한 규정서'(The Articles Concerning the Organization of the Church and its Worship at Geneva, 1537)로 일컫는 본 문서는 제네바시의회가 파렐과 칼빈의 종교개혁을 공식적으로 허락한 후 칼빈을 비롯한 목사들이 제1차 제네바 종교개혁을 위하여 제네바시의회에 제출한 문서이다. 이 규정서는 로마 가톨릭교회의 제약을 벗어나 개혁주의 신앙에 기초한 교회 제도에 관한 규정을 성문화하여 공개한 것이다. 칼빈을 위시한 여러 목사들이 1537년 1월 16일 교회의 치리회인 노회를 조직했다. 그 노회는 교회 조직 및 교회 원리와 교인에 대한 훈련의 기본이 될 교회 정치 규정 초안을 작성하여 시의회에 제출했다.

본 규정서는 다음과 같은 내용을 담고 있다. 첫째, 권징의 시행에 관하여(성찬의 성결성과 신앙고백의 일치), 둘째, 시편찬송 사용에 관하여, 셋째, 자녀들의 교육에 관하여(요리 문답과 세례), 넷째, 결혼법의 개정에 관한 것들이다. 이 가운데 결혼 문제를 통괄하는 위원회를 설립하자는 제안이 거부되어 결국 칼빈은 제네바를 떠나 스트라스부르로 가서 프랑스 피난민들을 대상으로 목회를 한다. 이렇게 칼빈과 다른 목사들이 1537년 시의회에 제출한 교회 정치 규정은 1541년 칼빈이 제네바에 돌아올 때까지 실현되지 못했다. 그럼에도 이 규정서는 칼빈이 교회 개혁을 위해 실천하려고 결심했던 내용이기에 후기 개혁파교회 제도의 기초적 방향을 제시한 것으로서 역사적 의의를 가진다. 규정서의 2/3를 차지하는 권징의 시행에 대한 항목이 중심 주제라고 할 수 있다. 이 항목의 내용은 신자들의 신앙과 윤리생활의 향상에 대한 것이다. 특별히 칼빈은 교회 구성원들의 삶을 감독하고 다스리는 일을 위해 어떤 개인을 선출해 줄 것을 시의회에 요청한다. 그는 신자들의 신앙생활과 윤리에 관한 훈련을 성찬의 순결과 결부시킨다.

> 우리는 이 일을 수행하기 위하여 믿는 사람들 중에서 끝까지 인내하면서 쉽게 부패하지 않고, 생활이 방정하고, 증거하는 삶을 사는 어떤 개인들(certain persons)을 임명하고 선출하여 주실 것을 시 당국에 요청하오니, 시 당국은 이들을 제네바시의 모든 행정 구역에 분산 배치시켜 각 지역의 교회 구성원들의 삶을 감독하고 다스리도록 해야 하며, 만일 이들이 어떤 교인에게 눈에 띄는 악행이 있다는 것을 발견하면 그가 누구이든 그에게 충고하고 교정할 것을 형제애를 가지고

권고해야 합니다.[161]

칼빈은 제네바시의회에 제출한 규정서에서 개혁교회의 기초 정치 원리인 질서, 성찬의 순결, 언행의 일치 등을 언급하면서 이러한 원리에서 빗나간 신자들을 엄중하게 책벌해야 함을 강조한다. 이 책벌이 권징이며, 이 권징을 겸허히 받아들이지 않는다면 출교시킬 것을 강조한다.

> 물론 그가(눈에 띄는 악행을 행한 자) 그의 잘못을 뉘우치면 이 권징의 유익이 얼마나 크겠는가? 하지만 만약에 그가 그것에 아랑곳하지 않는다면 이 사건을 책임진 평신도들에 의해서 지명받을 목사는 이 사람에게 지금까지 어떤 조치들을 취했으며, 이 같은 조치에도 불구하고 그에게 개선의 기미가 전혀 보이지 않는다는 사실을 제네바시의 의원총회(the Assembly)에 공식적으로 공포해야 할 시간을 맞이한 것이다. 그리고 난 다음에 그가 계속해서 마음을 강퍅하게 할 것인가를 알아보고, 계속 그렇게 나갈 경우 출교의 시간이 오고야 말 것이다. 말하자면 그는 그리스도의 공동체로부터 축출된 것으로 여겨야 하고, 그가 회개와 교정의 좋은 증거를 보일 때까지 그의 잠정적 혼란을 위하여 악마의 권세에 맡겨

---

161) John Calvin, "Articles Concerning the Organization of the Church and of Worship at Geneva proposed by the Ministers at the Council", in CT., 52-3

야 한다. 그래서 그는 이것의 표시로 수찬정지를 당해야 하고, 다른 성도들에게는 이 사람과 친하게 지내지 말 것을 공포해야 한다.162)

권징의 시행에 관한 언급에서 주목해야 할 개혁교회의 정치 원리를 발견할 수 있다. 그것은 권징을 누가 시행할 것인가에 대하여 칼빈은 교회의 직분제도를 염두에 두면서 말하고 있다. 칼빈은 먼저 제네바시 전역에서 교회 구성원들의 삶을 감독하고 다스리도록 생활이 방정하고, 증거하는 삶을 사는 믿는 사람들(평신도)을 시의회가 선출해 줄 것을 제안한다. 그리고 책벌(권징)의 대상이 되는 사람이 있을 경우 목사가 이를 시의원 총회에 보고하도록 제안한다. 이 규정서에서 발견되는 놀라운 사실은 교회 평신도들이 치리

제네바 왕들의 묘(Cimetière des Rois) 공원에 있는 칼빈의 무덤.
그는 개인 숭배를 우려해
묘를 만들지 말라고 유언했으며
이 무덤은 후대 사람들의 요구에 의해
제네바에서 조성한 것이다

와 권징에 참여한다는 사실이요, 이 평신도들 감독단은 목사와 협의하여(collegiality) 모든 일을 처리한다는 것이다. 이 규정서가 언급한 평신도들이 교회에서 어떤 직분을 가진 자들인지에 대해서는 명확한

---

162) CT., 52-3

설명이 없다. 그러나 이들이 교회 감독직에 참여하고 있다는 사실은 확인할 수 있다.[163] 평신도들이 목사와 협력하여 그 일을 수행하도록 한 것은 칼빈이 평신도들과 목사로 구성된 감독 기구를 제안하고 있는 것이다. 본 규정서에서 권징에 대한 언급은 제네바 시민들의 신앙의 일치를 위해 전 시민이 공적인 선서를 하도록 제안된 것은 칼빈이 보여 준 놀라운 개혁의지이다. 그럼에도 권징을 시행할 경우 책벌 선고에 대한 문제는 분명하게 언급되지 않았다. 그리고 신자들을 감독하는 일과 권징을 시행하는 일에 있어 누가 책임을 맡아야 하는가에 대한 분명한 명시가 없다.

1541년 '제네바교회 규정서'

칼빈은 1541년 9월 제네바로 돌아왔다.[164] 칼빈은 그의 동료 목사들 6명과 더불어 헌법 규정 초안 위원회를 구성하였고, 위원회는 이 문건을 1541년 9월 13일 시의회에 제출하여 수정·검토를 거친 후 1542년 9월 16일 다시 소의회, 200인 의회 및 의원총회에 제출하여 재검토를 받았고, 최종적으로는 1541년 10월 9일에 통과시켰다.[165] 이 문건이 정식으로 제정 공표된 '제네바교회 헌법 규정서'(Les Ordonnances ecclesiastiques de I' Eglise de Geneve)이다.[166] 이 법안을 작성한 칼

---

163) 이형기, 115.
164) 칼빈은 스트라스부르에서 3년 동안 프랑스에서 온 난민들을 대상으로 목회하였다. 그곳에서 그는 일주일에 4회 정도 설교했고, 한 달에 한 번 성만찬 예배를 드렸다. 칼빈은 그곳에서 외콜람파디우스와 부처 등 개혁주의 신학자들과 만나면서 그의 신학 사상을 발전시켜 나갔다.
165) 이형기, 115-16.
166) 김득룡, 『개혁파교회 정치신강』(서울: 총신대학출판부, 1984), 335. '제네바교회 헌법 규정서'는 오늘

빈의 의도는 제네바에서 로마 가톨릭으로 환원하자는 세력들과 대치하는 상황에서 교회 내의 질서 유지를 위한 법적 장치가 필요하고 기독교의 바른 교리와 권위가 완전히 보장되는 장로교 제도를 세우지 않고서는 종교개혁을 성공시킬 수 없다는 확신 때문이었다. 칼빈은 '교회 헌법 규정서' 서문에서 첫째, 주의 복음이 순수하게 견지되며, 둘째, 바른 질서와 체제를 가진 교회로 확립되며, 셋째, 후대를 담

제네바교회 헌법 규정서

당할 청소년들이 바르게 교육되며, 넷째, 빈곤자를 위한 병원이 적절하게 운영되기 위해 네 개의 직제가 존재해야 함을 강조한다. 칼빈은 교회를 다스리시기 위하여 주님께서 제정하신 직제는 "첫째는 목사요, 둘째는 교사요, 셋째는 장로요, 넷째는 집사다"라고 주장한다. 칼빈은 이 직제가 교회의 필요성에 의하여 존재해야 하는 것이 아니라 "우리 주님께서 제정하셨다"는 사실을 강조한다.[167] 그는 제네바의 종교개혁을 성공시키기 위해 직제의 필요성과 당위성을 강조하고 있다. 칼빈이 주장한 네 직분 제도는 다음과 같다.

날 교회 헌법 조항과 같은 내용이다.
167) 이형기, 116

첫 번째, 목사의 직분

칼빈이 제네바교회 법령에서 첫 번째로 언급한 교회의 직제는 목사직이다. 칼빈은 네 직분 중에 목사 직분을 가장 중요하게 생각했다. 그 이유는 목사가 하나님의 말씀을 선포하고 가르치며, 교훈하고 성례를 집례하기 때문이다. 목사는 하나님의 말씀을 선포하고 가르치는 특별한 직임을 수행해야 함으로 다른 직분과 달리 권위와 존엄 면에서 구분되어야 하며, 인격적으로 결함이 없고 신학적으로 건전해야 한다. 칼빈은 목사의 직무에 대해서 다음과 같이 말했다.

> 성경이 또한 종종 장로들, 감독들, 혹은 교역자들이라고도 일컫는 목사의 직무(office)는 하나님의 말씀을 선포하는 것이고, 공적으로든 사적으로든 교육하고 훈계하며 권고하고 견책하며, 나아가서 성례전을 집례하고 장로들과 동료 목사들과 함께 형제애적인 교정을 부과하는 것이다.[168]

칼빈의 주장에 따르면 목사의 직무는 하나님의 말씀을 선포하는 사역, 성경에 근거한 교육, 훈계, 권고, 견책 그리고 성례식의 집행 및 형제애적 교정의 실시에 있다. 그러나 한 가지 특징은 목사는 말씀 선포와 성례를 집례하는 일에 치중하면서 말씀의 권위에 따라 성도들의 삶을 감독하는 것이다. 그러나 치리장로의 직분은 교인들의 치리와 권징에만 국한되어 있다. 그리고 치리와 권징은 목사와 장로

---

168) John Calvin, "Draft Ecclesiastical Ordinances, September and October 1541", in CT.,58.

들의 협의적 과정을 거쳐서 시행된다.[169] 칼빈은 목사의 선출에 관해서는 고대교회의 질서를 성경적인 것으로 보고, 이에 따라 자신의 입장을 밝힌다.

> 우선 목사들(ministers)이 목사직을 맡아야 할 사람을 선출하여 시의회에 보내고, 그가 시의회가 보기에 합당한 사람이면 시의회는 그를 받아들여 회중에게 설교할 수 있는 허가증을 그에게 발급하여 회중 앞에서 설교하게 한다. 그 목적은 개 교회의 회중들이 그를 받아들이기로 동의(common consent)하게 하려는 데에 있다. 하지만 그가 적격자가 아닌 것이 일정 기간의 견습을 거쳐 드러날 경우, 다른 사람이 선출되는 것이 마땅하다.[170]

칼빈은 목사를 선출하는 과정에 있어서 먼저 시의회에 적격자를 제출하여 시의회와 협의하되 최종 결정권은 개교회에 있다고 말한다. 그러나 장로의 선출에 관하여는 그 주도권이 시의회에 있으며, 목사들과 협의하는 것으로 되어 있다. 목사의 감독권은 목사들의 회의에 따라 주어지나 역시 장로들과 협의하는 것으로 되어 있다. 만약 선출된 목사가 적격자이면 사도들과 고대교회의 전통을 따라 안수하여 시 당국자 앞에서 선서를 해야 한다. 특이한 것은 목사들과

---

169) CT., 59.
170) CT., 59.

장로들의 선출에 있어서 목사, 장로, 시의회 그리고 개교회가 상호 협의적인 관계를 가지고 있다는 점이다.[171]

특별히 목사의 선임은 시험, 성직자로서의 임명 및 임직식 등 세 과정을 거치도록 했다. 목사 지원자는 학교를 졸업한 후 목사직의 시험(성경 교리) 및 생활에 대한 고시를 받는다. 고시에 합격하면 목사 후보로서 시의회에 적격자로 보고된다. 칼빈은 선출되고 장립받은 목사들에 대한 감독의 중요성과 당위성을 말한다. "모든 목사들은 그들 사이에 교회의 순수성과 일치를 보존하며, 성경을 공부하기 위해서 매주 어느 날에 모이는 것이 꼭 필요하다." 이 일을 위해 목사회를 구성하고 목사가 임명받은 후 그 의무를 충실히 이행하고 있는지를 감독하고 교리의 순수성과 일치한 사상을 견지하도록 매주 하루 일자를 정하여 성경 연구회를 열었다. 이것은 목사회 그 자체가 자신들의 감독자가 된다는 사실을 보여 준다.[172] 이런 과정과 절차를 통해 목사는 교회의 예배와 성례를 비롯하여 모든 공식 업무를 총괄할 뿐만 아니라 권징을 위해서 신자들의 신앙생활 전반을 감독하는 총감독자(superintendent)로서 직무를 수행했다.

제네바교회가 목사의 직분에 대해서 이러한 과정을 거치는 것은 소명을 확신하지 못한 가짜 목사들이 양산되어 교회에 미칠 엄청난 신학적 혼란과 교인들의 삶에 폐해를 가져올 것을 생각하여 제네바 교회 법령에서는 목사 후보생의 자격을 검증하는 절차를 까다롭고

---

171) 이형기, 117.
172) John Calvin, in CT., 60.

상세하게 규정했다. 제네바교회가 요구하는 목회자의 자격요건은 두 측면에서 강조되었다. 첫째는 하나님의 말씀인 성경에 대한 확실한 지식을 가져야 하고, 둘째는 개인의 삶에 있어서 도덕적인 흠이 없어야 했다. 따라서 제네바교회 법령은 목회자를 세우는 기준을 법령에 명시했다. 먼저는 미리 성직 임명을 받은 목사들이 목사 후보생을 선택하여 그들을 시 당국자들에게 보고한다. 다음으로 시의회는 후보자들을 불러서 검증 절차를 갖는다.[173] 따라서 시의회가 목사 후보자가 직분에 합당한 자질과 도덕성을 겸비했다고 판단하면 시의회는 후보자에게 설교할 수 있는 강도권(講道權)을 부여하고, 강도권을 가진 후보자는 목사를 청빙하려는 교회에서 공개적인 설교를 한 후에 최종적인 투표를 통해 목사위임 안수 자격을 얻게 된다. 만일 후보자가 자격 심사에서 탈락하게 되면 목회자들은 새로운 후보자를 선택해서 똑같은 과정을 다시 거쳐야 한다. 칼빈은 이러한 과정이 초대교회에서 목사를 선택했던 절차와 같다고 주장했다. 특별히 제네바교회 법령은 선택이 확정된 목사를 임명하는 임직 예식에 대해서는 두 가지를 간단하게 규정하고 있다.

첫 번째는 선배 목사 중 한 사람이 목사 후보자가 취하게 될 목사라는 직책이 무엇이며, 얼마나 중요한 직책인가를 명확하게 선포한다. 두 번째는 새롭게 목사 직분을 받을 임직자와 함께 기도하는 것이었다. 이렇게 하여 임직식이 끝나면 새로 임직 된 목사는 시의회

---

[173] 'The Council'(*le Conseil*) in the first edition of 1541 was changed to(petit Conseil) in the revision of 1561. 전지훈, 『장로교회의 큰 물줄기』 (서울:솔로몬, 2023), 36쪽 참조

와 당국자들 앞에서 자신의 임무에 충실할 것을 서약했다. 칼빈은 개혁교회를 성경에 근거하여 든든하게 세우기 위해 복음에 기초한 교리, 권징과 성례의 올바른 시행에 대하여 강조했다. 칼빈은 목사가 임직 후 지켜야 할 몇 가지 기본적인 의무를 교회법령 안에 포함시켰다. 가장 중요한 것은 목사들은 한 주에 한 번 성경을 토론하기 위하여 모이도록 했다. 이것은 목회자들이 성경에 근거한 교리의 중요성과 일치를 유지시키려는 중요한 모임이었다. 질병과 같은 합법적인 이유가 아니고서는 예외 없이 모두 참여해야 했고, 불참할 경우 징계 사유가 되었다. 만약 성경 해석이나 교리에 관한 해석상의 차이가 있다면 공통된 합의점을 찾을 수 있도록 자유롭게 토론했다.

특별히 제네바교회 법령은 목회자들이 버려야 할 악덕들을 구체적으로 제시하면서 목사들의 경건 생활의 중요성을 강조했다. 첫째, 목사들이 결코 해서는 안 되는 악덕들은 교회 법규에 대한 위반, 교회 분리, 이단 사상 수용 및 가르침, 신성모독, 성직매매, 뇌물수수, 타인의 지위를 넘보는 행위, 교회를 허락이 없이 떠나고 방치하는 행위, 사기, 위증, 음란, 절도, 술취함, 법적 처벌에 해당하는 폭력, 고리대금업, 법이 금하는 놀이나 오락, 춤과 유사한 풍기문란, 국가를 비방하는 죄, 성도가 교회를 떠나도록 만드는 행위 등이다. 둘째, 용서할 수 있으나 목사에게 권징을 필요로 하는 악덕이다. 성경을 이상하게 해석하여 교회를 어지럽히는 행위, 교회가 인정하지 않는 다른 교리를 만들어 내거나 유포하는 행위, 성경을 읽지 않고 연구를 게을리하는 행위, 아첨하는 말에 꾸짖지 않는 태만, 목사의 의무를 다하지 않는 태만, 천한 익살, 속임수, 중상모략, 음담패설, 남에게 상처를 입히는 욕설, 만용, 나쁜 간계, 인색함과 째째함, 상식을 벗어난 분노, 소란과 싸움, 의복이나 품행에 있어 문란함 등이다.[174]

제네바 교회법령은 목사에게 이러한 잘못들이 보고되면 목사회에서 그 진상을 조사하여 먼저 권면하도록 했다. 그러나 잘못을 지적하고 권면했음에도 문제가 해결되지 않을 때는 시의회에 보고하여 최종 처결하도록 했다. 목사들은 효과적인 권징을 위해 3개월에 한 번씩 모여 그동안 관찰한 행동에 대해 서로 지적하고 권면하도록 했다. 이렇게 함은 목사를 비난하기 위해서가 아니라 도덕적으로 흠이 될만한 말이나 행동을 지적함으로써 더 높은 도덕성과 거룩함을 유지하기 위함이었다.

두 번째, 교사의 직분

제네바교회 법규가 두 번째로 언급한 직분은 교사의 직분이다. 교사는 다른 이름으로 박사라고 불리기도 했다. 칼빈은 '교사'(doctor)에 대해서 "교사의 바른 직무(office)는 복음의 순수성이 사악한 교리에 의해서 부패되지 않게 하기 위하여 믿는 성도들에게 성경과 신학을 바르게 가르치는 것이다"라고 한다. 교사직은 신학에 대한 전문지식을 가진 목사로써 성경의 바른 교리를 가르침으로써 교회 안에서 복음의 순수성을 지키도록 하는 임무를 받은 자들이다. 이 직무는 교회의 통치와 관련되어 있다. 교사는 신자들에게 교수하고 이단으로부터 교회

---

[174] 전지훈, 『장로교회의 큰 물줄기』 (서울:솔로몬, 2023), 38.

를 보호하며, 바른 신학을 후대에 계승시켜야 할 사명을 갖고 있다. 복음을 수호하기 위하여 성서와 신학을 전문적으로 공부한 사람들이 교회의 교역직(the office of ministry)을 맡아야 한다고 했다.175) 교사 혹은 박사들이 가르치는 교리는 신구약 성경에 기초한 것이어야 했다. 따라서 신학박사들은 신학 교육뿐만 아니라 대학 수준의 인문학교육까지도 충분히 소화해 낼 수 있어야 했다. 따라서 칼빈은 신학 교육뿐만 아니라 대학 교육까지도 이들의 책임하에 두었다. 그는 대학 교육을 통해서 바른 기독교 지도자들을 양성하고 교회의 영역을 넘어 국가와 사회의 운영에도 선한 영향력을 행사하고자 했다. 칼빈은 수준 높은 신학 교육을 위해서는 좋은 대학 교육이 전제되어야 하고, 대학 교육이 빛을 발하기 위해서는 어린이 교육이 잘 이루어져야 한다고 생각했다. 따라서 칼빈은 어린이 교육을 위해 학사 교사들을 고용했다. 이처럼 칼빈이 제네바교회 법령에 "교사"라는 명칭을 삽입했을 때는 제네바시의 공교육 시스템 안에 모든 교사를 염두에 두고 한 말이었다. 이러한 이유로 교사 직분을 "학교에 속한 신분"이라고 표현했다. 이러한 규정에 따라 학교 교사로 임명받기 위해서는 무엇보다도 자신의 뛰어난 능력을 검증받아야 했다. 목사의 추천을 받은 다음 시의회의 검증과 절차를 거쳐 임병받도록 했다. 교회 교육을 위한 교사직을 교회의 직제(the order of school)에 포함시키는 것이 특기할 만하다.176) 이는 신학교의 교수와 미션스쿨의 교사들이 교

---

175) 이형기, 274.
176) John Calvin, in CT.,62-63

회의 직제와 관련되어 있음을 보여 준다.

세 번째, 장로의 직분

세 번째로 언급하는 장로의 직분에 대해서는 약간의 해석이 필요하다. 초대교회 안에서 사도들의 직무(직분이 아닌)를 이어받고, 교회에서 선출된 지도자들이 장로들이었다. 장로들이 교육과 치리를 겸하여 봉사했다. 그러나 후일에 바울은 장로의 직분을 가진 자들 가운데 "잘 다스리는 장로"와 "말씀과 가르침에 수고하는 이들(장로들)"을 구별하여 성명했다(딤전 5:17). 이러한 성경의 근거에 따라 말씀선포와 교육에 전무하는 장로(강도)와 "잘 다스리는 장로"(치리)로 구분되어 봉사하는 두 직분의 성경적 기초가 성립된 것이다. 칼빈은 장로(치리)의 직무에 대하여 다음과 같이 말했다.

> 그들의 직무는 모든 성도의 삶을 감독하여, 그들 보기에 빗나가고 있거나 무질서한 삶을 사는 사람들을 사랑으로 훈계하며, 필요한 경우에는 그들 자신이, 그리고서는 다른 이들과 협의하여 형제애적인 교정을 부과하는 것이다.[177]

제네바교회 법령에서 말하는 장로의 의무로 규정하는 것은 치리장로를 염두에 두고 하는 말이다. 칼빈은 먼저 장로는 각 신자들의 삶을 돌아보는 것, 둘째, 잘못했거나 무질서한 삶을 사는 자들을 부

---

[177] John Calvin, in CT., 62-63

드럽게 권면하는 일(말씀과 교육으로 권면하는 목사의 의무와 다름), 셋째, 하나님의 말씀을 거역하고 무질서하게 사는 사람들을 목사회에 보고하는 것이 의무였다.[178] 칼빈은 장로직은 교인들의 윤리적인 삶을 살피고 감독하는 치리와 권징에만 국한된 것으로서 목사의 주된 직책과는 구별되고, 시의회의 구성원이어야 한다고 주장한다. 특별히 "다른 이들과 협의하여"라고 하는 문맥에서 '다른 이들'이란 장로들이라기보다 목사들인 것으로 보이며, 그들과 협의하여 성도들의 삶을 교정하도록 한 것은 개혁주의 종교개혁자들의 공헌이다.

이러한 아이디어는 칼빈이 스트라스부르에 머무르는 동안 그 도시에서 종교개혁을 위해 일했던 마틴 부처[179]와 카피토(Capito)로부터 배운 것이다. 부처와 카피토에 의해 종교개혁이 주도된 스트라스부르는 7교구로 나누어 각 교구마다 3명의 모범된 평신도를 세워 목사의 치리 사역과 심방 사역을 돕도록 했다. 종교개혁자들과 협력하여 교회를 감독하며 치리했던 자들이 '키르헨플레거'(Kirchenpfleger)였다. 칼빈은 스트라스부르에서 이러한 행정을 배웠고 이를 제네바에서 실천한 것으로 보인다.[180] 칼빈은 이들 장로들의 선출에 대하여, 하

---

178) Scott Manetsch, *Calvin's Company of Pastors* (New York, NY: Oxford University Press, 2013), 2. 전지훈, 『장로교회의 큰 물줄기』 (서울:솔로몬, 2023), 41에서 재인용.

179) 토마스 아퀴나스(St. Thomas Aquinas) 학파의 도미니크회 수도사였던 마틴 부처(Bucer)는 열정적인 에라스무스의 추종자였다. 그러나 1518년 루터의 가르침을 받고 개혁적인 성향의 인물로 바뀌게 된다. 마침내 1521년에 수도승직을 버리고 개혁자의 길로 들어섰다. 부처는 그의 개혁적인 설교로 인하여 비셈부르그에서 추방을 당했다. 그러나 스트라스부르에 정착하면서 종교개혁에 적극적으로 가담하였다. 그는 1548년 영국의 캔터베리 대주교인 토마스 크랜머(Thomas Cranmer)의 초청으로 영국으로 건너와 1551년 사망할 때까지 케임브리지에 머물면서 영국교회의 개혁에 지대한 영향을 주었다.

180) John T. McNeill, *The History and Character of Calvinism* (New York: Oxford Univesity Press, 1954),145.

하나님을 경외하고 영적인 분별력을 가지며, 친절한 생활 태도를 가진 평신도들을 소위원회로부터 2명, 60인 위원회로부터 4명, 그리고 200인 위원회로부터 6명 등 12명을 선출하여 제네바시의 각 행정구역에 골고루 배치해야 한다고 주장한다. 장로들을 선출함에 있어 그 결정권이 목사들에게 있는 것이 아니라 위원회에 있었다. 장로들의 선출 방법에 있어서 칼빈은 소위원회가 목사들과 협의하여 가장 적격한 사람을 지명하고 200인 위원회에서는 이를 승인하는 형식을 취했다. 특이한 점은 장로 후보자가 시위원회 위원으로서 모범적인 평신도라야 한다는 사실이다. 칼빈은 장로의 임기에 대해서 다음과 같이 주장한다.

> 연말에 가서 장로들의 명단은 시 당국에 제출되어야 한다. 시의회가 이들의 연임 문제를 결정한다. 하지만 이들이 자신들의 의무를 신실하게 수행해 내면 그렇게 자주 교체될 필요가 없다.[181]

칼빈은 최초의 장로직의 임기를 1년으로 정했다. 그러나 매년 연말 시의회의 자격 심사에 통과하면 그 직무를 계속하도록 유임했다. 그러나 자격 심사에 합격하지 못하면 정직되었다. 후에 법이 개정되면서 장로직을 받고 1년이 지난 후 소위원회의 심사를 거쳐 합격하면 종신직으로 일할 수 있도록 했지만 불합격할 경우에는 장로직을

---
[181] John Calvin, in CT., 64.

박탈했다.[182]

칼빈은 이 규정을 통해 매년 장로직의 면직 가능성과 연임 가능성을 모두 열어 놓았다. 그는 이러한 일을 통해서 단지 제네바교회만의 개혁이 아니라 제네바시 전 영역을 하나님의 말씀으로 개혁하고자 했던 것이다. 그 개혁의 수단이 장로회 제도의 기초가 되는 교회 헌법이었다. 장로들은 매주 목요일 아침에 목사들과 함께 모여 장로 법원을 운영하였다. 평의회원(syndics) 가운데 한 사람이 사회를 맡았고, 목사와 장로들은 도덕법을 범한 자들이 있으면 법원에 보고하였다. 그리고 교회 안에서 발생하는 무질서와 방종을 살핀 후, 그 치료책에 관하여 토론하곤 하였다. 특별히 교인들 가운데 범죄자가 발견되면 장로는 먼저 그 형제를 권면했다. 권면 후에도 행동을 고치지 않으면 장로 법원에 보고하여 치리하게 했다. 그래도 그 형제가 뉘우치지 않고 죄를 고집하면 마지막으로 출교 조치를 취했다. 출교는 권징 가운데 가장 무거운 벌이었고 그 효력은 범죄자가 회개할 때까지 유지되었다.[183]

네 번째, 집사의 직분

제네바교회 법령에서 언급한 집사 직분은 사도행전 6장에서 식탁 봉사들(diakonein)을 지칭한 말에 근거를 두고 있다. 후에 바울은 이

---

182) J. N. Ogilvie, *The Presbyterian Churches : Their Place and Power in Modern Christendom*(New York: Fleming H. Revel Company, 1897),10.
183) 오덕교 『장로교회사』(서울: 합동신학대학원출판부, 2004), 76. 권징에 해당되는 죄목들은 다음과 같다. "저주 행위, 술집에 들리는 행위, 간음, 주일날 카드놀이, 음란한 노래를 부르는 행위, 자살을 시도하는 행위" 등이다.

봉사자들을 집사들(deacons, diakonus)이란 용어로 표현했다(딤전 3:8). 바울이 언급한 집사들은 성령과 지혜가 충만하고, 신자들로부터 칭찬받는 자들 가운데서 선택된 자들이다. 이들은 사도들로부터 권한을 위임받아 초대교회(예루살렘교회)의 재정적인 업무와 가난한 사람들을 구제하는 업무를 당당했던 자들이다. 칼빈은 초대교회의 전통에 근거하여 집사들의 직무를 정의한다. 제네바교회는 집사의 직분을 가진 자를 두 종류로 구분하여 봉사하게 했다. 하나는 '프호큐러흐'(procureurs)라는 명칭을 사용하여 교회의 재산을 관리하고 가난 사람들의 구제를 위해 봉사하는 자들이었다. 다른 하나는 '오스삐탈리에흐'(hosditaliers)라는 명칭을 사용하여 아픈 자들을 돌보고 가난한 자들을 위해 음식을 제공하는 일을 맡아 봉사하는 자들이었다.

제네바시 안에는 오늘날 사회복지사들처럼 가난한 사람을 구제하고 아픈 사람을 돌보는 단체가 존재했다. 칼빈은 이러한 일을 교회 안에서 집사가 담당해야 할 일로 보고 이 두 직책을 교회의 직분으로 수용했던 것이다.[184] 그래서 칼빈은 교회가 4명의 재무관리인(procurators)과 봉사자들을 제네바의 시립 병원에 파송하여 봉사하도록 했다. 칼빈은 이 네 사람 가운데 한 사람은 수납을 담당하여 후원금을 내는 사람들이 누구이며, 얼마의 후원금이 들어왔으며, 그리고 얼마가 지출되었는가를 담당하도록 했다. 이 재무관리인들은 시 당국에서 책정한 예산이 특별한 일로 충분하지 않으면 그것을 조정하는 일도 했다. 이 4명의 재정 관리인들과 봉사자들은 다음과 같은

---

[184] 전지훈, 『장로교회의 큰 물줄기』 (서울:솔로몬, 2023), 42.

임무를 책임지고 수행하도록 했다.

> 제네바의 시립 병원이 잘 운영되도록 하며, 몸이 아픈 환자들뿐만 아니라 노동을 할 수 없는 노인들과 남편을 잃은 부인들과 부모가 없는 아이들과 기타 불쌍한 사람들을 위해서 일하는 것이 이들의 의무이다. 더군다나 제네바시 전체에 흩어져 있는 가난한 사람들에 대한 돌봄이 다시 있어야 하는 바, 재무관리인들이 이 일도 맡아 해도 좋을 것이다.[185]

집사 직분은 초대교회에서 실천했던 것처럼 가난한 자들을 구제하며, 병자들을 돌보며, 재정을 관리하는 직무였다. 특별히 교회 안에서보다 교회 밖에서 기독교적 이웃 사랑을 실천하도록 했다. 집사의 선출은 장로 선출의 규정과 같다. 이 규정은 바울이 정한 규칙(딤전 3장, 딛1장)을 따르도록 한 것을 말한다. 이 규정에 따라 집사는 평신도 중에서 선출하도록 했다. 제네바시에서 집사로 선출된 자들 중에는 의사들이 많았으며, 이들은 모두 시 예산으로 고용된 자들이었다. 특별히 집사들이 자신들의 직무를 잘 수행하고 있는지를 감독하기 위해 목사, 장로 그리고 시 당국의 감독 한 사람이 3개월에 한 번씩 병원을 방문하여 살폈다. 그러나 칼빈은 안수집사에 관한 이야기는 하지 않는다.[186]

---

185) John Calvin, in CT.,65.
186) 이형기, 121.

1537년과 1541년 '제네바교회 규정서' 비교

칼빈은 1541년에 1537년의 규정서보다 더 발전된 '제네바교회 규정서'를 시의회에 제출하여 승인을 받았다. 앞에서 언급된 것처럼 제네바교회 헌법 규정의 근본적 원리는 성경에 근거한다. 그러나 행정적인 규정은 칼빈이 스트라스부르에 있을 때 두 종교개혁자들로부터 배운 것을 기초로 했다. 1537년 규정서에서 칼빈은 권징의 시행, 시편찬송의 사용, 자녀 교육 그리고 결혼법 개정에 대하여 언급한다. 네 가지의 언급 중에 권징과 자녀 교육에 대한 언급은 두 규정서에서 동일하게 강조하며, 교회 정치의 원리로 규정한다. 한 가지 강조점은 칼빈이 교회의 권징과 치리 사역을 중요하게 생각했음에도 이것을 교회의 표지로 보지 않았다는 것이다.

칼빈은 권징을 교회를 보호하기 위한 방어의 표준이며, 성화의 수단으로 보았기 때문이다. 그러나 칼빈은 1541년에 와서 비로소 이러한 교회 정치 원리에 근거하여 네 가지 직분의 필요성에 대하여 언급한다. 1541년 규정서는 목사, 교사, 장로, 집사의 직무를 명확하게 구분한다. 특별히 목사는 장로의 직무를 공유할 수 있으나 장로는 목사의 직무를 공유할 수 없도록 되어 있다. 또한 목사와 장로 이 양자로 구성된 협의회적 기구(당회나 노회 같은)에 대한 언급이 없고, 목사들에 대한 감독은 목사들 자신들에게 맡겨져 있고, 상회인 노회나 총회에 대한 언급도 없다. 그리고 장로에 대한 감독권의 문제도 부각되어 있지 않다. 그러나 장로가 모범된 평신도로서 시의회의 의원들이라는 점과 그리고 장로 열 두 사람이 목사와 더불어 당회 혹은

'교회 법정'(Consistory 혹은 Presbyterium)[187]을 구성하여 치리 기구를 대신하였다는 점은 특이하다.[188] 이 치리 기구에서 완전히 처리되지 않는 사건들은 '소의회'로 넘겼으며, 치리의 최종 권위는 제네바시 당국이 가지고 있었다.

집사직이 교회 내부의 봉사직이라기보다 제네바시의 병들고 가난하고 소외된 사람들에 대한 사랑을 실천하는 직분이라는 점은 주목할 만하다. 그리고 목사, 장로, 집사의 선출 과정이 모두 협의적 과정을 거친다는 것도 중요한 사항이다. 그러나 이 문서에는 네 직분에 대한 성경적 근거를 제시하고 있지 않다.[189] 그러므로 1541년 '제네바교회 규정서'에 언급된 칼빈의 교회 정치 사상은 '교회의 독립성', '대표 선거권의 확립', '신자들 가운데서 정당하게 선출된 대표에 의한 교회 정치', '성찬 예식의 교회의 자진 검토' 등에 있었고, 이 규정들은 계속해서 수정·보완되었다. 결국 1537년에 시작된 교회의 정치 규정은 타협성과 불명확성을 포함하고 있으면서도 한층 진지한 장로교 정치 원리의 모델로 발전했다는 것은 높이 평가해야 할 점이다.

---

187) O. Weber, *Die Treue Gottes in der Geschichte der Kirche*(Neukirchener Verlag des Erziehungsverein, 1968), 41. 이형기, "직제론:루터와 관련하여, 칼빈 신학과 목회", 309에서 재인용. 베버는 칼빈이 'Consistory' 개념을 직접적으로 딤전 4:14의 장로회의에서 가져오지 않았다고 본다. 칼빈의 '제네바 Consistory'는 목사들과 장로들로 구성된 치리 기구였다는 것이다.
188) John T. McNeill, 163.
189) 이형기, 121-22.

The History of the Formation of Presbyterian Polity

존 녹스와 장로교 정치

존 녹스와 장로교 정치

존 녹스와 장로교 정치 제도

존 녹스의 귀국과 종교개혁의 발단

스코틀랜드 종교개혁의 리더였던 존 녹스(John Knox)는 1559년 스위스에서 스코틀랜드로 돌아왔다. 존 녹스는 1554년 3월에 스위스로 갔다. 그곳에서 영국 피난민들(신교를 따른다고 추방되었거나 피신한 자들)을 위한 목회를 시작했다. 그는 스코틀랜드를 잠시 방문한(1555~1556년) 후 2년 동안 제네바에서 사역했다. 특별히 1558년에 잉글랜드 여왕 메리 튜더(1516~1558, 통치 기간 1553~1558)가 죽고, 엘리자베스 1세가 즉위했다(1553~1603, 통치 기간 1558~1603). 이러한 사건들과 맞물려 존 녹스가 1559년 스코틀랜드로 돌아왔다. 당시 스코틀랜드는 메리(메리 스튜어트, 1542~1587, 통치 기간 1542~1567) 여왕이 통치자였다. 그 후 제임스 6세(1567~1625, 잉글랜드의 제임스 1세, 1603~1625)가 잉글랜드의 왕위를 계승

존 녹스

했다. 녹스가 귀국한 후 1560년 8월 9일에 종교개혁의회가 소집되었다. 이 당시 스코틀랜드에서는 왕이 부재중이었다. 왜냐하면, 메리 여왕이 프랑스 왕세자(프랑수아 1세)와 결혼했기 때문이었다. 따라서 스코틀랜드는 제임스 5세(1512~1542, 통치 기간 1513~1542)의 왕비인 기즈의 메리(1515~1560)가 섭정하고 있었다. 그러나 공식적으로는 프랑스에 있는 메리가 왕이었다. 1560년 7월에 프랑스에 머물고 있었던 메리 여왕의 허락하에(귀족들과 신교도들의 강력한 요청에 따라) 의회가 소집되었다.[1]

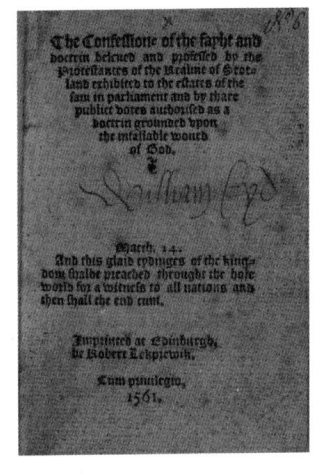

스코틀랜드 신앙고백서

의회는 소집되자마자 종교개혁을 위한 법안을 추진해 나갔다. 1560년 8월 17일 녹스와 동료 개혁자들이 준비한 『스코틀랜드 신앙고백서』(the Scots Confession)가 통과되었으며, 8월 24일에는 '교황의 사법권 폐지법'(the papal Jurisdiction Act)과 '신앙고백 추인법'(the Confession of Faith Ratification Act)이 통과되었다.[2] 특별히 이때 만들어진 『스코틀랜드 신앙고백서』는 100년 후 1647년 『웨스트민스터 신앙고백서』(Westminster Confession of Faith)가 스코틀랜드

---

1) 김중락, 『스코틀랜드 종교개혁사』 (경기 안산: 흑곰북스, 2017), 98-100.
2) 김중락, 『스코틀랜드 종교개혁사』, 102. "교황의 사법권 폐지법"은 교황은 스코틀랜드에서 어떤 사법권도 가지지 않으므로 누구도 스코틀랜드에서 교황의 권위를 내세워서는 안 되며, 이를 어기는 자는 공직 취임이 금지되거나 심지어 추방 및 처형까지 부과될 수 있다는 법이다. 『스코틀랜드 신앙고백서』는 25개 항목으로 이루어져 있다.

의 공식적인 신앙고백서로 대체될 때까지 사용되었다. 이때까지 스코틀랜드 교회의 정치(Polity)에 대한 입법은 만들어지지 않았다. 그러나 같은 해 4월에 회중의 귀족들이 장악한 추밀원은 에든버러의 목회자들에게 교회 정치에 대한 초안을 만들라고 요청했다. 그 초안은 5월 20일에 완성되었고, 8월 종교개혁의회에 제출되었다.

교회 정치 제도의 과정에 대하여 대륙의 종교개혁자 마틴 부처가 장로교 제도의 기초를 놓았다면, 존 칼빈은 장로교 제도의 이론을 체계화시켰고, 존 녹스[3]는 스코틀랜드에서 장로교 제도를 구체화시킨 인물이라 할 수 있다. 녹스는 1554년 3월에 스위스로 와서 칼빈을 만난 후 계속 칼빈과 교제했다.[4] 녹스는 제네바에서 칼빈의 영향을 받으면서 개혁교회의 조직에 대하여 공부할 수 있는 기회를 가지게 되었다.[5] 그는 1555년 제네바에서 '공중예배규정서'(Book of Common Order 혹은 Book of Geneva of John Knox)를 작성했다.[6] 그리고 이 '공중예배규정서'는 제네바의 영국인 난민교회 교인들에 의하여 채택되었다. 이 책이 『기도와 예식, 성례전의 집행』이라는 제목으로 1556년 2월에 제네바에서 출판되었다.

녹스가 스코틀랜드로 돌아온 후 이 '공중예배규정서'가 프로테

---

3) 존 녹스는 1514년 스코틀랜드(이스트 로디언, 기포드)에서 태어났다. 녹스는 1529년에 세인트 앤드류 대학에서 문학을 공부하고 1532년부터 신학을 공부했다. 그리고 1536년에 사제로 서품을 받았다. 녹스는 조지 휘셜트(George Wishart)의 설교를 듣고 개신교로 개종했다. 휘셜트가 순교당한(1546) 후 녹스는 스코틀랜드를 떠나 잉글랜드에서 5년 동안 설교 사역을 했다. 메리 튜더(Mary Tudor)가 왕위에 오른 후 녹스는 잉글랜드를 떠나 대륙으로 떠났다. P. H. Brown, *John Knox*(London: Adam and Charles Black, 1985), Vol. 1. 170.

4) James S. McEwen, *The Faith of John Knox*(London: Lutterworth Press, 1962), 2.

5) David Laing, *The Works of John Knox*(Edinburgh: James Thin, 1895), Vol. I. 240.

6) David Laing, *The Works of John Knox*, Vol. IV. 173.

스탄트 회중 가운데서 임의로 사용되었다. 1562년 12월에 스코틀랜드교회 총회에서 "성례전의 집행, 결혼식의 거행, 사자(死者)의 매장 시에는 제네바의 규정서에 따라 실행되어야 할 것이다"라고 결정했는데[7] 이것이 스코틀랜드에

존 녹스가 제네바에서 지내는 동안 설교했던 교회
(칼빈 오디토리엄)

서 '공중예배규정서'에 대한 최초의 공식적인 언급이다. 1564년 12월 26일 스코틀랜드교회 총회는 그 책에 기록된 예배규정을 사용하도록 하였다. 이 '공중예배규정서'는 1637년 '공중 기도서'로 대치하기까지 스코틀랜드교회에서 사용되었다. 그러므로 스코틀랜드 개혁교회가 장로교 정치 제도의 틀을 마련할 수 있는 근거를 '공중예배규정서'가 제공했다고 말할 수 있다.

스코틀랜드 신앙고백서의 채택과 특징

『스코틀랜드 신앙고백서』의 초안 작성과 채택과정은 신속하게 이루어졌다. 짧은 시간에 초안이 작성되었고, 거의 논쟁 없이 채택되었기 때문이다. 존 녹스에 따르면 초안의 의회가 소집되고 난 후 4일 만에 만들어졌으며, 의회에 제출된 초안은 한 구절 한 구절 심도

---

7) 김득룡, 'Scotland 종교개혁과 교육 정책에 관한 역사적 고찰'(박사학위 논문, 단국대학교대학원, 1976), 38.

있게 논의된 후 표결로 통과되었다. 그럼에도 『스코틀랜드 신앙고백서』는 조직 면에서 체계적이지 못한 부분이 있다. 『스코틀랜드 신앙고백서』는 총 25개조의 항목으로 이루어져 있다. 이 고백서는 제1조의 '하나님에 대하여'로 시작하여, 창조, 원죄, 약속, 그리스도, 교회, 성례 등을 다룬 후에 25조의 '교회의 자유로운 은사'로 끝난다. 특별히 24조에서 '국가의 관리'에 대한 규정을 가지고 있다는 점이 특이하다. 『스코틀랜드 신앙고백서』의 몇 가지 특징을 살펴보면 다음과 같다.

칼빈 오디토리움에는 존 녹스의 사역을 소개하는 전시물이 있다

첫째, 『스코틀랜드 신앙고백서』는 하나님의 말씀을 강조한다. 신앙고백서는 서문에서 하나님의 말씀에 반하는 조항이나 문장이 없음을 강조하였고, 19장 '성경의 권위'에 관해서는 성경의 권위가 교회로부터 나오는 것이 아니라 하나님에게서 나오는 것임을 강조하고 있다. 이는 교회의 전통이나 교황의 칙령을 성경의 권위보다 우위에 둔 가톨릭 전통을 의식한 것으로 보인다. 성경의 절대적 권위를 강조함으로써 스코틀랜드교회는 더 이상 가톨릭교회가 아님을 천명한 것이다.

둘째, 『스코틀랜드 신앙고백서』는 그 자체로서의 무오성을 주장하지 않는다. 비성경적인 조항이나 구절이 있다면 수정할 수 있다는 열린 입장을 가지고 있다. 『벨직 신앙고백서』나 『하이델베르그 교리문답서』는 그 자체로 성경을 해석하는 기준이 될 만큼 우상화되는 측면이 있었으나 『스코틀랜드 신앙고백서』는 열린 태도를 보임으로써 그러한 위험성을 처음부터 차단하고 있다.

셋째, 『스코틀랜드 신앙고백서』는 4일 만에 초안이 작성되었다. 내용의 구성이나 학문적 성격이 다소 부족한 것처럼 보이나 오히려 이 신앙고백서의 특징은 일반인들이 친근하게 접근할 수 있도록 실용적인 측면이 강조되었다는 점이다. 이처럼 1560년에 만들어진 『스코틀랜드 신앙고백서』는 1647년 『웨스트민스터 신앙고백서』가 스코틀랜드교회의 공식적인 신앙고백서로 대체될 때까지 사용되었다.

'스코틀랜드 신앙고백서'와 장로교 정치 원리

『스코틀랜드 신앙고백서』는 스코틀랜드 국회 회기 중에 4일 만에 존 녹스의 주도하에 6명의 존(John)[8]에 의해 작성되었고, 1560년 8월 17일에 의회가 인준하였다.[9] 이에 대해 벨포(Balfour)는 "의심 없이 존 녹스와 그의 조력자들은 이미 전부 아니면 적어도 신앙고백서의 가장 중요한 부분을 작성했다"고 말한다.[10] 『스코틀랜드 신앙고백서』는 대체로

---

8) '스코틀랜드 신앙고백서'를 작성한 6명의 존(John)은 다음과 같다. John Knox, J. Spottiswood, J. Willock, J. Row, J. Douglas, J. Winram.
9) Kirkwood Hewat, *Makers of The Scottish Church at the Reformation* (Edinburgh: Macniven and Wallace, 1920), 156.
10) Balfour of Burleigh, *An Historical Account of the Rise and Development of Presbyterianism*

사도신경의 순서를 따르며 고대 공의회가 작성한 교리 그리고 구원과 하나님의 말씀과 성령의 사역에 대한 종교개혁자들의 가르침을 진술한다. 브라운(P. Hume Brown)은 새로운 신학과 종교가 '스코틀랜드 신앙고백서'와 '제1치리서' 안에 구체적으로 나타나 있다고 보았다. 신학적 내용은 칼빈이 후반기에 취했던 완전히 발전된 형태의 칼빈주의 신학의 요약이다.[11] 이 신앙고백서는 총 25개 조항으로 구성되었는데 대다수가 유럽 대륙의 개혁교회가 함께 공유하고 있는 내용을 담고 있다. 첫 열 개 조항은 초대교회로부터 교회가 수용하고 있는 교리적 가르침이며 나머지 조항들은 당시 가장 논쟁점이 된 칭의, 성화, 믿음, 성경의 최종 권위, 그리스도의 직임, 세속 권력, 교회의 권위, 그리고 성례 문제를 다룬다.

'스코틀랜드 신앙고백서'에서 말하는 장로교 정치 원리는 성경의 원리를 토대로 한 개혁주의 정치 제도이다. 『웨스트민스터 신앙고백서』와 비교할 때 『스코틀랜드 신앙고백서』 역시 사도신경에 근거를 둔 개혁주의 신앙고백이다. 그러나 정치제도는 칼빈의 '제네바교회 규정서'를 중심으로 발전시켜 나갔다. 이러한 내용을 종합할 때 아래와 같은 원리로 요약할 수 있다. 첫째, 성경의 교회론에 근거한 장로교 정치제도를 발전시켜야 한다. 둘째, 정치제도의 구성은 민주적인 통치 방법을 따라야 한다. 셋째, 치리회들을 통해 개인의 자유를 박탈하지 않는 정치제도의 자율성이 보장되어야 한다. 이 점은 칼빈이

---

in Scotland(Cambridge: Cambridge University Press, 1911), 24.
11) P. Hume Brown, *John Knox*, Vol.II(London: Adam and Charles Black, 1985), 122.

주장한 원리와 일맥상통한다. 넷째, 국가교회 하에서 중앙집권적이면서 지역적인 조직의 효율적인 운용을 보장해야 한다. 스코틀랜드 교회가 국가교회이면서도 개교회의 자유와 권리를 보장한다는 점은 비국가교회들과는 다른 점이다.

'스코틀랜드 신앙고백서'에 나타난 교회론: 특성, 표지, 성례, 권징

'스코틀랜드 신앙고백서'는 교황 제도하에 교회 폐지를 주장하며 모든 교회의 가르침과 신학적 교리는 반드시 성경에 근거해야 한다는 점을 강조한다. 특별히 이 문서는 개혁교회의 보편성을 강조한다. 교회를 "하나님을 바르게 예배하고, 교회의 유일한 머리가 되신 예수 그리스도를 믿음으로 영접하는 하나님의 선택받은 공동체 혹은 집단"(Scots Confession, Ch.16)으로 정의한다. 교회를 보편적이라고 정의하는 것은 모든 시대의 선택받은 자들을 포함하고 있기 때문이다. 이 문서는 하나님의 참 교회의 표지를 말하는데 "하나님의 말씀의 바른 전파, 성례의 올바른 시행 그리고 교회 권징의 정직한 시행"이다.[12] 또한 '스코틀랜드 신앙고백서'는 하나님의 말씀이 모든 교육의 기초가 되어야 한다고 강조한다. "하나님의 말씀은 모든 교육의 기초이며, 성령은 교육의 해석자이다. 성경의 권위는 하나님 자신에게 있으며, 인간이나 혹은 천사에게 있는 것이 아니다. 교회는 항상 그녀의 배우자와 그리고 목사의 음성을 들

---

12) Balfour of Burleigh, 25.

어야 하고 순종해야 한다."[13]

또 개혁교회의 성례에 관한 입장을 밝히는데, 로마 가톨릭교회가 취하고 있는 화체설(Transubstantiation)을 비난한다. 주의 만찬에서 예수 그리스도는 그가 우리 영혼의 음식과 영양분을 공급하기 위해 우리와 연합하는 것이다. "성례는 하나님께서 임명하신 원리와 방법에 따라 교회에서 선출된 합법적인 말씀 사역자들에 의해 시행되어야 한다"(Scots Confession, Ch.22). 그리고 세례는 신자가 예수 그리스도에게 접붙임을 받는 것으로 설명한다.[14] 특별히 로마 가톨릭교회의 성례를 강하게 비난한다. "가톨릭교회의 사역자들은 그리스도의 사역자들이 아니다. 그들은 성례를 불순하게 했다. 미사의 제사 교리는 비난받아야 한다."[15] '스코틀랜드 신앙고백서'에는 몇 가지 교회론의 특징이 나타나 있다.

첫째, 이 문서에는 교황제도에 따른 교회 폐지를 주장한다. 그러나 교황권에 대한 언급은 없다. 둘째, 모든 교회의 가르침과 신학적 교리는 반드시 성경에 근거해야 한다. 특히 예배에 있어서 인간이 고안해 낸 것들을 다 폐지하면서 교황권과 미사를 금지했다. 셋째, 교회의 표지에 대한 강화이다. 존 녹스와 그의 동료들은 이 문서에서 교회의 표지를 더 강화시켰다. 이 점이 칼빈과 녹스의 교회론에 대한 차이점이다. 녹스는 교회의 표지에 하나님의 말씀 선포와 성례뿐만 아니라 권징 조항을 삽입시켰다. 그러나 권징의 목적은 칼빈의 주장과 다르지 않다. 녹스는 권징을 교회의 순결성을 보호하기 위한

---

13) Ibid.
14) Ibid.
15) Ibid.,25-26.

수단으로 보며, 반드시 있어야 할 표지로 생각했다. "교회의 치리는 말씀이 규정하는 대로 악덕을 저지하고 덕목을 함양시키기 위하여 시행되어야 한다."16)

『스코틀랜드 신앙고백서』와 치리서 도입 과정

『스코틀랜드 신앙고백서』는 교회의 정치와 직제의 문제에 대하여 특별한 언급이 없다. 그 이유는 1560년에 신앙고백서는 작성했지만, 교회 정치에 관해서는 법적인 조항을 만들지 못했기 때문이었다. 같은 해 4월에 '회중의 귀족들'이 장악한 추밀원은 에든버러에 있는 목회자들에게 교회정치 초안을 만들라고 요청했다. 따라서 그 초안은 5월 20일에 완성되었고, '공동 종교개혁서'(Book of Common Reformation)로 명명했다. 이 초안은 8월에 종교개혁의회에 제출되었다. 이 '공동 종교개혁서'에서 신학적인 문제는 많이 언급되었지만, 교회 정치에 대한 부분은 빠졌다. 단지 '세속 정부 지도자들'에 관한 조항에서는 원리적인 입장만 표현한다. 교회 정치나 치리 제도와 관련시켜 언급하지 않았다. 『스코틀랜드 신앙고백서』는 세속 정부 지도자들에게 주어진 능력과 권세 역시 하나님에 의해 주어진 것이며, 시민들은 그들을 사랑하고, 존경하고, 두려워해야 한다고 주장한다. 나아가 그들을 국가의 정치를 위해서 뿐만 아니라 바른 종교의 보존을 위해 임명된 자들로 본다. 그들은 하나님 앞에서 모든 책임과 의무를 다 해야 한다(Scots Confession, Ch.24).

---

16) 'The Scots Confession', in PP.,228.

그러나 아직도 가톨릭 교회를 지지하고 선호하는 왕과 교회 지도자들은 주교제도의 폐지를 반대했다. 특별히 대다수 주교들도 주교제도 폐지를 반대했다. 그 이유는 주교제도가 폐지되면 자신들의 자리가 없어지기 때문이다.[17] 비록 종교개혁의회는 교회정치 문제에 답을 내놓지 못했지만, 개신교회 신앙고백을 승인했고, 스코틀랜드 교회에 대한 교황의 지위를 폐지시켰으며, 미사를 금지시켰다. 1560년 8월 말에 스코틀랜드는 로마교회 교황과의 단절을 선언하고 최초의 프로테스탄트 국가가 되었다. 이후 1561년에 이르러 교회 직제와 치리회에 관한 초안을 작성하고 의회에 승인을 요청했다. 교회 직제와 교회 정치에 관한 내용은 처음 작성한 '제1치리서'에 상세하게 언급되어 있다.

전체 16장으로 된 '제1치리서' 가운데 4, 5, 6장은 목사의 임무와 선출, 목사의 대우, 그리고 감독관에 대한 언급이다. 모든 직분자는 하나님으로부터 소명 받은 자들이기 때문에 일생을 통해 섬겨야 한다. 그리고 직임에 임하기 위해서는 장로회의 안수를 통해서 임직을 받아야 한다. 장로와 집사는 회중이 선출하며, 교회 훈육적인 차원에서 겸손하게 다스리는 자로서 일해야 한다. 특별히 교회의 재정을 맡은 집사들은 성실하게 영적 의무를 감당해야 한다는 점을 강조한다.[18] 직제와 그리고 교회 정치와 관련된 내용은 '제1치리서'에서 상

---

17) 스코틀랜드 의회의 논의에서 일부 주교들은 주교제도 폐지에 대하여 강력하게 반대의사를 표명했다. 세인트앤드루스 대주교의 형제인 샤텔르로(Chatellerault)는 공작에게 죽음 각오를 하고 있다고 했고, 던켈트(Dunkeld)의 주교인 로버트 크리톤(Robert Crichton)은 녹스를 오래된 이단으로 표현하기도 했다. 던블레인(Dunblane)의 주교인 위리엄 치솜(Chishom)도 반대의사를 표현했다.
18) Balfour of Burleigh, 29-36.

세히 살필 것이다.

존 녹스의 '제1치리서'(The First Book of Discipline, 1560)

스코틀랜드 종교개혁을 비준한 의회는 교회의 행정과 권징의 시행을 위한 치리서 작성을 녹스와 그의 동료들에게 요청했다. 그것이 '제1치리서' 혹은 '교회의 정치와 권징'으로 알려진 문서이다.[19] 비록 이 문서는 교회의 재산 규정문제로 인하여 의회의 인준을

1559년 6월 10일 회중 영주들 앞에서 설교하는 존 녹스 (데이비드 윌키 作)

받지 못했다. 그 이유는 녹스가 로마 가톨릭교회의 재산을 종교와 교육 그리고 빈민의 복지를 위하여 프로테스탄트교회에 귀속시켜야 한다고 강력하게 주장했기 때문이다. 그러나 1561년 1월 15일 '성직자와 귀족 합동 회의'가 소집되어 6일간 치리서의 내용을 검토한 후 초안에 대한 내용을 수정·보완하여 해밀턴(James Hamilton)을 비롯하여 27명의 귀족이 서명했다.[20] '제1치리서'는 스코틀랜드교회의 정

---

19) '제1치리서'는 총 9장으로 되어 있다. 처음 3장은 교리 문제(교의, 성례, 우상 폐기에 대하여)를 다루고, 그 다음 3장은 교회의 직분 문제(목사의 선임, 목사의 생활필수품, 대지의 분배 및 교회의 기본 재산)을 언급한다. 교회의 직분 문제 가운데 교육 제도를 교회의 주요 임무로 생각하여 학교 설립, 대학 교육의 강화까지도 명시했으며, 특별히 교회의 재산을 사용함에 있어서 교육비를 충당할 것도 명시한다. 그리고 마지막 3장은 교회의 권징과 정책(교회 규율, 장로 및 집사 선임, 교회 운영)에 대한 언급이다. 이러한 내용은 1541년 제네바교회 규정에 나타난 내용을 따른 것이다.

20) W. C. Dickinson, *John Knox's History of the Reformation in Scotland* (Edinburgh: Thomas Nelson and Sons, 1949), Vol.I.345.

치 제도를 이해하는 데에 중요한 문서이다.

'제1치리서'에 나타난 교회직제

교회직제에 관하여 스코틀랜드교회는 1556년 존 녹스가 제네바의 영국 난민교회에서 사용하던 '공중 예배 규정서'에 정한 목사, 박사, 장로, 집사 네 개 직분을 그대로 반영했다. 그러나 '제1치리서'가 작성되면서 그 직제를 변경하였다. 목사와 집사직은 교회의 항존직으로 인정하였으나 장로(치리)의 임기는 1년으로 정했다. 그리고 종교개혁 직후의 특수 상황에 대처하기 위해서 감독관(Superintendent)과 독경사(Reader)의 직분을 임시로 첨가했다.[21]

첫째는 목사직에 대한 것이다. '제1치리서' 4장은 각 지교회가 목사를 선출하는 방법을 명시한다. 지교회의 회중은 그들의 목사를 선택할 특권을 가지고 있었다.[22] 목사직을 평가하는 내용은 성경 본문 해석에 대한 후보자의 역량, 교리적 논쟁에 대한 후보자의 견해, 설교자의 능력 그리고 목사의 사생활 등이었다.[23] 한편으로 위임받는 목사에게는 회중들을 위한 의무와 책임을 다할 것을 강조한다. 성도들은 위임받은 목사가 하나님의 책(성경)으로부터 선포하는 말씀에 순종해야 한다. '제1치리서'에 나타난 특이한 점은 목사 안수식과 위임식에서 안수하는 것이 불필요하다고 간주한 점이다. 왜냐하면 "사도

---

21) A. M. Renwick, 『스코틀랜드 종교개혁사』, 홍치모 역(서울: 생명의 말씀사, 1980), 155.
22) P. Hume Brown, *John knox*(London: Adam and Charles Black, 1985), Vol.II.130.
23) 교회가 목사를 임명할 때 과거에 범법 행위가 있다거나 교회에 덕을 세우지 못한 일을 했다면 임명하지 않았다. 그리고 목사가 술을 마시거나 재물에 욕심을 두거나 유흥업소에 드나드는 것을 용납하지 않았다. 모든 점검에 합격하면 말씀 선포와 성례 집행을 허락했다.

들이 안수한 것은 사실이었으나 사도직이 종결됨으로써 안수의 어떤 기능은 중단되었다. 따라서 안수식은 불필요한 것으로 판단된다"고 하였다. 물론 하나님께서 헌신된 자를 구별해서 세우는 적절한 방편이 안수식이지만 그러나 절대적으로 필요한 것으로 간주되지는 않았다. 가장 중요한 목사의 의무는 말씀 선포였다. 자격을 가진 목사들이 많이 부족했던 때임에도 무자격자를 함부로 목사로 세우지 않았다는 점은 주목할 필요가 있다.[24]

둘째는 장로직에 대한 것이다. '제1치리서'에서 장로직의 책임 범위에 대하여 언급한다. 장로는 하나님의 말씀을 잘 알아야 하고, 성결하고 정직하게 행동하고 말해야 했다. 또 장로는 모든 공적인 일에 목사를 도와야 했다.[25] 특별히 '제1치리서'에서는 장로직에 대한 특징을 두 가지로 요약한다.

첫째, 장로직의 임기이다. 장로는 당회의 회원이고 임기는 1년이나 회중들의 자유 투표로 재선도 가능하도록 했다. 1년마다 장로 투표를 한 것은 오랫동안 직책을 맡아 일하다 보면 교회의 자유를 남용할 소지가 있다고 판단했기 때문이다. 장로직의 재선을 허락했지만 3년을 넘기지 못하도록 했다. 이러한 내용은 1578년에 작성되고 1581년에 인준된 '제2치리서'와 구분된다. '제2치리서'는 장로직을 교회의 치리직으로 두면서 종신직으로 간주한다.

둘째, 장로에게 '목사의 생활, 예의, 근면성 및 연구 자세'를 주시

---

24) A. M. Renwick, 156-157.
25) 장로는 목사와 함께 사건을 판단하고 결정하는 일, 방탕한 자들에게 경고하는 일 그리고 교인들을 돌보는 일에 목사를 보좌하였다.

할 임무를 부여한다. 장로는 바람직한 방향으로 목사를 권유하고 시정하며, 면책이 합당한 경우에 교회 법정에 소송하도록 되어 있다. 이 결정은 신약 성경의 가르침에 따라 목사와 장로의 동등권을 부여한 것이다.[26] '제1치리서'는 평신도들인 장로들이 목사에 대한 감독권을 갖도록 했다. 이형기는 이는 "중세의 계층 질서적 교직체제에 대한 혁명적 도전" 이라고 했다. 감독권을 주는 이유는 "장로들은 목사들의 독주와 횡포를 막고, 목사들은 장로들의 임기를 짧게 함으로써 장로들의 교권 행사를 극소화"시키기 때문이다.[27]

셋째는 집사직에 대한 것이다. 집사의 임무는 칼빈의 교회 규정에 정한 대로 교회의 재정을 관리하고 구제금을 모아 어려운 신자들에게 분배하는 일이다. 그리고 교회 안에서 일어난 사건을 판단하고 결정하는 일에 대해서는 목사와 장로를 돕는다. 장로와 마찬가지로 집사의 선거는 매해마다 실시했다. 특별히 회계 집사는 3년간 집사 직분을 다시 받을 수 없도록 했다.[28]

넷째는 감독관(Superintendent)과 독경사(Reader) 직에 대한 것이다. 종교개혁 이후 목사들의 부족으로 인하여 스코틀랜드에서 목회 사역을 하는 일에 있어서 필요한 임시직을 둔 것이 감독관과 독경사 제도였다.[29] 목사의 부족을 보충하기 위해 총회는 독경사를 임명해서

---

26) A. M. Renwick, 159. cf. Janet G. Macgregor, *The Scottish Presbyterian Polity* (Edinburgh: Oliver and Boyd, 1926), 40-42.
27) 이형기,『장로교의 장로직과 직제론』(서울: 한국장로교출판사, 1998), 172.
28) 'The Book of Discipline', in PP., 224.
29) 1560년 12월 20일 제1회 총회 시 6명의 목사와 36명의 장로들이 참석한 것을 볼 때 목사의 수가 부족했음을 알 수 있다.

주일 날에 성경과 공중 기도서들을 읽도록 했다. 그들은 설교의 능력을 인정받기까지 설교를 할 수 없었으며, 성례도 집례할 수 없었다. 이러한 독경사들의 사역을 감독하기 위해 10명-12명의 '경건하고 학식 있는 사람들'을 감독관으로 선정했다. 한 지역에 1명의 감독관이 파송되었으며, 감독관들은 정기적으로 자기 관할 지역을 방문해야 했으며, 이들은 평균 주당 3회 설교를 했다. 그러나 목사가 없는 곳에서는 성례식을 집례했고 권징의 시행을 감독했다. 따라서 지교회에 목사가 청빙되면서 감독관의 자리는 불필요하게 되어 감독관과 독경사 이 두 직분은 점점 사라지게 되었다.[30]

'제1치리서'에 나타난 치리 제도

스코틀랜드 장로교의 본질적인 원칙은 치리회의 업무에 목사들 외에 장로와 집사들이 참석한다는 것이다. 멕그레고(Janet G. Mecgregor)에 따르면 1560년까지 스코틀랜드교회에는 네 종류의 치리회들 즉 지교회 치리회(Consistory), 혹은 당회, 성경 토론회(Exercise), 지역 순회 감독자 회의(Superintendents Council) 그리고 총회(General Assembly)가 있었다고 한다.[31]

---

30) A. M. Renwick, 157-158. 렌윅에 따르면 1560년에 약 12명의 목사로 시작한 스코틀랜드 개혁교회가 급성장하여 1567년에는 1,048개 교회에 257명의 목사(성직 임명을 받은)와 455명의 성직임명을 받을 목사의 수가 늘어나자 감독관과 독경사는 자연히 불필요하게 된 것이다(A. M. Renwick, 159).

31) Janet G. Mecgregor, 49.

지교회 치리회 또는 당회

지교회 치리회(Consistory)는 당시 장로교 정치 형태를 취한 모든 교회들이 공통적으로 인정하던 제도이다. 스코틀랜드 지교회 치리회는 목사, 장로, 그리고 집사들로 구성되었다.[32] 지교회 치리회의 직무에 대하여 스코틀랜드 치리회는 프랑스 개혁교회와 알라스코(Alasco)의 교회들과 매우 유사하였다. 스코틀랜드 지교회 치리회의 세 가지 주된 직무들은 교회 치리권 행사, 개교회의 업무 관장, 그리고 지교회 목사를 선출할 때 목사와 장로로 구성된 심사위원회를 통해 주도적인 역할을 수행하는 것 등이다.[33] 멕그레고는 이 치리 제도를 채택한 개교회들은 이것을 시행하는 치리회의 구성에 따라 차이점을 보이고 있다는 것을 지적한다. 이 치리회가 "종교개혁의 핵심 원칙들 중 하나인 만인제사장주의를 제대로 인식하지 않음으로 인하여, 치리회들에서 독재적인 경향이 나타났고, 직분자들을 일반 성도와 구별하여 특별하게 다루려는 태도를 보였다."[34]

치리회 역할과 관련하여 멕그레고는 1560년의 스코틀랜드교회 정치 제도는 풀랭(Poulain)과 알라스코의 모델을 따랐던 것으로 평가하였다. 그러나 녹스가 칼빈으로부터 배우기 이전에 다양한 교회 정치 규정들이 교회 안에 존재했던 것은 아니다. 이러한 역사적 관점에서 볼 때 스코틀랜드 지교회 치리회는 칼빈이 목회했던 제네바교

---

32) 당시 개혁교회들 가운데 단지 두 교회들, 즉 프랑스 개혁교회와 알라스코의 런던 외국인교회들이 스코틀랜드교회와 같은 형식을 취하고 있었다. cf. Janet G. Mecgregor, 81.
33) Ibid.,50.
34) Ibid.,51.

회로부터 영향을 받은 것이라고 할 수 있다. 특별히 교리적 논쟁점들에 대하여 성경 해석을 위한 주례회동에서 토의했던 일은 제네바교회에서만 행해졌던 독특한 직무였다. 이는 스코틀랜드 지교회 치리회가 제네바교회의 영향을 받고 있음을 단적으로 보여 주는 예이다.

성경 토론회

성경 토론회(Exercise)를 교회의 치리회로 규정하기는 어렵다. 그러나 이 모임 역시 스위스 교회들 안에서 많이 행해졌던 제도이다. 이 모임의 중요한 기능 중에 하나는 '목사의 설교'를 판단하는 것이었다. 이 모임은 일부 회중들이 제기한 교리적인 의문점들이나 반대되는 사상들을 목사가 검증하고 바로잡아주려는 데 있다. 스코틀랜드 성경 토론회는 목사의 설교에 대한 의문점들을 해결하려는 목적보다는 순수하게 성경을 연구했다는 점과 이 모임을 특정 지교회에 한정시키지 않고 보다 넓은 지역의 사람들에게 개방했다는 견지에서 제네바교회의 모델을 따르고 있다.

지역 순회 감독자 회의와 총회

1560년에 작성된 스코틀랜드교회 정치 제도 가운데 지역 순회 감독자 회의(The Superintendent's Council)와 총회(General Assembly)의 기원을 규명하기는 쉽지 않다. '제1치리서'에 나타난 지역 순회 감독자 회의는 목사들의 선거와 관련하여 언급되었던 제도이다. 이 제도에서 지역 순회 감독의 기능이 무엇인지 분명히 나오지 않는다. 지역 순회 감독이 직접 목회하는 교회의 당회를 의미하는 것인지 그 지방의 목사와 장로들로 구성된 어떤 상급 치리회인지 분명치 않다. 그러나 지역 순회 감독들의 직무가 설교하는 것과 교회들을 개척하고 돌보는 일이었다는 것은 그 당시까지도 스코틀랜드교회가 포교적인 단계를 벗어나지 못했음을 시사한다.

본 문서는 총회의 구성에 대하여 자세하게 언급하지 않았다. 그러나 총회의 직무들에 대하여 세 가지를 언급한다. 첫째로 지역 순회 감독을 일정 지역에서 다른 지역으로 이거시키는 것과, 둘째로 목사를 일정 교회에서 다른 교회로 이거시키는 것, 그리고 셋째로 지역 순회 감독들로부터 각 지역에 속한 교회들의 상황을 보고받는 것 등이다. 이러한 총회 직무의 기능은 당시 어떤 개혁교회에서도 찾아볼 수 없었던 독특한 제도이다. 그러나 이 제도가 어느 국가나 교회로부터 영향을 받았는지에 대해서는 설명하기 어렵다. 지교회 치리회와 총회를 연결하는 중간 단계의 치리회를 신설하는 문제는 1560년 이후 여러 가지 시행착오를 거치면서 해결점을 모색해 나갔다.

렌윅은 존 커닝햄(John Cunningham)의 말을 인용하면서 당회, 노회, 대회 그리고 총회의 기원을 이렇게 말한다. 첫째, "목사는 일정한 시기에 장로들과 집사들을 만나야 한다. 이것이 당회의 기원이다." 당회는 오늘날처럼 지교회의 치리만 처리하게 했다. 둘째, 6마일 이내의 대도시에 있는 목사들은 매주 '강연회'(prophesyings)나 '수련회'(exercises)로 모이도록 했다. 이들은 성경을 연구하고 해석하는 일을 다른 신자들과 협력했으며, 수련회에 참석한 형제들의 은사들을 개발하여 교회의 유익을 위해 사용했다. "이 모임이 노회의 기원이다." 셋째, 목사가 부족한 지역에서 목회 사역을 돕도록 임시직으로 임명된 감독관이 '그 지역의 목사들과' 모임을 갖도록 했는데 이러한 모임이 대회의 시작이었다고 한다. 넷째, "스코틀랜드교회는 초기부터 총회가 있었다." 총회에는 전국 각지의 대표들과 목사들과 장로들이 참석했으며, 총회의 기능은 오히려 의회보다 더 깊은 민의를 반영했다. 그리고 총회는 '전국의 종교 및 도덕 사상'을 잘 드러내는 제도였다.[35]

앤드류 멜빌[36]의 '제2치리서'
(The Second Book of Discipline, 1578)

스위스의 개혁주의 교회는 칼빈에 이르러 제네바 컨시스토리를 탄생시켰다. 이것은 후일 스코틀랜드의 앤드류 멜빌(Andrew Melville)로 하여금 '제2치리서'를 규정케 하는 촉매제가 되었다. 그는 자신이 쓴 치리서를 통해 네 개의 치리회를 제안했는데 당회, 노회, 대회, 총회가 그것이었다. 따라서 이 문서는 교회의 치리회를 네 개의 기관으

---

35) A. M. Renwick, 161, 162.
36) 앤드류 멜빌은 1559년에 성 앤드류 대학교의 성 메리 대학에서 수학했다. 그 후 대륙의 유명한 대학(파리 대학, 포이티어 대학)에서 수학했다. 1567년에 그는 제네바로 옮겨 베자와 함께 종교개혁 운동에 힘쓰며, 제네바 아카데미에서 교수로 일했다. 멜빌은 1574년 스코틀랜드로 돌아온 후 글라스고 대학 총장으로 임명을 받았다. 1582년 에든버러에서 열린 총회에서 멜빌은 교회를 간섭하려는 절대군주의 횡포를 통렬히 비난했다. "위정자들은 그리스도의 머리에서 왕관을 끌어내리며, 그의 손의 홀을 탈취하려고 한다" cf. G. D. Henderson, "The Church of Scotland"(Edinburgh: Oliver and Boyd, 1939), 59.

로 규정하여 치리를 주관하게 하였다. 네 개의 치리회 구성원으로는 목사, 교사, 설교나 교리를 가르치지 않는 장로들로 한정하였다. '제2치리서'에서 멜빌은 "로마 가톨릭적 잔재를 말끔히 청소"하고 우리에게는 오직 "예수 그리스도만이 교회의 유일한 영적 왕이시기 때문에 주님 이외에 그 어떤 세속적 수장도 가지지 않는다"고 말한다.

앤드류 멜빌의 '제2치리서'의 특징

'제2치리서'는 1572년 이후 완전히 정립되지 않았던 교회 정치 문제를 매듭지은 문서이다. 특징은 로마가톨릭의 직제론이나 감독제와는 다르게 성경에 근거한 '장로들과 집사들'에 관해서만 언급한다. 이 점을 강조한 것은 아직도 스코틀랜드 교회 안에 남아 있는 로마 가톨릭적 잔재를 말끔히 청산하려고 했기 때문이다. 그래서 교회의 권위와 능력이 "하나님과 중보자 예수 그리스도로부터 흘러나오는 것"으로 보고, 그것은 '영적'이기 때문에 "교회의 유일한 영적 왕이시고 통치자이신 예수 그리스도 이외에는 다른 그 어떤 세속적 수장을 이 땅 위에서 갖지 않는다"[37]고 주장한다. 이처럼 본 문서는 교회의 정치가 세속 국가의 그것과 엄격히 구별된다는 점을 분명히 한 후에 교회의 직제론을 펼친다.[38]

---

37) *The Second Book of Discipline* (1578), in PP., ch.1.10.(이하부터 '제2치리서'는 SBD로 한다.)
38) SBD.,in PP.,235.

'제2치리서'에 나타난 직제론

직제론에 대하여 본 문서는 칼빈의 주장을 따른다. 교회의 직분에는 '목사직', '교사', '장로직' 그리고 '집사직'이 있다. 이 네 직분은 일상직에 속한다. 이 네 직분은 반드시 교회에 필요하고, 그 이상은 필요 없는 것으로 보았다. 스코틀랜드교회가 비상직으로 두었던 두 직책 중에 감독직은 하나님의 말씀에 근거하지 않기 때문에 합법적이지 않다고 선언한다. 그리고 독경사직을 폐지했다. '제2치리서'에 명시된 직제는 다음과 같다.

목사

본 문서는 "말씀의 교역과 성례전 집례권이 목사에게만" 있다고 규정하며[39], 또한 목사를 'pastor', 'episcope' 혹은 'bishop' 그리고 'minister'라고 부른다. 그 이유는 목사직이 양 무리를 먹이고, 지키고, 섬기는 사역이기 때문이고, 'presbyter'와 'senior'라 부른 것은 그들이 영적 통치를 수행할 때 지녀야 할 비중과 태도 때문이다.[40] 따라서 목사는 하나님의 말씀을 바르게 전해야 하며, 성례를 집례하고 결혼식을 주례하며, 성도들의 영적 건강을 돌아보며, 병든 자를 돌아보도록 명시한다. 특별히 목사의 선출은 회중들에 의해 선출되도록 했다.

---

39) SBD., IV. 8
40) SBD.,in PP.,238.

장로

장로들은 '제1치리서'와 마찬가지로 1년에 한 번씩 선출했고, 교구민들을 돌아보는 영적인 일에 목사를 보좌하며, 성도들의 윤리적이고 도덕적인 행위들을 감독하도록 했다. 즉 "장로들의 직무는 자신들에게 맡겨진 양무리를 개인적으로든 공동체적으로든 엄격히 감독"[41] 하는 것이다. 또한 "목사와 교사들이 말씀의 씨앗을 뿌리고 부지런히 가르쳐야 한다면, 장로들은 회중들 사이에서 이 씨앗이 얼마나 열매를 맺는지 검토해야 한다"[42], 그리고 "장로들의 주된 직무는 교회에 질서와 치리를 확립하기 위하여 목사들 및 교사들로 더불어 회의들을 개최하는 것이다"(SBD.,VI.17).[43]

멜빌은 이와 같은 주장을 '제1치리서'와 비교하여 다음과 같이 설명한다.

> 장로들의 직위는 격상되었으나 목사들을 권징할 수 있는 그들의 권한은 없어졌다. 장로직은 평생직이 되었고, 안수례로 임직을 받았다. 하지만 이와 같은 변화에는 실천적인 이유가 있었다. 즉, 교회가 왕의 지배하에 들어갈 위험에 처해 있어서 교회를 국가 권력의 간섭으로부터 보호할 필요를 느꼈었다. … 그런데 안수례는 곧바로 일반화된 것이 아니라, 17세

---

41) SBD.,VI.11
42) SBD., VI.12
43) SBD.,in PP.,240.

기에도 다양성을 보였다.[44]

멜빌은 위의 두 치리서 중에서 전자는 장로가 회중의 대표로서 회중에 의하여 선출되고 시한부로 시무하는 '평신도 이론'(lay theory)을 주장했으며, 후자는 장로를 성경적 직분(Scriptural office)에 근거를 둔 안수받는 직분으로 본다는 것이다. 더글라스 머레이(Douglas Murray)는 이러한 이론에 근거를 두고 장로직이 격상되어 목사직과 장로직이 동일한 직분이 되어 목사를 가르치는 장로로 그리고 장로를 치리 장로로 구별한 것이라고 했다.[45] 장로직에 대한 기능상의 차이점은 스코틀랜드 개혁교회는 물론 전 세계 개혁교회들 가운데 깊이 파고들었다.

교사직

본 문서는 교회에서 성경과 신학을 가르치는 교사 이외에 종합대학들과 단과대학들에서 성경의 의미를 해석해 주고, 기타 학교를 책임지고 기독교에 대하여 가르치는 교사도 언급한다.[46]

---

44) Douglas M. Murray, "The Recent Debate on Eldership in the Church of Scotland", in *The Ministry of Elders in the Reformed Church*, Lukas Vischer ed.(Bern: Evangelische Arbeitsstelle Oekumene Schqeiz Sulgenauweg, 1992), 189-190.
45) Ibid.,190.
46) SBD., XII. 5 in PP.,245.

집사직

집사의 직분을 교회의 항존직으로 명시하며,[47] 그리고 구제와 재무관리를 담당하도록 규정한다. 집사의 선출에 있어서는 다른 직분의 선출과 동일하며, "당회의 판단과 회중의 동의"에 따라 선출되었다.[48]

감독직

'감독'에 관하여는 "다른 목사들"과 동등하고, "우월성이나 군림과는 거리가 멀며, 감독하는 직책이다"[49]라고 하며, "참감독은 하나의 특정 교회를 목양하는 데에 헌신하는 사람이다"[50] 라고 못박고 있다. 따라서 본 문서가 주장하는 감독직은 결코 감독주의 교회의 '감독주의체제'(episcopalianism)에 해당하는 것이 아니다.[51] 본 문서는 키프리안의 '동료 중의 수석'(primus inter pares)의 원리에 입각하여, 그리고 개교회의 목회자여야 하는 점을 강조하면서 조심스럽게 '감독'에 대하여 주장한다. 머레이에 따르면 "멜빌은 베자를 따라 감독(bishop or superintendent)직을 없애 버렸고 모든 목사들(pastors)은 동등하다"고 본다.[52]

---

47) SBD., VIII. 2.3.6 in PP.,243.
48) SBD., III. 7 in PP.,237.
49) SBD., VIII. 10
50) SBD., VIII. 12
51) 이형기, 177.
52) Douglas M. Murray, 190.

'제2치리서'에 나타난 치리회 구성

본 문서는 치리회로 당회, 노회, 대회 그리고 총회를 규정한다. 이 치리회는 각각 "목사들(pastors), 교사들(teachers) 및 말씀을 설교하거나 교리를 가르치지 아니하는 장로들(elders)"로 구성되었다.[53] 이 네 종류의 치리회는 다음과 같다.

당회

당회는 특정 개교회 안에 있으나, "상호 동의하에 전체 교회의 힘과 권위와 법적 관할권을 행사한다"[54]고 명시하며, 교회의 크기가 매우 작을 경우에는 두세 개 교회들이 하나의 당회를 가질 수 있었다.[55] 그리고 당회는 주로 교회의 세 표지(말씀 전파, 성례의 집례, 권징의 시행)에 해당하는 것을 감독하고[56] 노회, 대회 및 총회에서 결정된 내용들을 지키고 실천에 옮기는 일을 했다.[57] 그리고 개교회의 질서를 위하여 규정을 만들 수 있고, 목사와 장로와 집사의 선출과 임면권 및 출교권을 갖는다.[58]

노회

노회들은 해당 지역의 목사들, 교사들 및 장로들로 구성되었

---

53) 이형기, 175.
54) SBD.,VII.13
55) SBD.,VII.14
56) SBD.,VII.18
57) SBD.,VII.19
58) Ibid.

다.[59]

대회

스코틀랜드교회는 1581년에 '제2치리서'를 인준하고 채택했다. 1582년에 대회는 그 지역 안에 있는 노회원들로 구성되어져야 한다고 선포했다. 대회의 의장(President)은 '제2치리서'의 재조정에 의해 삭제되었으며, 대회장(Moderator of Synod)은 그 대회에 속한 회원들 가운데서 선출하도록 조정되었다. 대회는 대회 지역 안에 특별한 조사를 실행하기 위해 시찰회원들을 보내고 그리고 그 지역에 있는 대회원들 중에 1명이나 그 이상의 회원들을 총회에 의해 파송된 시찰원들과 연결시켜 주는 권한을 가졌다.[60]

총회

총회는 나라 전체의 교회들의 합법적 회의이다. 특별히 스코틀랜드 장로교총회는 스코틀랜드 국민들의 뜻을 의회보다 더 잘 드러내는 교회의 최고 상회였다. '제2치리서'는 총회의 총대 선출에 대한 규정을 내놓았다. 1586년에 규정된 것으로 교인들, 즉 목사들, 교사들 그리고 장로들에 의해 총대를 선출하는 것을 제한했다.

---

59) SBD., VII.27
60) Janet G. Macgregor, 119.

'제1치리서'와 멜빌의 '제2치리서' 비교

존 칼빈이 1537년 '제네바교회 규정서'에서 결혼법의 개정을 요구한 것으로 인하여 의회의 인준을 받지 못했던 것처럼 존 녹스와 그의 동료들에 의해 작성된 '제1치리서'는 교회의 재산법 규정문제로 인하여 스코틀랜드 의회의 인준을 받지 못했다. 이것은 교회 정치의 원리를 세우는 일에 강력하게 대처한 종교개혁자들의 정신을 반영한다. '제1치리서'와 '제2치리서'는 교회의 직제 문제에서 차이점을 드러낸다. '제1치리서'는 임직식에서 목사에게 안수하는 것을 불필요한 일로 간주했다. 그러나 '제2치리서'는 1580년에 노회를 설립하여 목사를 임직할 때 목사를 안수하여 임직하도록 했다. 그리고 노회 조직은 그 지역의 모든 목사와 각 지교회에서 파송한 1명의 장로로 구성되었으며, 노회 회기 중에는 반드시 사경회를 개최하도록 했다. '제1치리서'는 치리 장로의 임기를 1년으로 정했으며, 1년 후에 회중들의 자유 투표에 의해 재선하도록 했으나 3년을 넘기지 못하도록 규정했다. 그러나 '제2치리서'는 장로직도 목사직과 마찬가지로 평생직으로 규정했다. 특별히 '제2치리서'는 장로가 목사의 생활, 예의, 근면성 그리고 연구 자세를 주시할 수 있는 의무를 부여했다고 하는 점이 특이하다.

'제1치리서'는 그 당시 목사의 수가 부족함으로 목사의 부족을 보충하기 위해 감독관(Superintendent)과 독경사(Reader)를 임시직으로 둘 것을 허락했다. 그러나 '제2치리서'는 감독직은 하나님의 말씀에 근거하지 않기 때문에 합법적이 될 수 없다고 선언했으며, 독경사 제도는 폐지했다. 1581년 스코틀랜드 총회는 더 이상 독경사 후보자들을 모집하지 않기로 결의했다. 녹스와 그의 동료들이 '제1치리서'에서 정했던 감독관과 독경사 제도는 성경적 지지를 받지 못했으나 가장 이상적인 개혁교회 정치 제도를 마련하기 위한 개혁자들의 노력이었다고 말할 수 있다. '제1치리서'는 공식적인 개혁교회의 정치 제도가 설립되는 초기 과정에서 작성된 것으로 교회의 의무들과 활동들이 강조되었다면 '제2치리서'는 보다 엄격해진 교회 헌법으로서의 가치를 드러내 보였다고 할 수 있다.

The History of the Formation of Presbyterian Polity

영국 웨스트민스터
총회와 장로교 정치

영국 웨스트민스터 총회와 장로교 정치

청교도와 종교개혁에 관한 요구들

헨리 8세(Henry 8, 1491-1547, 재위기간: 1509-1547)의 딸인 메리 여왕(Mary 1, 1516~1558, 재위기간 1553~1558)이 죽은 후 그녀의 이복동생 엘리자베스 1세(Elizabeth 1, 1533-1603, 재위기간: 1558-1603)가 왕위에 올랐다. 엘리자베스는 개신교 사상을 가진 스승에게서 교육을 받아서 개혁가들은 그녀가 개신교에 유리한 정책을 펼치리라 기대했다. 그러나 그녀는 헨리 8세가 1534년에 발표한 수장령을 다시 반포하고 왕이 교회와 국가를 다스리는 강력한 군주가 되고자 했다. 개혁자들은 이러한 그녀의 정책에 대항하여 강하게 반발하여, 정면 대결하게 되었다. 이때부터 엘리자베스 1세는 잉글랜드교회의 개혁을 부르짖는 자들을 '청교도'라 불렀다.[1] '청교도'라는 비아냥거림을 받은 종교개혁자들은 성직자의 성의(聖衣) 착용과 오르간 연주, 세례 줄 때 성호를 긋는 것과 성찬을 받을 때 무릎을 꿇는 것을 금지할 것, 종교적 축제일을 폐지

---

1) '청교도'(puritan)이란 말은 원래 'precisian'이란 말에서 유래했는데 '매우 까다로운 사람' 또는 '아주 꼼꼼한 형식주의자들'이라는 의미이며, 그들을 비아냥거리는 욕설이었다.

하고 주일을 성수할 것, 성상(聖像)이나 성유물(聖遺物) 숭배 등을 철저히 금하고 초대교회의 순수한 신앙생활을 회복할 것 등을 '**청교도 조항**'(Puritan Articles of Convocation)이라는 문서로 정리하여 1563년에 열린 교회 성직자 회의에 제출했다. 이때부터 잉글랜드교회를 개

위클리프 성경

혁하고자 추구하는 개혁자들을 공식적으로 '청교도'(Puritan)라 불렀다.[2] 따라서 청교도들의 활동은 엘리자베스 1세(Elizabeth 1, 1533-1603, 재위 기간: 1558-1603)로부터 찰스 2세(1630-1685, 재위 기간: 1660-1685) 때까지 약 120년간에 잉글랜드에서 일어났던 종교개혁운동이라 할 수 있다. 청교도들은 다음과 같이 교회개혁을 요구했다.

첫째, 교회 정치 제도의 개혁을 요구했다. 청교도들은 왕을 수장으로 하는 감독 정치 제도를 버리고 장로회 정치 제도 위에 교회를 세워야 한다고 주장했다.

둘째, 청교도들은 성경의 권위와 바른 해석을 주장했다. 그래서 영어 성경의 첫 번역이 종교개혁의 선구자 존 위클리프(John Wycliffe, 1330-1384)에 의해 시작되었다. 그는 옥스퍼드대학의 학자들을 모아서 라틴어 성경을 영어로 번역했다.[3] 이 성경이 훗날 최초의 영어 완역

---

2) 서창원, 『청교도 신학과 신앙』, 34-35.
3) 후기교부 제롬(Jerome, 345~420)이 히브리어와 헬라어로 기록된 성경을 라틴어로 번역했다. 이 라틴어 번역본을 '벌게이트' 역 '혹은 불가타'(Vulgate) 역이라고 부른다. 이후로 라틴어 번역본이 가톨릭교회의 공인된 성경이 된 것이다.

본인 '위클리프 성경'이 되었다. 이후 스위스 제네바 성경(Geneva Bible, 1560)을 참조하면서 윌리엄 틴데일(William Tyndale, 1492~1536)에 의해 성경이 번역되었다.[4] 이후 모든 영어 성경 번역 가운데 가장 권위를 가진 킹 제임스(James I, 1567~1625, 1630~1625) 번역본이 출간되었다.[5]

셋째, 청교도들은 공예배에서 허례허식과 복잡함을 제거하고 예배의 간소화를 주장했다. 청교도들은 예배에서 의식과 제의(祭儀)를 최대한 자제하고, 가톨릭과 성공회가 만들어 놓은 성일(聖日)이나 축제일을 주일 예배로 대치했다. 예배를 간소화한다는 의미에서 청교도들은 교회 건물과 집기들을 단순하게 만들었고, 각종 형상과 조각상을 교회에서 제거했다. 사제와 회중을 갈라놓은 예배실도 구분을 없애고, 돌 제단도 만찬상으로 바꾸었다.[6] 또 청교도들은 예배 음악을 단순하게 정리했다. 그들은 복잡하고 어려운 화음을 이용한 작곡, 애매모호한 라틴어 노랫말, 직업적인 음악가를 배제했다. 그들은 교회에서 오르간을 치웠다. 청교도들은 예배 음악을 온 회중이 함께 부르는 시편으로 대체했다.[7] 청교도들은 또 성례를 간소화

---

[4] 틴데일은 1525년 라틴어 벌게이트 역 성경 신약을 영어로 번역하기 시작했고, 1530년에 구약을 번역했으며, 1535년에는 신약 개정판을 출판했다. 틴데일이 성경을 번역할 당시 로마 가톨릭교회가 성경 번역을 방해하자 1524년 대륙으로 건너가 신약 번역을 계속했다. 1526년 그가 번역한 영어 신약성경 초판본이 가톨릭 당국자들의 극심한 반대가 있었지만, 영국에 전해졌다. Leland Ryken, *Worldly Saints-The Puritans as They Really Were*, 김성웅 옮김, 『청교도-이 세상의 성자들』, 279.

[5] 킹 제임스 역(the King James Version) 성경은 제임스 1세의 명의로 편찬한 성경이며, 영국 국교회 전용으로 사용하도록 제임스 왕이 승인했다. 왕이 인가했다고 해서 'Authorized Version'(AV)이라고 부른다. 이 번역을 위해 당대 최고의 학자들인 웨스트민스터, 옥스퍼드, 케임브리지 학자 47명이 1604~1611년까지 나누어 번역했다. 이들은 히브리어, 헬라어, 라틴어를 참고하여 1611년에 번역을 완성했으며, 1612년부터 보급하기 시작했다.

[6] Leland Ryken, *Worldly Saints-The Puritans as They Really Were*, 김성웅 옮김, 『청교도-이 세상의 성자들』(서울: 생명의말씀사, 1995), 250.

[7] Horton Davies, *The Worship of the English Puritans*, 209.

했다. 그들은 가톨릭교회의 7성사(세례, 견진, 고해, 성만찬, 신품, 혼배, 종부)를 세례와 성만찬으로 줄였다.

넷째, 청교도들은 교육정책의 개혁을 요구했다. 청교도들은 참된 종교가 훌륭한 학문을 창출한다고 믿었다. 청교도 기간에 잉글랜드에서는 초등학교(Grammar School)가 두 배로 늘어났고, 청교도 정신이 강하게 나타났다. 현대 교육사가(教育史家)들도 청교도 교육이 남긴 업적을 인정한다. 1640년부터 1660년 사이에 청교도들은 교육정책 수립과 학교 설립을 법으로 제정하는 일에 큰 역할을 했다. "1641년에 제정된 증진법은 웨일즈(Wales)에 60곳 이상의 사립 학교를 세우는 데 한 몫을 했다."[8] 이 시기에 대학교육이 절정에 달하기도 했다.[9]

다섯째, 청교도들은 개인의 경건 생활과 사회 참여 사이의 균형을 강조한 자들이다. 청교도 활동을 비판하는 자들은 청교도들은 세상과 사회에 대하여 혐오적인 자세를 가졌다고 말한다. 그러나 청교도들의 진면목(眞面目)을 살펴보면 그들은 신앙과 지성, 이 세상과 영원한 세상 그리고 이론과 실천 사이에 조화로운 균형을 이루려고 노력한 자들이었다. 따라서 청교도들은 사회 공동체에 대한 그리스도인의 사회적 의무와 참여에 대한 분명한 이론을 제시했다. 그들은 하나님의 말씀에 근거한 교회 공동체와 올바른 사회 공동체를 세우

---

8) Leland Ryken, *Worldly Saints-The Puritans as They Really Were*, 김성웅 옮김, 『청교도-이 세상의 성자들』, 316.

9) Greaves, Richard L. *The Puritan Revolution and Educational Thought : Background for Reform* (New Brunswick : Rutgers University Press, 1969), 15. 잉글랜드 왕권이 혼란했던 시기에 초대 호민관(1653)이 되어 의회를 중심으로 잉글랜드를 다스렸던 올리버 크롬웰은 "수십 개에 달하는 초등학교를 세우거나 아니면 재개교(再開校)했고, 지원이 필요한 전국의 학교들에 관선 이사를 파견하기도 했다"고 한다.

는 일을 중요하게 생각했다.

웨스트민스터 총회의 역사적 배경

잉글랜드에서는 통치자의 뜻에 따라 종교개혁이 시작되어 진행되다가 중단되었고, 스코틀랜드에서는 통치자의 단호한 반대에도 불구하고 종교개혁이 시작되었고, 결국엔 스코틀랜드는 종교개혁을 수용하는 개신교 국가가 되었다. 처음부터 스코틀랜드교회는 영적으로 독립되어 참된 신앙의 자유를 누리게 되었지만, 잉글랜드교회는 그렇게 되지 못했다. 잉글랜드의 종교개혁은 모든 점에서 지지부진했을 뿐 아니라 완성에 이르지 못하고 있었다. 그럼에도 잉글랜드교회가 교리와 예배와 권징이 개혁되어 더욱 순수한 종교가 되기를 바라는 자들이 많았다. 그런 참된 개혁자들이 모여 '청교도'가 형성되기에 이르렀다.

영국의 메리 여왕(Mary Tudor) 뒤를 이어서 엘리자베스 여왕(Elizabeth I)이 왕위를 계승하자 메리 여왕의 통치 기간에 대륙으로 축출당했던 개신교도들이 돌아와 1564년부터 청교도들로 불리면서 신앙의 순결과 자유를 위해 투쟁하기 시작했다. 찰스 1세(Charles I) 때 왕 중심의 정치를 청산하고 의회 중심의 정치를 실현하고 영국교회를 개혁하기 위해 '장기의회'(Long Parliament, 1640-1660)를 중심으로 투쟁했다. 그리하여 의회는 1643년 6월 12일에 개혁을 위한 법안을 공포하게 되었고, 마침내 영국의회는 '39개항 신조'(Thirty-nine Articles, 1571년에 제정된 영국국교회 교리)를 수정하여 청교도 신앙을 가미한 새로운 신조를 만들고자 의회를 소집하게 되었다. 이것이 웨스트민스터 종교회의 소집의 발단이다. 영국의회는 1643년 6월 12일 총회를 소집하는 법령을 발표했다.[10] 총회

웨스트민스터 사원

가 소집될 당시 잉글랜드에는 조직화된 개혁교회 체제가 존재하지 않았다.

웨스트민스터 총회에 모인 대표자들 가운데는 청교도가 다수를 차지했다. 잉글랜드의 대표자들 가운데는 감독교회에서 성직 서품을 받은 자들이 많았고, 자유교회(국교회에 소속이 아닌 교회) 목회자들은 처음에는 소수였으나 나중에는 열두 명으로 늘어났다. 총회 대표들 가운데는 에라스투스주의 원리를 주장했던 목회자도 두 명 포함되었다. 스코틀랜드 대표들은 모두 여섯 명이었는데, 그 중 네 명은 목회자였고, 두 명은 장로였다.[11]

웨스트민스터 종교회의는 1643년 7월 1일 토요일에 소집되어 1649년 2월 22일까지 정기모임을 계속했다. 이후로도 총회는 공식적으로 해산되지 않았고, 성직자들의 재판을 담당하는 위원회 역할

---

10) Robert Shaw, *An Exposition of the Confession of Faith-Westminster Assembly of Divines*, 조계광 역, 『웨스트민스터 신앙고백 해설』 (서울: 생명의말씀사, 2014), 29.
11) 목회자는 헨더슨, 베일리, 루터포드, 길레스피였고, 장로는 메이틀랜드 경, 위리스턴의 존스턴이다.

과 같은 형태로 1652년 3월 25일까지 간헐적으로 모임을 계속했다. 처음 웨스트민스터 종교회의가 소집된 이후로 1649년(2월 22일)까지 5년 6개월 21일에 걸쳐 1,163회의 모임을 가졌다.[12] "총회 위원들은 142명의 목회자와 32명의 평신도 배석자들로 이루어졌지만, 회기 동안에 모인 숫자는 평균 60~80명 정도에 그쳤다."[13] 스코틀랜드교회는 모두 여섯 명의 대표(목사 4명, 평신도 2명)를 파견했다.[14] 영국의회와 스코틀랜드 사이에 종교적 교리의 통일을 전제로 한 동맹 계약이 체결됨에 따라 통일된 신앙고백서를 작성하는 일이 1644년 9월부터 다시 시작되었다. 그리하여 1646년 12월 4일에 신앙고백서의 초안이 완성되었고, 약간의 수정을 거쳐 1648년 6월 20일에 의회의 승인을 받았다.

'대소요리 문답'의 경우는 터크니(A. Tuckney)가 1647년에 초안을 작성하였고 약간의 수정을 거쳐 1648년 7월 20일에 총회가 승인하였으며, 의회는 9월 15일에 승인하였다. 따라서 웨스트민스터 총회는 신앙고백서, 공동예배서, 교회 정치 체제와 권징조례, 대소요리문답서의 작성을 완성했다. 마침내 의회 중심의 민주정치를 위한 헌법의 토대를 이루기 위한 신앙고백서가 완성되었다. 결과적으로 인간의 어떠한 절대 권위도 용납되지 않았고, 오직 하나님과 성자 예수

---

12) 1643년 7월 1일에 웨스트민스터 대사원 헨리 예배실(Henry VII Chapel)에서 첫 모임을 가진 몇 개월 후부터 예루살렘 회의실(Jerusalem Chamber)에서 정기적인 모임을 가졌다. Robert Shaw, *An Exposition of the Confession of Faith-Westminster Assembly of Divines*, 조계광 역, 『웨스트민스터 신앙고백 해설』, 30.

13) Robert Shaw, *An Exposition of the Confession of Faith-Westminster Assembly of Divines*, 조계광 역, 『웨스트민스터 신앙고백 해설』, 30.

14) 159명의 회원들 가운데 터크니(Anthony Tuckey, '대·소요리 문답' 초안 작성자)를 비롯하여 대부분은 칼빈의 신학을 전수받은 청교도적 장로교인들이었다.

그리스도와 성경만이 절대 권위를 갖게 되었다. 스코틀랜드 대표자들은 총회를 통해 가결된 이 문서들을 스코틀랜드 총회 앞에 제출했다. 스코틀랜드교회는 신중을 기해 검토했으며, 마침내 1647년 8월 27일 웨스트민스터 신앙고백서를 승인하는 결의서를 작성했다.

웨스트민스터 총회에 의해 가결된 공식 문서들

공예배 지침서

웨스트민스터 종교회의에서 가결된 최초의 문서는 '공예배 지침서'(The Directory for the Public Worship of God)이다. 이 문서는 공예배를 드림에 있어서 제반 통일성을 추구하는 목적을 이루도록 잘 정리된 지침서였다. '공예배 지침서'는 웨스트민스터 종교회의 때 처음으로 작성된 것이라고 말하기는 어렵다. 이 지침서 내용의 많은 부분이 스코틀랜드의 예배 모범을 따랐다. 앞장에서 논한 바와 같이 스코틀랜드는 이미 1560년에 '스코틀랜드 신앙고백서'와 '제1치리서'를 작성했다. '지침서'라는 용어 자체도 스코틀랜드 사람들이 사용했던 용어이다. 또 웨스트민스터 종교회의에 6명의 스코틀랜드 대표단이 참석했는데 그들이 이 문서를 작성하는 일에 깊이 관여했음을 알 수 있다. 이 점에 대하여 알렉산더 미첼(A. F. Mitchell)은 이렇게 말한다. 이 초고들이 "잉글랜드 사람들의 손에 넘어가 아주 위대하게 발전되었고 풍부한 것이 되었다."[15] 워필드(B. B. Warfield)는 이 지침서에 대하여 "스코틀

---

15) A. F. Mitchell, *The Westminster Assembly: Its History and Standards* (London: William

랜드 사람들과 청교도들이 사용한 용어를 적절히 타협하여 만든 것이지 스코틀랜드 대표단들을 추종한 것은 아니다"[16]라고 말하였다. 이 예배모범은 웨스트민스터 총회에서 스코틀랜드교회에서 파견한 대표들의 협조로 스코틀랜드, 잉글랜드, 아일랜드 세 왕국에 있는 그리스도의 교회 간에 약속한 신앙 일치를 위해 작성되었고, 1645년 총회와 의회의 법령으로 채택되었고, 인준되었다. 예배 모범 작성자들은 서문에서 이렇게 기록했다.

> 우리의 지혜롭고 경건한 조상들은 하나님의 말씀을 통하여 당시에 이루어지던 하나님을 향한 공중예배 가운데 잘못되고 미신적이며, 우상숭배적인 많은 것들이 있다는 사실을 발견하였기에, 이것들을 시정하고자 심혈을 기울여 예배모범을 발표했다.[17]

예배모범 작성자들은 모든 예배규정에 있어 하나님께서 제정하신 내용들을 제시하려고 했다. 하나님 말씀의 일반적인 규칙에 어긋나지 않는 신자의 분별력의 법칙을 따라 진술하려고 노력했다. 이 예배모범서가 다른 부분들과 함께 공중예배에서 알려지게 될 때 하나님에 대한 예배의 본질을 포함하는 이런 것들에 대하여 모든 교회는 동의하기를 바랄 뿐이라고 했다. 따라서 이전에 예배에 사용했던

Blackwood and Sons, 1883), 234.
16) B. B. Warfield, *The Westminster Assembly and Its Work*(New York: O.U.P.,1931), 46.
17) 김효남 역, 「웨스트민스터 예배모범」 (개혁교회 예배찬송가 편집위원회: 진리의 깃발, 2017), 521.

많은 종교의식과 예식들을 중단하고 보통 때나 특별한 때나 공히 공예배의 모든 부분에서 예배모범을 사용하기로 결정했다. 공예배 지침서에서 다룬 내용을 간략하게 정리하면 다음과 같다.

회중의 회집과 공예배의 태도

회중이 공예배를 위하여 모이는 경우 그들은 미리 마음을 준비하고 모두 다 나와서 함께 참여해야 한다. 게으름을 피우거나 다른 사사로운 모임을 구실로 공예배에 빠져서는 안 된다. 모든 회중은 경건한 마음으로 예배에 참여해야 하고, 신중하고 품위 있는 태도로 예배당에 들어가고 난 다음에는 이곳저곳을 향하여 예를 표하거나 절하지 말고 바로 자리에 앉는다. 회중이 다 모이면 목사는 회중들에게 위대하신 하나님의 이름을 예배하도록

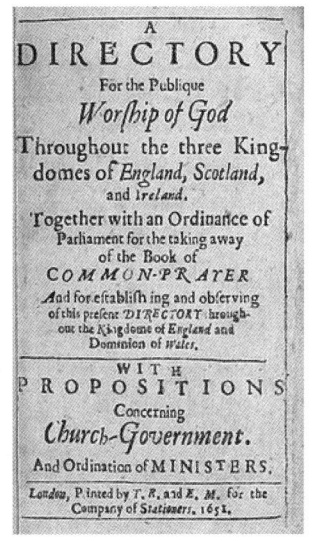

웨스트민스터 공예배지침서(1651)

엄숙하게 초청하고 난 후에 기도로 시작한다. 공예배가 시작되면 회중은 전심을 다해 예배에 집중할 것이로되 목사가 읽는 것 외에 다른 어떤 것도 읽지 말아야 하며, 주위 사람들과 사사롭게 속삭이거나 대화하거나 인사를 나누거나 거기에 참석해 있거나 들어오는 사람에게 예를 차리는 모습은 더욱 삼가야 할 것이다. 뿐만 아니라 목

사나 예배하는 다른 사람들, 아니면 자신이 예배할 때도 방해가 될 수 있는 행동, 곧 다른 곳을 응시하거나 졸거나 다른 무례한 행동을 하지 말아야 한다.

공중 성경 낭독에 관하여

회중들이 모인 가운데 말씀을 봉독하는 것은 하나님께 대한 공예배의 한 부분으로서 우리가 하나님께 의존하고 그분의 통치 아래 있음을 인정하는 것이며, 자기 백성들의 영혼을 고양시키기 위해서 하나님께서 친히 거룩하게 하신 방편이다. 이 말씀 봉독은 목사와 교사가 감당해야 한다. 하지만 목사 후보생들도 노회의 허락을 얻으면 때때로 공예배 시에 말씀을 봉독하거나 자신이 가진 설교의 은사를 활용할 수 있을 것이다. 성경을 읽을 때 신구약에 속한 모든 정경만을 읽을 것인데, 이때 성경을 읽는 이들은 가장 탁월하게 번역된 공인 성경을 대중들이 사용하는 언어로 분명하게 읽어서 모든 청중이 그 성경을 듣고 이해할 수 있도록 해야 한다.

설교 전 공중기도에 대하여

설교하는 목사는 자신뿐만 아니라 청중들도 마음 깊이 자신의 죄에 대하여 바로 깨달아 그 죄를 고백하며, 그것을 부끄럽고 수치스럽게 여기도록 하여 그들이 모두 주님 앞에서 죄에 대하여 슬퍼하고 그리스도 예수 안에 있는 하나님의 은혜에 주리고 목마름을 느끼도록 노력해야 한다. 그리고 이러한 일이 일어나도록 하나님께 간구해야 한다. 예배 모범은 기도의 예시를 제공한다.

첫째, 원죄로부터 자범죄에 이르기까지 모든 죄를 철저히 회개하고, 우리의 어두운 지성과 마음으로 깨닫지 못함과 불신앙과 완고함과 안일함과 미지근함과 열매 없는 삶을 애통해하며, 회개해야 한다.

둘째, 우리의 죄책을 확신하면서 우리는 어떤 은혜도 받을 자격이 없이 하나님의 진노를 받을만하고, 죄인들에게 부과되는 무서운 심판을 받기에 합당한 존재인 것을 인정해야 한다.

셋째, 이런 모든 죄악에도 불구하고 예수 그리스도의 중보로 말미암아 우리의 기도에 응답해 주실 것이라는 소망을 가지고 은혜의 보좌로 가까이 나아갈 수 있도록 하시며, 우리의 모든 죄를 값없이 용서해 주심을 믿으며 겸손하고 진지하게 하나님의 자비를 구해야 한다.

넷째, 하나님께서 우리의 기도를 은혜 안에서 응답해 주실 것이라는 소망을 품고 은혜의 보좌 앞으로 나아가게 하심을 확신해야 하며, 우리의 모든 죄를 용서해 주셨기에 우리는 겸손하고 진지하게 하나님의 자비를 구하며, 성령님을 통하여 성화되기를 기도해야 한다.

다섯째, 복음과 하나님 나라가 온 세상 가운데 전파되기를 기도하며, 적 그리스도가 몰락하며, 주의 재림이 임박한 때에 개혁교회들을 통해 세상에 평화와 하나님의 복이 임하도록 기도해야 한다.

여섯째, 세상 나라들 가운데 세워주신 왕들과 대통령들과 정부를 위해 기도하며, 나라와 민족이 복음을 전하는 도구가 되도록 기도해야 한다.

일곱째, 이 땅의 모든 교회와 성직자들이 성령으로 충만하게 하시고, 거룩하고 분별력을 가지고 정의롭고 화평하며 영광스럽게 본이 되는 삶을 살게 하소서라고 기도해야 한다.

여덟째, 우리의 대제사장이신 예수님의 공로와 중보로 말미암아 하나님께서 자신에게 속한 모든 교회에 대하여 자비를 베풀어 주시고, 우리의 영혼이 하나님의 거룩한 규례들을 경건하고 정당하게 사용하는 가운데 하나님과 교제하기를 갈망한다고 고백해야 한다.

아홉째, 우리가 예전에는 열매 없는 자들이었으나 이제는 주님의 은혜 안에서 주님의 탁월하심을 알며, 장치 나타날 영광의 첫 열매를 맛보며, 완전하신 그리스도와 교제하기를 갈망하며, 그분이 계신 곳에서 영원토록 기쁨과 즐거움을 누리게 하옵소서라고 기도해야 한다.

열째, 하나님께서 주의 백성에게 지혜와 열정과 말의 능력을 주셔서 모든 자에게 복음을 전하며, 그들이 말씀을 듣고 사랑하고 받아드리게 하옵시며, 구원의 소식을 듣지 못하도록 방해하는 모든 것에 대항하여 승리하도록 힘을 주옵시고, 그들의 그리스도께서 보이신 순종을 따르게 하여 모든 선한 말과 행동을 통해 하나님의 영광을 드러내게 하옵소서라고 기도해야 한다.

말씀 선포에 대하여

그리스도의 종은 자신의 모든 사역을 아래와 같이 감당해야 한다.

첫째, 주님의 사역을 태만하게 해서는 안 된다. 둘째, 가장 비천한 사람도 이해할 수 있도록 쉽게 전해야 한다. 그리스도의 십자가를 무력하게 만들지 않으려면 진리를 전할 때에 사람의 지혜에서 나오는 말로 하지 말고 성령님과 능력이 나타나시는 대로 전해야 한다. 셋째, 자신의 영광을 드러내는 것이 아니라 그리스도의 영예로 우신 모습과 회심과 건덕과 사람들의 구원을 갈망하며 전해야 한다. 넷째, 모든 교리와 권면과 특히 책망을 담되 그러한 것들이 가장 설득력 있게 전달되도록 지혜롭게 전해야 한다. 다섯째, 하나님과 그분의 사역을 멸시하는 듯한 몸짓과 목소리와 표현은 피해야 하며, 정중한 태도로 전해야 한다. 여섯째, 목사는 교회의 유익을 위하여 경건한 열정과 간절하게 소망하며 사랑의 마음으로 전해야 한다. 일곱째, 목사가 믿고 배운 대로 가르치는 모든 것은 성경의 진리이어야 한다. 따라서 목사는 성도의 본이 되며, 공적이나 사적인 일에 힘을 다하여 교회를 섬기고 양 떼를 살펴야 한다.

설교 후의 기도

설교가 끝나면 목사는 성삼위 하나님 안에 영광의 소망이 있음을 확신하며, 하나님의 말씀이 가르치는 모든 규례와 명령이 성도의 삶 속에서 지속되기 위해 기도해야 한다. 하나님의 말씀이 성도들의 마음에 머무르며, 열매 맺도록 기도해야 한다. 기도 후 찬송을 부르고, 다른 순서가 없으면 축도 후에 회중이 해산하도록 해야 한다.

성례의 시행에 대하여

먼저 세례는 어떤 경우라도 평신도가 집례해서는 안 되며, 목사가 시행해야 한다. 또 사적으로 시행되어서는 안 되고 공예배 중 회중 앞에서 시행되어야 한다. 세례를 주기 전에 목사는 몇 가지 가르침을 전해야 한다. 세례 후 목사는 부모에게 권면하고, 감사기도를 드려야 한다. 다음으로 주의 만찬은 자주 시행되어야 하지만, 성도들의 편의와 건덕을 고려하여 적절하게 횟수를 정하고, 오전 예배의 설교가 끝난 이후에 성찬을 시행하는 것이 가장 적절할 것이다.

주일 성수에 대하여

주일은 주님을 향한 거룩한 날이자 그리스도인의 안식일로 기념해야 할 것이다. 주일은 온종일 불필요한 노동을 멈추고 쉼을 누리며, 모든 스포츠와 여가 활동뿐만 아니라 세상적인 말과 생각도 삼가야 한다. 모든 교인은 정해진 시간에 모여 예배에 참여해야 하며, 축도가 끝날 때까지 누구도 떠나서는 안 된다.

결혼식의 거행에 대하여

결혼하는 그리스도인 신랑과 신부는 사리를 분별할 수 있는 연령이 되어야 하며, 자기 스스로 결정할 수 있고 둘이 서로 결혼에 동의한다는 충분한 근거가 있어야 한다. 부모는 자녀들이 원하지 않는 결혼을 강요해서는 안 되며, 반대로 정당한 이유없이 두 사람이 원하는 결혼을 반대해서도 안 된다. 혼인 약속이 결정되면, 일 년 중

어느 날이든지 정하고 편한 시간에 모인 증인들 앞에서 목사가 결혼식을 집례한다.

환자 심방에 대하여

목사는 성도들이 아프고 고난을 당할 때 연약한 영혼을 말씀으로 섬겨야 한다. 성도는 연약할 때 자신의 영적 상태에 대하여 생각해야 하고, 반대로 사탄도 그에게 괴롭고 무거운 시련을 가지고 시험하기 때문이다. 이런 상황에서 목사는 자신의 심방이 환자의 영혼에 영적 유익을 끼치도록 최선을 다해야 한다.

죽은 자의 매장에 대하여

성도가 세상을 떠나면 매장을 위해 준비된 장소로 시신을 이동하고, 그 상황에 맞도록 말씀과 함께 묵상하는 것은 적절하다. 유족들이 함께 있다면 목사는 이들이 감당해야 할 의무들을 상기시키고, 위로와 권면의 말을 전해야 한다.

공적인 금식에 관하여

나라와 백성에게 중대한 사건이 발생했거나 특별한 범죄로 인하여 심판이 주어질 경우, 특별한 복을 구하고자 할 때 하나님께서는 그 나라 백성으로 하여금 공적이고 엄숙한 금식을 선언하기를 원하신다. 신앙적인 이유에서 금식할 때는 상황에 따라 소량의 음식을 취할 수 있지만, 그렇지 않은 경우 음식 섭취를 중단하고, 금식을 방해하는 모든 것을 금해야 한다.

공적인 감사일의 준수에 대하여

어떤 감사의 날을 지킬 때 그 날에 대하여 미리 공고하고, 그 날엔 회중들이 개인적으로 준비한 후 회집한다. 목사는 권면의 말씀과 함께 회중들을 일깨워 그들이 모인 목적을 이루도록 해야 한다. 이 때도 다른 공중 예배와 마찬가지로 모임의 성격에 맞게 하나님의 말씀을 나누고 주의 도우심과 복을 구하는 기도를 드려야 한다.

시편 찬송에 대하여

회중들과 가족들과 함께 시편을 노래하는 것은 그리스도인의 의무다. 시편을 노래할 때 음률에 맞추어 정돈된 목소리로 노래해야 한다. 중요한 것은 가사의 의미를 이해하고 은혜로 충만한 마음에서 우러나는 곡으로 노래해야 한다.

「웨스트민스터 신앙고백서」

웨스트민스터 종교회의에 있어서 가장 권위 있는 작업은 신앙고백서(The Westminster Confession of Faith)를 작성하는 일이었다. 이 신앙고백서의 작성에 대한 견해 차이가 있다. 어떤 사람은 신앙고백서의 저작권이 잉글랜드 사람들의 것이라기보다는 스코틀랜드 대표단들의 것이라고 주장했다.[18] 이러한 주장은 스코틀랜드 대표단들이 참여한

---

18) J. B. Rogers, *Scripture in the Westminster Confession: A Problem of Historical*

대위원회 모임에서 특별한 내용을 다루었기 때문이다. 로저스(Rogers) 역시 이 신앙고백서는 전체 종교회의 총대들의 종합된 지혜의 산물이라고 보았다.[19] 그러나 스코틀랜드 역사가인 미첼(Mitchell)은 이러한 사실에 부정적인 견해를 밝혔다. 그는 종교회의에 참석한 잉글랜드 대표 11명의 이름을 열거했다. 이들은 웨스트민스터 종교회의가 열리기 2년 전에 자신들의 문답서를 작성하여 출판했다. 이 문서가 스코틀랜드 대표단들이 가지고 있던 문서보다 더 많은 영향을 미쳤다는 것이다. 그래서 미첼은 "다른 지역에서와 마찬가지로 스코틀랜드에서도 이 요리 문답서가 사용되었지만, 웨스트민스터 종교회의 문서들 가운데 가장 대중적으로 많이 사용되고 있는 '소요리문답'은 스코틀랜드 대표단들이 가장 적은 영향을 미친 것이다" 라고 말했다.[20]

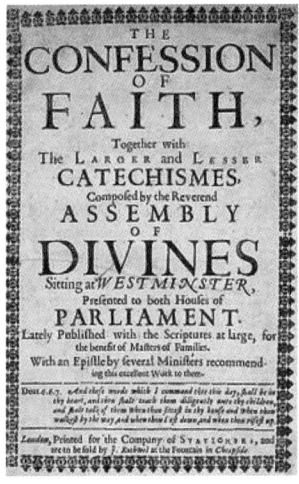

웨스트민스터 신앙고백서 (1658년)

웨스트민스터 요리 문답이나 신앙고백서 자체는 이미 발간된 문서들을 기초로 하여 만들어졌다. 특별히 '소요리 문답' 1번은 웨스트민스터 요리 문답에 처음 나타난 것이 아니라 이전 요리 문답서로

Interpretation for American Prebyterianism(Kampen: J. H. Kok, 1966), 153.
19) Ibid.,176.
20) A. F. Mitchell, *Catechisms of the Second Reformation*(London: William Blackwood and Sons, 1886), xxvi-ii.

부터 온 것이다. 영어로 번역된 칼빈의 요리 문답서에는 "인생의 제일 되는 목적은 우리 안에 보이는 하나님의 영광을 가지는 것이요"라고 기록했다. 월리암 에임스(W. Ames)는 여기에 "하나님을 즐거워하는 것"이라는 말을 덧붙였다고 했다.[21] 이렇게 영국의회로부터 승인된(1648년) 신앙고백서는 스코틀랜드에서 공식적인 신앙고백서로 채택되었으며,[22] 그 이후로 장로교회의 표준 문서로 사용되었다. 그러나 이 신앙고백서가 잉글랜드에서는 전폭적인 지지를 얻지 못했다. 그 이유는 '웨스트민스터 신앙고백서' 승인 이후에 영국을 통치했던 찰스 2세(1660-1685)와 제임스 2세(1685-1688)가 친 가톨릭 정책을 폈고 1689년에는 윌리엄 오렌지(William Orange)공과 메리 여왕이 왕을 교회의 머리로 신봉하는 '39개조 신조'를 수용하는 자들에게만 신앙의 자유를 허락했기 때문이다. 그로 인하여 잉글랜드에서는 의회파가 쇠퇴하고 왕당파가 득세함으로써 '웨스트민스터 신앙고백서'를 수용하지 않았다.

웨스트민스터 신앙고백서는 전체 33장으로 구성되어 있다. 장(chapters)별로 세부 조항들(acts)을 두고 있으며, 모든 조항이 신구약 성경에 근거를 두고 작성되었다. 이 고백서의 내용이 성경에 토대를 둔 조직신학의 근간을 이룬다. 세부적인 장들과 조항들은 다음과 같다. 제1장은 '성경'에 대하여 다루며, 10장으로 구성되었다. 제2장은

---

21) Mitchell, xx.
22) 스코틀랜드 장로교회는 1649년 8월에 '웨스트민스터 신앙고백서'와 '대 · 소요리 문답'을 공식적으로 채택했다.

'하나님과 삼위일체'에 대한 내용을 다루며, 3항으로 다루어졌다. 제3장은 '하나님의 영원한 작정'에 대한 내용으로 8항으로 구성되었다. 제4장은 '창조'에 관한 내용을 다루며, 2항으로 되어있다. 제5장은 '섭리'에 대한 내용을 다루며, 7항으로 구성되었다. 제6장은 '인간의 타락과 죄와 형벌'에 대한 내용을 다루며, 6항으로 구성되었다. 제7장은 '인간과 맺으신 하나님의 언약'에 대한 내용을 다루며, 6항으로 구성되었다. 제8장은 '중보자이신 그리스도'에 관한 내용이며, 8항으로 구성되었다. 제9장은 '자유의지'에 관하여 다루며, 5항으로 구성되었다. 제10장은 '유효적 소명'에 대한 내용을 다루며, 4항으로 구성되었다.

제11장은 '칭의'에 관한 내용을 다루며, 6항으로 구성되었다. 제12장은 '양자됨'의 내용을 다루며, 1항으로 구성되었다. 제13장은 '성화'의 내용을 다루며, 3항으로 구성되었다. 제14장은 '구원 신앙'에 관한 내용을 다루며, 3항으로 구성되었다. 제15장은 '생명에 이르는 회개'에 관한 내용을 다루며, 6항으로 구성되었다. 제16장은 '선한 행위'에 관한 교리적 내용을 다루며, 7항으로 구성되어 있다. 제17장은 '성도의 견인'에 관한 교리적 토대를 제공하며, 3항으로 구성되어 있다. 제18장은 '은혜와 구원의 확신'에 관한 교리적 내용을 다루며, 4항으로 구성되어 있다. 제19장은 '하나님의 율법'에 관한 교리적 토대를 세우며, 7항으로 구성되어 있다. 제20장은 '기독교인의 자유와 양심의 자유'에 관한 내용을 다루며, 4항으로 구성되어 있다.

제21장은 '예배와 안식일'에 관한 내용을 다루고 있으며, 8항으

로 구성되어 있다. 제22장은 '정당한 맹세와 서원'에 관한 내용을 다루고 있으며, 7항으로 구성되어 있다. 제23장은 '국가 공직자'에 관한 내용을 다루고 있으며, 4항으로 구성되어 있다. 제24장은 '결혼과 이혼'에 관한 내용을 다루며, 6항으로 구성되어 있다. 제25장은 '교회'에 관한 내용을 다루며, 6항으로 구성되어 있다. 제26장은 '성도의 교제'에 관한 내용을 다루며, 3항으로 구성되어 있다. 제27장은 '성례'에 관한 내용을 다루며, 5항으로 구성되어 있다. 제28장은 '세례'에 관한 내용을 다루며, 7항으로 구성되어 있다. 제29장은 '성찬'에 관한 내용을 다루며, 8항으로 구성되어 있다. 제30장은 '교회의 권징'에 관한 내용을 다루며, 4항으로 구성되어 있다. 제31장은 '대회와 총회'에 관한 내용을 다루며, 5항으로 구성되어 있다. 제32장은 '사후 상태와 죽은 자의 부활'에 관한 내용을 다루며, 3항으로 구성되어 있다. 신앙고백서의 마지막 장인 33장은 '마지막 심판'에 관한 내용을 다루며, 3항으로 구성되어 있다.

앞에서 언급했지만, 웨스트민스터 총회는 170명이 넘는 목회자들과 평신도들이 참석하여 5년 6개월이 넘도록 성경적 토대를 근거로 연구하고 토론하여 작성된 개신교 신앙고백서 가운데 교리적 토대를 세웠으며, 가장 뛰어난 신앙고백서라고 평가한다. 이 신앙고백서는 가장 완전하고, 모든 개신교회를 하나로 만들 수 있는 토대가 된다. 웨스트민스터 종교회의에 참석한 자들은 하나님의 말씀에 근거하여 참된 교회를 정화하고, 강화하고, 연합시켜 모두가 힘과 열정을 하나로 규합해 구원자의 명령을 기쁨으로 수행하고, 모든 민족을 가르치며, 하늘 아래 있는 모든 피조물에게 영원한 복음을 전할 수 있기를 기대했다. 따라서 이 신앙고백서의 내용을 통해 거짓 교리들이 난무하고 이단들이 활개를 치며, 진리가 개인의 해석에 따라 왜곡되며, 빠른 정보화와 물량주의의 확장 속에 병들어 비틀거리는 한국교회를 바로 세우는 토대가 되기를 희망한다.

교회 정치 조례

웨스트민스터 총회는 청교도 운동과 맞물려 있다. 청교도 운동의 출발점은 바로 교회 정치제도 개혁 운동이었다. 청교도들이 요구하는 개혁의 핵심은 영국 국교회의 예배 형태를 성경적으로 수정하고, 교회 정치제도와 가정과 사회 경제체계에 정의를 수립하고, 모든 영국인을 복음 중심의 신앙인으로 교육하여 개종시키려는 것이었다.[23] 성공회가 영국의 국교로 탄생한 후 영국교회는 로마교회의 교황정치에서 벗어나 감독정치(Episcopal Church Polity)를 확립했다. 헨리 8세는 로마 가톨릭교회와 단절하고(1529년) 독자적인 영국 국교회를 세웠다. 이렇게 세워진 국교회가 '성공회'(Anglican, the Church of England)이다. 따라서 1532~1536년까지 열린 영국의회는 헨리 8세가 영국 국교회의 최고 권위를 지닌 수장권(Headship of the Church)을 인정하는 결의문을 반포했다. 국왕은 교회의 수장(Supreme Head)이고, 대주교와 주교를 마음대로 임명할 수 있게 되었다.

---

[23] James I. Packer, *Among God's Giants, Aspects of Puritan Christianity*, 박영호 역, 『청교도 사상』 (서울: CLC, 2001), 29.

영국 성공회의 감독제도는 왕이 한 손으로는 나라를 다스리고, 다른 한 손으로는 교회를 다스리는 국가교회의 체제이다. 그 체제 하에서 왕이 그 밑에 대주교(Archbishop)들을 두고 대주교 밑에는 감독(Bishop)을 두어 교회를 다스리는 것이었다. 따라서 왕은 대주교들에게 절대적 권리를 부여했고, 그들은 그 하위 성직자들을 임명했다. 이것이 왕으로부터 시작하여 일반 성직자들까지 완전한 계급주의적 정치 체제를 구축했던 것이다. 그러나 종교개혁자들은 이를 강력하게 반대했다. 인간과 만물의 통치자는 하나님이시고, 오직 예수 그리스도가 교회의 머리이고, 통치자라는 것을 확인했다. 국왕이 교회를 통치하는 수장이 될 수 없다는 것이다. 찰스 1세가 통치권을 물려받은 후부터 그는 스코틀랜드의 국교인 장로교를 없애고, 잉글랜드에서 그 영향력을 차단하고 감독제도로 영국 국교회를 발전시키고자 했다.[24] 이러한 영국 국교회의 감독주의를 반대하는 운동이 전국으로 확산되었다. 따라서 스코틀랜드 장로교도들과 잉글랜드의 청교도들은 잉글랜드에 감독제도를 없애고 장로회 제도(Presbyterian Church Polity)를 정착시키고자 노력했다.[25]

우리가 사용하고 있는 '장로회'(Presbytery)라는 말은 정치 체제를 가리키는 용어이다. 성경에 기원을 두고 있는 가장 성경적인 교회 정치제도이다. 초대교회 당시 사도들에 의해 장로직이 세워져 초대교회 안에서 시행되었으나 중세에 접어들면서 로마 가톨릭교회는 장

---

24) 이때는 스코틀랜드 왕 제임스 6세가(1576~1625) 잉글랜드 왕 제임스 1세(1603~1625)로 즉위하면서 잉글랜드 왕이 스코틀랜드와 잉글랜드를 통치하게 되었다.
25) 김중락, 『스코틀랜드 종교개혁사』 (경기, 안산: 흑곰북스, 2017), 202-203.

로교 정치 체제를 버리고 교황을 교회의 수장으로 하는 교황체제로 변경했다. 그러나 존 칼뱅, 존 녹스, 청교도들과 같은 개혁자들은 장로교 정치제도를 회복시키려고 했으며, 이 제도가 국가와 교회에 정착되기를 열망했다. 이러한 정치제도의 개혁을 청교도는 요구했고, 이 요구를 관철하기 위해 백여 년이 넘도록 청교도들은 영국 국교회와 투쟁했다. 수많은 청교도가 박해를 받고, 순교하고, 추방을 당하면서까지 잉글랜드에 정착시키려고 했던 것이 바로 장로교 정치제도였다.

'교회 정치 조례'는 웨스트민스터 종교회의에서 마지막으로 작성된 문서이다. '장로교 정치 형태'(The Form of Presbyterian Church Government) 혹은 '교회 정치 지침서'(The Directory for Church Government)로 알려진 이 문서가 작성된 배경에는 스코틀랜드 대표단들의 영향력이 컸다고 말할 수 있다. 스코틀랜드는 이미 1560년에 작성된 '스코틀랜드 신앙고백서'와 교회의 정치 원리인 '제1치리서'를 가지고 있었다. 그리고 스코틀랜드와 잉글랜드는 '거룩한 협약과 언약'(The Solemn League and Covenant, 1643)을 체결했다. 이 협약서는 두 나라 사이의 단순한 하나의 시민 협약서가 아니라 종교적 통일을 이루기 위한 중요한 협약서였다. 이 문서는 아일랜드에서는 로마 가톨릭을 없애고 잉글랜드에서는 성공회를 폐지하고 스코틀랜드의 장로교를 국교로 통일한다는 합의 문서였다. 스코틀랜드와 잉글랜드의 대표들은 모두 두 나라에 하나의 통일된 국가교회가 있어야 한다는 데 이견(異見)이 없었다. 감독정치 제도나 회중정치 제도 역시 그 당시 정체 제도로 받아들일 수 있는 실제적 대안이 되지 못했다. 그러므로 장로회 정치야말로 공동의 목적을 달성하기 위해 제안된 유일한 교회 정치 형태였다. 이러한 배경에서 볼 때 장로교 정치 조례 작성에 큰 영향을 끼친 자들이 스코틀랜드 대표단들이었다고 말할 수 있다.

이 점과 관련하여 윌리엄 캠벨(W. M. Campbell)은 "웨스트민스터 문서에 있는 교회 정치 형태는 이미 스코틀랜드에 존재하고 있는 교회 형태였고 그것이 처음으로 스코틀랜드(The Scots) 대표단들에 의해 웨스트민스터 종교회의에 소개되었다. 웨스트민스터 표준 문서들은 스코틀랜드교회 주장의 승리"라고 했다.[26] 비록 잉글랜드 대표들이 다수였지만 그들은 장로회 정치 원리를 준비했거나 실천해본 경험이 없었다. 잉글랜드 의회 의원들은 장로교 체제에 대하여 알고 있었지만 대부분의 잉글랜드 국민들은 잘 알지 못했다. 특별히 잉글랜드 국민은 장로교는 스코틀랜드 사람들의 교회라는 인식을 하고 있었기 때문에 장로교 정치 체제를 수용하지 않으려고 했다. 베일리(Robert Baillie) 목사는 이렇게 말했다. "이 백성들(잉글랜드 국민)에게는 장로회가 아직도 낯선 괴물처럼 인식되고 있다."[27] "회의의 한 큰 부류는 장로회 원리를 부여잡고 있지 않았다."[28] 히더링톤(W. M. Hetherington) 역시 "장로회가 무엇인지 설명하고 옹호하는 의무는 그 중요한 임무를 위하여 경이로울 만큼 적합한 스코틀랜드

---

26) W. M. Campbell, *The Triumph of Prebyterianism*(Edinburgh: Saint Andrew Press, 1958), 92.
27) David Laing, *The Letters and Journals of Robert Baillie*(Edinburgh:James Thin, 1841), Vol. I,117.
28) Ibid., Vol.2.175.

대표들의 손에 의하여 전적으로 개발되었다"[29])라고 말하였다. 그러므로 웨스트민스터 교회 정치 지침서는 소수의 스코틀랜드 대표들의 협력에 의하여 탄생되었던 것이다. 비록 '장로회 교회 정치 지침서'가 잉글랜드에서는 전적으로 수용되지 못하였지만, 스코틀랜드와 북아일랜드에서는 수 세기 동안 받아들여졌으며, 미국, 호주, 뉴질랜드 그리고 한국에까지 영향을 끼치게 되었다.

웨스트민스터 정치 조례에 나타난 직제론과 치리 제도

1644년 3월 12일에 채택된 웨스트민스터 정치 조례는 크게 두 부분으로 나눌 수 있다. 첫째로는 국가 위정자의 종교회의 소집 권한에 대한 문제이고, 둘째로는 장로정치의 치리 권한에 대한 문제이다.[30])

웨스트민스터 정치 조례 초판 제23장 3항에 따르면 국가의 위정자는 종교회의를 소집하고 또한 대회와 협의회를 소집할 수 있는 합법적인 권한이 있다고 제시되었다. 그러나 이것은 곧 웨스트민스터 총회 당시 개혁주의 장로교의 신학적 입장을 가장 강력하게 드러낸 3인 즉 사무엘 러더포드(Samuel Rutherford),[31]) 스티븐 마샬(Stephen

---

29) W. M. Hetherington, *History of the Church of Scotland*(Edinburgh: T&T Clark, 1852), Vol. I.368.

30) Samuel Rutherford, The Due Right of Presbyteries or, a Peaceable Plea, for Government of the Church of Scotland(Edinburgh, 1644), 135-136

31) Samuel Rutherford(1642), 224.

Marshall), 조지 길레스피(George Gillespie)에 의해 수정되었다.32) 이 세 사람의 노력으로 오직 교회 지도자만이 교회의 문제 해결을 위해 정치적 지도와 치리권을 소유할 수 있다고 하는 웨스트민스터 정치 조례 제31장 2항이 확정된 것이다. 그리고 장로회(unitati)정치의 '지교회와 노회의 관계' 논쟁은 교회 정치 원리가 성직자 개인에게(uni) 있는 것이 아니라 성직자회 자체(unitati)에 있다는 것도 천명했다. 그때 채택된 웨스트민스터 정치 조례는 열두 가지로33) 그 내용은 다음과 같다.34)

① 그리스도인들이 속한 장로들의 연합된 노회는 그릇된 목회나 장로직의 불충분성의 경우, 이를 자문하고 권고하고 호소받기 위해서 함께 만날 수 있다. ② 개별적인 장로직 외에도 공동 원인들이나 요청들, 교회들 사이의 복잡한 이견들, 모든 교회 안에서 준수되어야 할 원칙들과 이것을 조정할 수 있는 대회나 총회를 둘 수 있다. ③ 회집들이나 노회들은 그리스도의 체제로서 한 형제가 다른 형제 위에 있거나 한 회중이 다른 회중에 관계하는 것을 그리스도를 중심으로 조정하는데 보다 더 큰 권위를 가진다. ④ 이 노회들은 교리적으로 그 내용을 선포하고 그들 경내에 있는 교회들 사이에 교리적인 논쟁들을 결정하고 조정하는 열쇠를 가진다. ⑤ 이 회들은 하나님의 교회나 다른 이들에게 범죄를 저지른 어떤 직원들이나 다른 지체

---

32) Samuel Rutherford, *A Peaceable and Temperate Plea for Pauls Presbyterie in Scotland* (Edinburgh, 1642), 223.
33) Samuel Rutherford(1644), 136.
34) Samuel Rutherford, *The Divine Right of Church-Government and Excommunication* (Edinburgh, 1646), 111.

들을 시찰하거나 소환할 권세를 가진다. ⑥ 소환된 사람은 노회나 공의회 앞에 나타나야 하고 고소 받거나 의혹을 받은 교리나 사실에 대해서 설명하여야 한다. ⑦ 그들은 그들 경내의 교회들 안에 그런 교리나 사실에 반대하여 선포할 권세를 가진다. ⑧ 노회와 그들의 사찰 아래 있는 교회는 그런 선포에 근거하여 분파나 이단으로 빠진 교회들과 교제를 경계하고, 또한

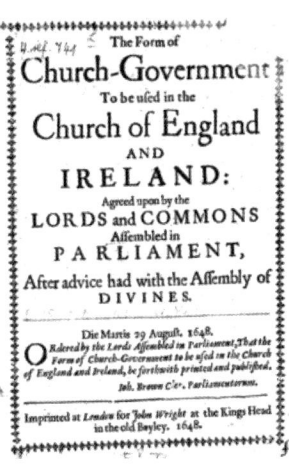

웨스트민스터 정치조례(1648)

노회의 말을 듣지 않고 소환에 순응하기를 거부할 때에는 교제를 그만두어야 한다. ⑨ 각 회중의 장로들은 노회에 앉을 수 있고 그들의 형제들과 공통적으로 회중 전부나 일부에 관한 모든 문제나 소송 사건에 관한 자문을 할 수 있다. 목사나 장로의 임직, 유형, 파면, 출교에 있어서 각 장로직은 노회의 충고와 지도 없이 그것을 처리해서는 안 된다. 또 당사자와 관계없이 동일한 자의 동의 없이 진행하여 결정해서는 안 된다. 교리에 대한 책벌에 있어서 그리고 곤란한 경우에도 마찬가지이다. ⑩ 많은 회중들에 공통적인 원인들에 있어서 개별 장로직은 관련된 자들이나 노회에 대한 지식과 일치 없이 결정할 수 없다. ⑪ 노회에 의해서 출교되었다고 그들이 알고 있는 어떤 자를 교제할 자로 영접할 회중은 없는 것으로 한다.

웨스트민스터 총회는 1645년에 본 정치 조례야말로 성경에 따른 교회 정치라고 선언했다. 영국 의회(The British Parliament)는 이 정치 조례를 공식 문서로 받아들이지 않았다. 그러나 스코틀랜드 장로교 총회는 1647년에 본 문서를 공식적으로 받아들였다. 이후 미국 장로교회와 네덜란드 개혁교회는 웨스트민스터 총회에서 결정한 정치 조례를 존중하고 이 문서에 근거하여 총회를 형성했다.[35] 본 문서는 칼빈의 경우처럼 사도들, 예언자들, 전도자를 비상직(extraordinary officers)으로 그리고 목사, 교사, 장로, 집사를 일상직(ordinary officers)로 설명한다. 그리고 교회의 치리회인 당회, 시찰회, 노회, 그리고 총회에 대하여 언급한다.

직제론

웨스트민스터 교회 정치 조례는 일상직의 직분자들을 목사, 교사 혹은 박사, 장로, 집사로 설명한다. 교회 안에서 목사는 일상직분자에 속하면서도 항존직이라고 말한다. 본 문서는 목사의 직무가 무엇인가를 상세히 설명한다. 교회로 불러 주신 양무리들과 함께 그리고 그들을 위하여 기도하는 일, 회중들 가운데서 공적으로 성경을 낭독하는 일, 하나님의 말씀을 설교하는 일, 그리고 신자들을 축복하기 위해 하나님의 말씀에 따라 성례를 집행하는 일이다. 본 문서는 교

---

35) 웨스트민스터 정치 조례를 받아들이는 스코틀랜드, 미국, 네덜란드, 호주, 뉴질랜드, 그리고 한국의 장로교회들은 다음과 같은 내용들에 있어서 공통점을 가진다. ① 교회의 머리이신 그리스도께서 성경적 원칙들에 따라 교회를 치리하기 위하여 사람들을 임명하셨다. ② 교회의 치리형태는 기본적으로 목사와 개교회에 의해서 선출된 치리 장로들에 의한 연합적 치리이다. ③ 치리 장로와 가르치는 장로는 평등하다. ④ 개교회들은 상향식 상회들에 의하여 통일성을 지향한다.

사직을 성경적 직분으로 설명한다. 교사 혹은 박사는 목사처럼 말씀 사역과 성례전과 권징에 관한 권한을 갖고 있다.[36] 특별히 한 교회 안에 여러 목사들이 있을 수 있으나 이 목사들 가운데 한 사람이 목회 전체를 관장해야 하고, 이들 가운데 가르침의 은사를 받은 목사는 교사로서 일할 수 있다. 그리고 이런 교사들이 구약시대 선지학교에서 그리고 신약시대 예루살렘에 있는 학교와 가말리엘에서 가르쳤던 것처럼 학교와 대학들에서 가르치는 일을 해야 한다.[37]

장로(elders)의 직분에 대하여는 "말씀의 사역자 이외에 어떤 다른 직분자들이 말씀의 사역자들과 더불어 교회를 다스리는 교회 통치자들(church governors)이 되어야 하는데, 개혁교회는 이들을 장로들이라고 부른다"라고 설명한다. 이 장로들은 종교적인 문제들을 잘 이해해야 하고, 신앙에 있어서 건전하고, 신중하고 근엄해야 하며, 그리고 비난받을 말을 해서는 안 된다.[38] 장로의 직분에 대하여 말하면서 목사와 교사를 포함한 "말씀의 사역자와 더불어"라고 표현하는 것을 보면 장로들은 이 가르치는 직분에서 제외되어 있음을 알 수 있다. 칼빈이 주장하는 것처럼 목사(말씀의 사역자)가 해야 할 직무는 교회를 치리하는 일에 강조점을 두고 있는 것이 아니라 신자들의 영적인 양육을 위한 말씀의 사역에 강조점을 두고 있다. 끝으로 본 문서는 집사직에 대하여 간략하게 설명한다. "집사들은 지혜롭고, 술에 인 박이지 아니하고,

---

36) 본 문서의 기록은 다음과 같다. "In the Scripture, we have also the name and title of teacher, who is a minister of the word, and hath power of administration of the sacraments and discipline, as well as the pastor."
37) "The Westminster Assembly Directory for Church Government", in PP.,262.
38) Ibid.

근엄하며, 정직하며 그리고 더러운 이를 탐하지 아니하는 자들이 되어야 한다."[39] 집사직에 대한 이 설명은 바울이 디모데에게 집사의 직분에 대하여 가르친 내용과 일치한다(딤전 3:8,9).

치리회

당회

본 문서는 "말씀과 교리에 종사하고 다스리는 일(rule)에 종사하는 목사 한 사람과 목사와 함께 교회를 다스리는 치리 장로(the ruling elders)를 선출하여야 한다"고 주장한다.[40] 당회가 이 치리 장로를 선출하되 회중의 동의와 인준에 의해서 해야 하고, 당회 안에 여러 치리 장로들이 있으며 이들이 지역별로 교인들을 돌보는 일을 해야 한다는 것이다. 집사의 선출 역시 당회가 하되, 회중의 동의와 인준을 받아야 한다.[41]

노회

노회는 한 지역 내의 여러 시찰회들로부터 파송 받은 대표들로 구성했다. 대표들의 수는 그 지역 내 시찰회의 수보다 많아야 했다. 매 시찰회로부터 2명의 목사들과 2명의 치리 장로들이 파송을 받아야 하며, 그 수를 늘려야 할 경우에도 각 시찰회로부터 목사와 장로가 각각 6명을 넘어서는 안 된다. 그리고 1년에 두 번 정도 회집하

---

39) Ibid.
40) Ibid.,265.
41) Ibid.,266.

고, 목사들이 다수가 되도록 했다.

준노회

준노회는 목사의 안수를 시행하도록 했다. 목사의 안수를 위해 여러 도시들과 이웃 마을들에 조직된 설교 장로들(preaching presbyters)이 참여하도록 했다. 이 문서에서 언급하는 'presbyters'는 'elders'(치리 장로)와 구별되는 목사일 것이다. 그리고 어떤 목사가 어느 교회를 위해서 안수를 받거나, 한 교회에서 다른 교회로 옮겨갈 경우에는 개교회의 동의가 있어야 한다. 본 문서는 목사 개인이나 교회의 횡포를 완전히 차단하고 있는 것이 특징이다. 목사가 한 교회에서 목사직을 수행할 수 있게 되기까지의 과정이 역시 장로교적 협의 구조 안에서 진행된다. 준노회에서 시험을 끝낸 목사 후보생은 그가 시무할 개교회에 가서 3일 동안 여러 차례 설교를 하고, 그 교회의 교인들과 교제함으로 교인들이 해당 목사에 대한 모든 것을 알아보도록 했다. 그리고 3일 중 마지막 날에 준노회는 공적인 통고문을 해당 개교회에 보내어 회중들 앞에서 읽도록 했다. 그리고 교인들 가운데에 대표가 될 만한 몇 사람들을 준노회에 출두시켜서 해당 목사에 대한 수용 여부를 결정하도록 했다.[42]

총회

총회는 각 노회로부터 파송 받은 목사들과 치리 장로들로 구성된

---

42) Ibid., 267-68.

다. 지역의 각 노회로부터 3명의 목사들과 3명의 치리 장로들이 파송되고, 각 대학으로부터 학문과 경건을 겸한 다섯 사람을 파송하도록 했다.[43] 이처럼 웨스트민스터 종교회의 기간 동안 작성된 공식 문서들인 '신앙고백서', '공예배 지침서', 그리고 '교회 정치 조례'는 전 세계 장로교회의 정치에 그 원리와 규정을 제공하는 일에 크게 공헌했다. 그러나 웨스트민스터 총회가 끝난 후 찰스 2세는 왕정복고(1660)와 함께 통일령(Act of Uniformity)을 내려 감독정치로 회귀하면서 장로교 운동이 쇠퇴하기 시작했다. 이에 장로교 목사들이 장로교 수호를 주장하자 그는 목사들의 활동을 제한하는 5마일령(Five Mile Act)을 선포했다.[44] 이에 장로교도들은 1688년 명예혁명을 일으켜 제임스 2세(1685-1688)를 몰아내고 의회법에 따라 통치하는 기회를 얻게 되었고, 1689년엔 관용령(Act of Toleration)을 선포하기도 했다. 그러나 18세기에 와서 영국 장로교도들은 일치된 신앙과 예배를 위해 회중교회의 연합을 시도했으나 실패했다.

특히 영국 정부가 노회나 대회와 같은 치리 제도를 강제로 폐지시키면서 장로교는 존재의 위협을 받았다. 19세기에 와서 영국 장로교회는 스코틀랜드에서 이주해온 사람들에 의해 다소 소생되었다. 스코틀랜드 장로교회는 영국 장로교회의 회복을 위해 1836년 영국에서 대회를 조직했다. 이후 영국 내에는 270여 개의 장로교회로 성

---

43) Ibid.
44) 찰스 2세는 장로교 수호를 주장하는 목사들을 추방하기 위해 그의 사역지로부터 5마일 그리고 그 도시로부터 5마일 이내로 출입하는 것을 금지했다. 이것은 목사들의 활동을 제한하려는 의도였다. 그는 장로교 목사들에게 결코 가르치는 일을 허락하지 않았으며, 장로교도들이 국교(성공회)로 개종하는 것은 허락하였으나 국교도들이 장로교로 개종하는 것은 금지했다.

장했다.[45] 특별히 찰스 2세의 왕정복고 이후에 잉글랜드, 스코틀랜드 그리고 아일랜드의 장로교도들은 강단에서 축출되는 박해를 받았다. 이에 많은 장로교도가 신대륙으로 이민하였다. 1683년에 신대륙에 이민한 스코틀랜드-아일랜드 계통의 이주자들을 위해 '미국 장로교회의 아버지'로 불리는 프랜시스 매케미(Francis Makemie)를 파송함으로 장로교회의 새로운 장을 열게 되었고, 이들의 신앙고백과 장로교 정치제도가 미국 장로교회에 기초를 형성하였다.

---

45) 1836년 대회 조직 이후 영국에는 스코틀랜드교회로부터 분열(Disruption)한 스코틀랜드 자유교회(Free Church of Scotland) 출신 장로교도들이 장로교회를 세웠다. 1876년에는 영국에 있던 스코틀랜드교회와 스코틀랜드 자유교회가 연합하여 영국 장로교회(The Presbyterian Church of England)를 결성했다. 이리하여 영국 내에는 270여 개의 지교회와 약 5만여 명의 신자를 가지는 교단으로 성장했다.

The History of the Formation of Presbyterian Polity

미국 장로교
정치와 치리 제도

미국 장로교 정치와 치리 제도

초기 미국 장로교 정치제도의 형성과 정치 원리

미국 장로교의 형성 배경
영국에서 이주한 청교도와 미국 장로교

칼빈과 녹스와 청교도들로부터 개혁주의 사상을 전수받은 영국 교회 신자들이 북아메리카에 정착한 것은 1607년이다. 엄격한 의미에서 청교도적인 신앙을 고백하는 영국 장로교도들[1]이 버지니아주의 제임스타운에 이주하면서 신대륙의 역사가 시작되었다. 영국교회의 박해로 인해 프로테스탄트 신자들 가운데 분열이 일어나기 시작했다. 특별히 분리주의자적인 청교도들은 1607년 네덜란드로 피신했으나 경제적 상황과 문화적 도전으로 신대륙으로 이주를 계획하였다.[2] 그 후 1620년(8월경) 102명의 청교도들이 메이플라워(the

---

1) 영국 장로교도들은 신대륙으로 이민하기 직전인 1606년에 버지니아 헌장을 채택하면서 이민 목적이 "하나님의 영광을 드러내는 데 있다"고 했으며, 신앙생활에서 신성 모독, 간음, 안식일을 범하는 것에 대하여 엄한 처벌을 하도록 강조한 것은 바로 청교도의 영향이라 할 수 있다. 제임스타운 교회의 초대 목사 로버트 헌트(Robert Hunt)와 2대 목사 글로버(Glover)는 케임브리지 대학에서 청교도 신학자 윌리엄 휘태커(William Whitaker) 밑에서 공부하였다. 이러한 점으로 볼 때 그들은 청교도적인 신앙고백을 한 자들임을 알 수 있다.

2) 초기에 미국으로 이주한 청교도들은 1630년대에 이주한 다수의 비분리주의적 청교도들과 구별하기

Mayflower)호를 타고 대서양을 횡단하여 11월 11일에 매사추세츠의 케이프 코드에 도착한 후 플리머스로 이동했다. 신앙적 관점에서 초기에 이주한 분리주의적 청교도들이 신대륙에 미친 영향은 미미했으나 신대륙에 신앙적 경제적 기초를 놓은 자들은 비분리적인 청교도들이라 할 수 있다. 1630년에는 비분리적인 청교도들이 보스턴에 도착하면서 대규모의 이민 운동이 시작되었다. 특별히 1620-1640년 사이 21,000명이 넘는 청교도들이 미국으로 이민을 갔다. 그 가운데 4,000여 명이 장로교도들이었다.

메이플라워 서약(진 레온 제롬 페리스 作, 1620)

1611년 청교도 신학자 윌리엄 휘태커의 아들 알렉산더(Alexander Whitaker)가 토마스 데일(Thomas Dale)의 지도 아래 버지니아에 정착하여 장로교 신앙을 고백하는 교회를 설립하였다. 그는 사역(1611-1617)을 시작하면서 칼빈주의적 신앙고백서인 '램버스 신조'(Lambeth Article)의 초안을 작성했다. 조지 헤이스(George P. Hays)는 휘태커에 대하여 "그는 안식일마다 설교하였고, 오후에는 요리 문답을 강해했으며, 토요일 저녁에는 4명의 교인들이 목사와 함께 토마스 데일의 집에 모여 교회 문제를 상

위해 필그림(Pilgrim Fathers) 또는 분리주의적 청교도라고 불린다.

의하곤 했다"3)고 기록한다. 휘태커는 1611년 8월 9일 런던에 있는 한 동료에게 서신을 보냈다. "만일 영국 국교회가 가지지 못한 젊고, 건강하며, 학식 있는 목사들이 있다면 … 이리로 보내시오. 우리는 추수를 기다리고 있으며, 그러한 사람들이 많이 요구되고 있습니다. 이 곳은 젊은이들이 아주 잘 어울리는 땅입니다. 그리고 우리는 더 이상 로마교회적인 의식을 집행할 필요가 없으며, 악한 삶을 사는 자도 없습니다. 분별력과 학문, 통찰력이 있는 열정은 더 많은 선한 열매를 낼 것입니다."4) 휘태커의 기록을 볼 때 초기 버지니아에 정착한 신자들은 청교도 신앙을 실천하였고 장로교적인 교회 정치를 실시했다고 볼 수 있다. 휘태커의 뒤를 이어 1616년 스코틀랜드 장로교 목사인 조지 키이스(George Keith)가 버지니아 교회를 맡았다. 그는 1년 뒤 버뮤다로 가서 엘리자베스 교회를 세웠다. 이 교회가 장로교 신앙을 보급하는 전진기지가 되었다. 키이스의 버뮤다 교회 후임 목회자였던 루이스 휴즈(Lewis Hughes)는 버뮤다 교회는 영국 국교회와 같은 "의식들을 요구하지 않았고, 공동 기도서가 필요하지 않았다"고 했으며, "나는 결코 그런 것을 사용하지 않았으며, 하나님의 도움으로 목사와 장로에 의하여 다스려지는 교회를 세웠는데, 4명의 장로를 거수 방식에 따라 공개적으로 선택하였다"라고 말하였다.

교회 정치 관점에서 볼 때 분리주의적인 청교도들(필그림)과 비분리주의적 청교도들 사이에 약간의 차이점이 있다. 청교도들은 영국 국교회에 남아 로마교회의 의식 중심의 예배와 계급적인 교회 정치

---

3) George P. Hays, Presbyterians: *A Popular Narrative of Their Origin, Progress, Doctrines and Achievements*(New York: J. A. Hill & Co. Publisher, 1892), 60.

4) Ibid., 61.

를 성경대로 개혁할 것인가, 아니면 영국 국교회를 떠나 성경에 근거한 순수한 교회를 세울 것인가에 대하여 고민했다. 다수의 청교도들은 교회를 떠나는 것을 그리스도에게서 떠나는 것으로 간주하여 비록 교회가 부패하였다고 하더라도 교회의 표지가 남아 있는 한 교회를 떠나서는 안 된다고 생각했다. 이들이 비분리주의적 청교도들이다. 그러나 소수의 청교도들의 생각은 달랐다. 그들은 성경대로 교회 개혁을 주장하는 성도들을 박해하는 교회는 참교회가 아니라 적그리스도적인 교회라고 생각했다. 이러한 교회는 떠나는 것이 당연하다고 생각하여 영국 국교회를 떠나 새로운 교회를 조직했다. 이들이 분리주의적 청교도들이다.

분리주의적 청교도들의 정치 사상은 회중교회적이었다. 그들은 지역교회의 자율을 강조하였고 모든 교직자와 교회 사이의 평등을 주장하였지만 교회의 연합은 부인했다. 그들이 1617년 신대륙으로 이민하기 전에 정부에 제출한 문건에서 "교회의 대회나 노회, 회의 또는 총회가 어떤 권위를 갖고 있는 게 아니라, 오직 관원들에 의해 그들에게 주어진다고 믿는다"라고 주장하였다.[5] 회중정치를 옹호한 존 코튼(John Cotton)은 감독정치의 폐해를 지적하면서 모든 지역교회의 평등과 자율을 강조했으며, 교회의 권세를 회중 가운데서 찾았다. 토마스 후커(Thomas Hooker)도 지역교회의 자율권을 강조했으며, 계급주의적 교회관을 배척했다. 그는 사무엘 러더포드의 '장로교회의 적법한 권리'(Due Right of Presbyteries, 1644)에 대항하여 쓴 글에서 "출교권이 대회

---

5) 오덕교, 182.

에 있지 않고 지역교회에 있다"고 주장했다.[6] 그러나 비분리주의적 청교도들은 분리주의적 청교도들과는 달리 성경에 근거한 거룩한 정의가 왕 노릇 하는 개혁된 정부와 교회를 세우고자 하였다. 그들은 "여호와는 우리의 재판장이시오, 여호와는 우리에게 율법을 세우신 자요, 여호와는 우리의 왕이시니 구원하실 것이라"(사 33:22)는 말씀에 근거하여 하나님이 교회를 다스리기를 원했다. 이 주장은 장로정치에 근거하여 교회를 다스리고자 함이다. 장로교주의 사상을 강하게 주장하는 이들은 교회의 자율성과 평등성뿐만 아니라 교회와 교회 사이의 연합을 강조한다. 그 이유는 교회는 그리스도의 몸을 이루므로 교리나 예배만이 아니라 정치에서도 하나가 되어야 하기 때문이라는 것이다. 신대륙으로 이주한 청교도들의 교회 정치 형태에 대하여 오덕교는 "뉴잉글랜드의 청교도들은 명목상으로 회중교도였지만 사실은 장로교도였다. 그들은 지역교회의 자율과 교회 사이의 평등을 주장하였고, 한 걸음 더 나아가, 현대의 장로교회가 주장하는 것과 같은 교회와 교회 사이의 연합을 강조하였다. 그들은 교회와 교회 사이의 문제를 해결하기 위하여 권징 제도를 도입하였고, 이를 위하여 대회 제도를 두었으며, 당면한 문제를 해결하기 위하여 대회를 개최함으로 장로정치를 실현하였다"라고 논하였다.[7] 사무엘 로건(Samuel Logan) 역시 "뉴잉글랜드 청교도의 교회 형태는 현대적 의미의 회중정치가 아니라 장로정치였다"라고 주장했다.[8] 뉴잉

---

6) Ibid.,183.
7) Ibid.,184.
8) Charles G. Dennison, Richard Gamble, *Pressing Toward the Mark: Essays Commemorating Fifty Years of the Orthodox Presbyterian Church*(Philadelphia: The Committee for the Historian of the Orthodox Presbyterian Church, 1986), 116.

글랜드에 이주한 청교도들은 회중주의자라고 불리지만 실질적으로는 교회의 자율성과 평등 그리고 연합을 강조한 장로교주의자들이었다.

프랑스에서 이주한 위그노

1589년 앙리(Henry) 4세가 프랑스의 왕으로 즉위하면서 위그노들에 대한 종교적 관용이 시작되었다.[9] 그는 1598년 4월에 휴전기간(1570-1576) 동안에 작성한 평화 협정의 내용을 문서화하여 '낭트칙령'(Edict of Nantes)을 발표했다. 이로 인하여 위그노들은 예배와 신앙의 자유만이 아니라 정부로부터 법적인 보호를 받게 되었고, 로마 가톨릭과 동등한 권리를 행사할 수 있었다.[10] 그러나 1610년 앙리가 로마 교황청에서 보낸 첩자에 의해 살해되면서 위그노들은 다시 박해를 받았다. 앙리의 아들 루이(Louis) 13세가 즉위하면서 개혁교회를 박해하는 정책을 폈다. 루이 14세는 '하나의 법, 하나의 신앙, 하나의 군주'라는 절대군주제를 추구했으며, 그의 박해로 위그노들의 수가 감소하자 1685년 10월 22일 '낭트칙령'을 폐지했다. 그리고 위그노 목사들에게 프랑스를 떠나도록 강요했다. 이러한 박해로 많은 위그노들은 프랑스를 떠나 신대륙으로 이주하였다.[11] 신대륙으로 이주한 위

---

9) 앙리는 위그노들뿐만 아니라 폴리티크(로피탈의 지지자들로 평화를 추구하며 종교적 관용을 주장한 자들)의 지도자로 추앙을 받게 되었고, 그 결과 왕위에 오를 수 있었다. 그는 프랑스의 평화 통일을 위해 개혁신앙을 포기하고 로마교회에 귀의하여, 1594년 2월 샤르트르(Chartres)에서 대관식을 거행했다. 그는 비록 왕권을 얻기 위해 로마 가톨릭으로 개종했지만 프로테스탄트들에 대한 애정을 버리지 않았다.
10) 오덕교, 97.
11) 위그노들은 뉴잉글랜드, 뉴욕, 버지니아, 사우스캐롤라이나, 조지아 등지로 이주하였다. 그러나 이민을

미 최초의 위그노교회(찰스타운)

그노들은 1687년 사우스캐롤라이나의 찰스타운에 최초의 위그노교회를 설립하였다. 그들 중에 미국의 성공회에 가입한 자들도 있었으나 대부분의 위그노들은 칼빈주의 교리와 장로교 정치 체제를 채택했다. 신대륙으로 이주한 위그노들이 칼빈주의 교리와 장로교 정치 체제를 채택하여 장로교 신앙을 고백한 것은 청교도들의 영향이 아니라 프랑스 개혁교회의 영향이었다.

프랑스 개신교도들은 신자들 가운데서 장로와 집사를 선출하여 교회를 조직한 후 칼빈에 의하여 교육을 받은 쟝 르 마르송(John le Marcon)을 그들의 목사로 선택하고 장로 회의와 집사 회의를 구성했다.[12] 이로써 1555년 9월 프랑스에 최초의 개혁교회가 세워졌다. 이후 프랑스 개혁교회는 급속히 성장했고 1559년에 60여 개의 교회에서 150여 명의 대표들이 파리에 모여 비밀리에 프랑스 개혁교회(The French Reformed Church)를 조직했다. 이후 대회가 조직되었고 칼빈주의적인 신앙을 고백하던 200여 개의 교회 가운데 100개의 교회가 대회에 가담하여 개혁교회의 수는 크게 늘어났다.[13]

할 수 없었던 많은 위그노들은 신앙을 포기하지 않고 싸웠다. 그들은 스벤느 산맥 근처로 숨어들었고, 굴과 창고와 들판에서 하나님을 예배하면서 신앙을 지켰다.

12) George P. Hays, 42.
13) Walter L. Lingle, John W. Kuykendall, *Presbyterians: Their History and Beliefs*(Atlanta: John Knox Press, 1977), 33.

대회는 프랑스 개혁교회의 신조와 정치의 기초가 되는 '프랑스 신앙고백서'와 '권징 규칙서'를 채택했다.[14] '프랑스 신앙고백서'는 칼빈의 '35개조 신조'에 기초하여 초안된 것이고, '권징 규칙서'는 칼빈의『기독교 강요』와 제네바교회와 스트라스부르 교회의 권징 규범을 따라 작성되었다. '프랑스 신앙고백서'는 40개 조항으로 구성되었는데 대부분에 칼빈의 사상이 표현되었다. 이 조항들 가운데 교회 정치 형태는 제25조에서부터 제33조까지이다. (1) 그리스도가 교회의 유일한 머리이며(제30조), (2) 교회를 위해 목사, 감독자, 집사와 같은 직분자들을 세우셔서 그들에게 권세를 주셨으며(제25조, 제26조, 제31조), (3) 직분자들은 회중에 의하여 선택되어야 하며(제31조), (4) 모든 목사는 동일한 권세를 가졌고(제30조), (5) 교회의 직분자는 교정과 오류 등의 교리 문제만이 아니라 구제에도 책임이 있다. 이러한 프랑스 개혁교회의 신조는 1571년 총회(National Synod of France)에 의하여 채택되었다.[15] 프랑스 개혁교회의 신조와 정치 제도가 위그노들에 의해 신

---

14) '프랑스 신앙고백서'와 '권징 규칙서'는 칼빈의 제자 앙뜨안느 샹뒤유(Antoine de Chandieu)가 초안을 작성했다. J. N. Ogilvie, *The Presbyterian Churches: Their Place and Power in Modern Christendom*(New York: Fleming H. Revel Company, 1897), 21.

15) Ibid., 20. 프랑스 신앙고백서에 나타난 교회 정치 형태는 다음과 같다. 제25조: "교회는 그리스도의 권위에 의하여 세워졌다. 그리스도 교회 안에서 말씀을 전하고, 성례를 시행하기 위하여 목사를 세우셨다. 그러므로 교회는 목사 없이 존재할 수 없다." 제26조: "비록 교회 행정가가 교회의 참된 질서를 부정한다 해도 아무도 그 자신을 참된 교회의 질서로부터 분리해서는 안 된다." 제27조: "참된 교회는 하나님의 말씀을 따르는 신자들의 모임이다." 제28조: "하나님의 말씀이 제시하는 대로 성례가 시행되지 않은 곳에 교회가 존재하지 않는다." 제29조: "참된 교회는 주 예수 그리스도께서 세우신 권징에 따라 통치되어야 한다. 교회에는 목사와 장로들과 집사들이 있어야 하고, 참된 교리가 유지되고, 잘못된 것이 바로 잡히고 억제되어야 한다." 제30조: "모든 참된 목사들은 어떤 지위에 있든지 교회의 유일한 머리요, 주권자요, 보편적인 교회의 감독이신 예수 그리스도 아래서 동일한 권위와 동등한 권세를 갖는다고 믿는다." 제31조: "교회를 통치하는 권세는 선거의 결과에서 비롯된다. 모든 목사, 감독, 그리고 집사들은 그들의 직분에 부르심을 받은 증거가 있어야 한다."

대륙에서도 받아들여졌던 것이다.

네덜란드, 스코틀랜드 그리고 아일랜드에서 이주한 신교도들

네덜란드 신교도들은 1623년 뉴욕으로 이주하기 시작했다. 한 기독교 역사가는 이때 네덜란드 개혁교회로부터 장로교가 미국에 처음 나타났다고 본다. 1626년에 네덜란드 동인도회사(East India Company)는 맨해튼에 뉴암스테르담을 건설하고 교회를 세웠다. 2년 후에 그 교회에 목사가 임명되었다.[16] 그들은 신대륙에서 네덜란드어로 예배하였고, 칼빈주의 교리를 고백하며 장로정치를 실시했다. 그들은 네덜란드 개혁교회를 조직하고 뉴저지의 뉴브런즈윅에 신학교를 세워 많은 인재를 배출했다. 그들 가운데 한국교회에 복음을 전한 최초의 선교사인 호레이스 언더우드(Horace Underwood)도 있다. 후일에 많은 수가 미국 장로교회와 연합했다.

스코틀랜드 신교도들의 신대륙 이주는 1650년대부터 시작되었다. 1651년 크롬웰(Cromwell)이 투옥시킨 10,000명 가운데 일부가 뉴잉글랜드에 유배되면서 이민이 본격적으로 시작된 것이다. 1685년 제임스 2세 박해 당시 그들은 사우스캐롤라이나, 노스캐롤라이나와 뉴저지로 이민했다. 아일랜드인들은 1705년에서 1775년 사이 50만 명 이상이 신대륙으로 이주했다. 이들은 스코틀랜드인들과 함께 그들의 전통(스코티쉬·아일리쉬)을 유지하면서 신대륙의 동남부 지역(뉴저지, 펜실베이니아, 메릴랜드, 델라웨어, 버지니아, 노스캐롤라이나, 사우스캐롤라이나)에 정

---

16) 어드만 편저, 『세계교회사』(인천:엘맨출판사, 1992), 529.

착하였다. 이 중에 두드러진 역할을 한 것은 아일랜드 장로교였다. 신대륙에서 선교 사역을 한 마케미를 중심으로 1683년 초에 메릴랜드에 장로교회가 세워졌고, 1706년에는 마케미의 협력으로 필라델피아 장로회가 형성되었다.[17]

독일에서 이주한 신교도들

1700-1770년 사이에 독일의 많은 신교도가 미국으로 이주했다. 주로 루터파 교회에 속한 신교도들이었는데 이들은 펜실베이니아, 버지니아, 캐롤라이나에 정착하여 교회를 세웠다. 신대륙에서 독일의 첫 개혁교회는 1718년에 필라델피아 근교 저먼타운에서 쿨틴(Kultin) 목사에 의해 세워졌다. 1725년에 세 개의 개혁교회가 세워졌으나 발전이 더디었다. 그러나 1746년에 스위스 슈레터(Schreter) 선교사의 파송으로 활발하게 선교 활동이 이루어졌다. 1747년 9월에 처음으로 독일 개혁교회 대회가 필라델피아에서 열렸다.[18] 18세기 중엽 펜실베이니아의 7만 명을 비롯하여 신대륙 전역에 2백만 명 이상의 독일 개신교도들이 있었다. 이들 중에는 루터교가 아닌 모라비안과 동포교회에 속한 자들도 있었다.[19] 신대륙에서 대부분의 독일 개신교도들은 독일 개혁교회에 속해 있었으며, 이 가운데 많은 교회들이 후일에 미국 장로교회에 가입했다.

---

17) Ibid.
18) 김의환, 『기독교회사』(서울:성광문화사, 1996), 386.
19) 어드만 편저, 531.

미국 장로교회 설립과 치리회 조직

유럽의 여러 국가로부터 신대륙으로 이주한 사람들 중 최초의 장로교회를 세운 사람은 리처드 덴튼(Richard Denton)이다.[20] 그는 1630년 매사추세츠주의 워터타운에 도착하여 그의 회중들과 장로 정치 사상을 주장하다가 추방되었으나 1644년 롱아일랜드 헴스테드로 이사하여 교회를 세웠다. 또 1662년 덴튼의 두 아들이 롱아일랜드에서 자메이카 장로교회를 세웠다.[21] 신대륙에서 본격적인 장로교회 운동은 프랜시스 마케미[22]에 의해 시작되었다. 그는 아일랜드 라간(Laggan) 노회에서 목사 안수를 받은 후 1683년 신대륙으로 이민했다. 그는 장사를 하면서 자비량으로 선교하였고, 1683년 메릴랜드의 르호봇과 스노우힐에 각각 교회를 설립했다. 그러므로 미국에서의 최초의 장로교회는 1662년 리차드 덴튼에 의해 세워진 자메이카 장로교회라고 볼 수 있다.

뉴욕 롱아일랜드 최초의 장로교회임을 표시한 동판

---

20) 덴튼은 영국에서 태어나 1623년 케임브리지 대학을 졸업하고 1630년에 신대륙으로 이주했다. 그는 영국에서 독립교회주의자와 장로교회주의자 사이에 교회 정치 형태에 대한 논쟁이 한창이던 1658년 영국으로 돌아갔다.
21) George P. Hays, 64.
22) 마케미는 북아일랜드 돈갈 카운티에서 태어났으며, 1675-1676년 사이에 글라스고우 대학(Glasgow University)에서 교육을 받았고, 1681년 목사 후보생 인허를 받았다. 1682년경에 메릴랜드주 의회 의원이었던 윌리엄 스티븐스(William Stephens) 대령의 초청으로 미국으로 이주하게 되었다. 미국으로 이주할 때 그의 나이는 25세였다.

노회조직

신대륙에 정착한 이주자들은 흩어져 있는 장로교회를 하나로 연합할 필요성을 느꼈다. 당시 장로교회의 사상을 가진 사람들이 뉴햄프셔주의 런던데리에서부터 사우스캐롤라이나주의 찰스톤에 이르기까지 흩어져 있었다. 1706년 12월 26일 아일랜드 출신의 목사 마케미는 뉴저지주의 프리홀드에서 미국에서 최초로 필라델피아 노회(Presbytery of Philadelphia)를 조직했다. 메릴랜드, 델라웨어, 필라델피아 지역의 7명의 목사와 그리고 후에 안수를 받은 존 보이드(J. Boyd) 목사를 비롯하여 8명의 목사로 구성된 첫 노회는 1707년 3월 22일에 필라델피아에서 회집되었다.[23] 미국 최초의 노회인 필라델피아 노회는 몇 가지 특징적인 면을 보여 준다. 첫째, 영국 계통의 청교도적인 장로교회와 스코틀랜드-아일랜드 계통의 신앙 전통을 가진 장로교도들에 의하여 세워졌다. 둘째, 노회 안에서의 모든 권위와 질서는 총회에서 지역교회로 내려오는 하향적 조직이 아니라 아래에서 위로 올라가는 상향식이었다. 셋째, '웨스트민스터 신앙고백서'를 성경의 교리가 가장 잘 함축된 것으로 인정하고 신자들의 신앙과 생활의 규범으로 삼았다.[24]

노회의 구성과 함께 장로교회가 크게 부흥하고 발전하여 1716년

---

[23] Guy S. Klett, ed. "Minutes of the Presbyterian Church in the United States of America, 1706-1788", in PP.,332.

[24] Ibid.,334. cf. George P. Hays, op.cit.,70. 필라델피아 노회는 조직만이 아니라 질적인 성장을 위하여 많은 노력을 기울였다. 노회는 1707년 기독교 확장을 위하여, ① 목사는 매주일 회중에게 성경을 한 장씩 읽어주고 해석하여 줄 것, ② 개개인의 교인을 방문하여 격려할 것, ③ 목사를 필요로 하는 곳에 목사를 보내고 선행이 요청되는 곳에 선행을 장려할 것 등을 결의했다.

에는 17명의 목사, 40개 교회, 3,000명의 교인으로 성장했다. 교회 수가 늘어남에 따라 필라델피아 노회는 지역별로 노회 분할을 결의하고 펜실베이니아 노회, 필라델피아 노회, 델라웨어의 뉴캐슬 노회, 메릴랜드의 스노우힐 노회와 뉴욕과 뉴저지의 롱아일랜드 노회로 나누었다. 그 결과 지역별로 교회가 성장했고, 1년 1회 대회가 회집되면서 교회연합이 실현되었다.

대회조직

1717년 9월 17일, 필라델피아에서 메릴랜드의 스노우힐 노회를 제외한 세 개 노회가 회집하여 미국에서 첫 대회가 열렸다. 대회는 40여 개의 교회에서 파송한 17명의 목사와 장로들이 참석했다. 17명의 목사들 가운데 스코틀랜드-아일랜드 계통이 12명이었다.[25] 그래서 수적으로나 영적으로 우세한 스코틀랜드-아일랜드 계통의 목사들이 대회를 이끌어갔다. 특별히 이들은 대부분이 장로교인들이었다. 이처럼 노회와 대회의 조직과 함께 신대륙에서 장로교회는 18세기 중엽까지 가장 큰 교회로 성장했다.

미국 장로교회와 '웨스트민스터 신앙고백서' 채택

신대륙은 유럽으로부터 수많은 이민자들이 몰려들면서 사회는 혼란스러워지고 영적 부패와 타락이 심화되었다. 한편으로는 인간

---

25) 대회에 참석한 17명의 목사들 가운데 뉴잉글랜드인 2명, 웨일즈인 2명, 잉글랜드인 1명, 스코틀랜드-아일랜드 계통이 12명이었다. 스코틀랜드-아일랜드 이민자들은 1717년부터 40년간 20만 명가량이 신대륙에 도착했다. 이들 가운데 대부분이 장로교도들이었다.

이성을 최종적인 권위로 인정하는 합리주의 신학이 신대륙에 상륙했다. 이로 인하여 미국 장로교회는 신앙의 동일성을 유지하기 위하여 신앙고백을 중심으로 하나가 될 필요성을 인식했다. 이러한 인식은 스코틀랜드-아일랜드 계통의 목사들을 중심으로 일어났다. 그들은 개혁주의 신앙의 보존을 위한 방법으로 모든 목사 후보생에게 '웨스트민스터 신앙고백서', '대·소요리 문답'이 기독교 교리의 가장 기본적이고 중요한 조항이요, 건전한 표현일 뿐 아니라 체계임을 고백하고 서명할 것을 요구했다. 그러나 조나단 디킨슨(Jonathan Dickinson)을 비롯한 영국과 뉴잉글랜드 목사들은 서명을 거부했다. 미국 장로교회 안에 서명 논쟁이 시작된 것이다.[26] 서명 논쟁으로 미국 장로교회는 성장하기도 전에 교회가 분열될 위기를 맞이했다. 그러나 장기간의 협상을 거쳐 1729년 대회에 타협안이 상정되었다. 타협안의 주요 요지는 다음과 같다.

> 목사나 목사 후보생은 그 임직 때에 '웨스트민스터 신앙고백서'와 '대·소요리 문답'을 그들이 따라야 할 건전한 신앙고백이라고 서명하는 대신 입으로 고백하게 하였고, 신조 가운데 승인할 수 없는 부분이 있다면 고시위원회에 그것이 무

---

26) M. W. Armstrong. *The Presbyterian Enterprise Sources of American Presbyterian History*, L. A. Loetscher, C. A. Anderson ed.(Philadelphia: The Westminster Press, 1956), 22-23. 서명을 거부한 디킨슨은 청교도 목사로서 『기독교의 합리성』(The Reasonableness of Christianity)과 『칼빈주의 5대 강령』(The Five Points of Calvinism)을 저술하였고 뉴저지의 엘리자베스타운(Elizabethtown) 교회를 목회했다. 그는 1722년 뉴저지 노회 개회예배 설교에서 성경만이 신앙과 예배의 유일한 규칙이며, 성경에 대한 인간의 해석은 그리스도인의 양심을 묶어 놓을 수 없으므로 서명을 강조하는 것은 양심과 개인적인 자유를 제한하는 죄악이라고 주장했다.

엇인지 밝힐 것을 요구하였다. 또한 고시위원회는 후보생이 받아들이기를 주저하는 신앙 고백의 내용이 신앙의 본질적인 것과 상치되지 않는 한 목사 회원으로 받아들이도록 하였다.27)

이와 같은 타협안을 근거로 필라델피아 대회는 서명법규(the Adopting Act)를 채택하였다. 서명 논쟁으로 인하여 일부 교회들이 이탈하는 아픔도 겪었지만 대체로 평화로운 시기를 맞았다. 1787년 지방노회에서도 신앙표준서들을 수정했고, 1789년에 총회를 준비하는 지방노회에서는 부분적으로 변경하기도 했다. 이렇게 변경되고 수정된 신앙고백서와 '대·소요리 문답'들이 1788년 미국 장로교회 헌장의 교리 부분이 되었다.

대각성운동과 미국의 장로교 정치

대각성운동과 미국 장로교회의 분열

대각성운동은 뉴잉글랜드 청교도 사회에 엄청난 변화를 몰고 왔다. 영적인 각성뿐만 아니라 신학적 토대를 세우고 노회들을 결성하는 계기를 마련했으며, 영적으로 더 성숙한 기독교 사회를 형성하는 일에 큰 역할을 했다. 1720년대 후반 제1차로 중부지역을 중심으로 일어난 대각성운동은 프렐링후이센(Theodore J. Frelinghusen, 1691~1748), 윌

---

27) 오덕교, 195.

리엄 테넌트(William Tennent, 1673~1746)와 그의 아들 길버트 테넌트(Gilbert Tennent, 1703~1764) 그리고 동북부 뉴잉글랜드 지역에서는 조나단 에드워즈(Jonathan Edwards, 1703~1758)가 주도적 역할을 했다. 특별히 프렐링후이센은 그리스도인들에게 회개와 중생의 새로운 영적 생활의 분명한 증거가 나타나야 한다고 역설했다. 그의 영향력을 받은 윌

조나단 에드워즈

리엄 테넌트와 길버트 테넌트 역시 회개와 중생의 필요성을 강하게 외치기 시작했다. 이러한 영향력은 엘리자베스 타운의 조나단 디킨슨과 다른 목사들에게 영적인 부흥의 불을 붙였다.

1734년 매사추세츠 노스햄프톤(Northampton)의 회중교회 목사였던 조나단 에드워즈 역시 이 대각성운동을 주도했다. 그는 능력 있는 설교를 통해 많은 사람을 변화시키는 일에 헌신했다. 이 영적대각성 부흥 운동은 뉴잉글랜드 전역에서 일어났다. 한 해 동안 그의 집회에 참석했던 사람들 중에 3백 명 이상이 회개하고 그리스도를 영접했으며, 2년 동안 전체 3만 명 인구 중에서 2만 5천 명 이상이 뉴잉글랜드에 있는 교회의 교인이 되었다.[28]

대각성운동을 지도했던 이들은 영국의 청교도 정신과 신학 그리고 장로교 정치제도를 가장 성경적인 정신과 제도로 받아들이는 자

---

28) Lefferts A. Loetscher, *A Brief History of Presbyterians*, 78.

조지 휫필드의 초상

들이었다. 이 대각성운동은 교회들과 교회 회중들을 연합시키는 하나의 큰 부흥운동이었다. 특별히 중부지역 영적 대각성운동에 큰 영향을 끼친 자가 영국의 순회전도자인 조지 휫필드(George Whitefield, 1714~1770)였다.[29] 그는 뉴잉글랜드, 동부지역, 중부지역, 조지아주를 순회전도하면서 미국의 대각성운동에 불을 지핀 자였다. 그의 순회설교로 인하여 곳곳에서 부흥운동이 일어났고, 급기야 연합 부흥운동으로 결집되었다. 조지 휫필드의 설교 "한마디 한마디에 남자들은 울부짖었고 여인들은 기절했으며, 수많은 사람이 회개했다"고 전한다. 이 대각성운동의 영향으로 미국 전역에는 도덕적 진실성, 선교열, 인류애, 교파 간의 협력과 교육기관의 설립 등을 고무시켰다. 대각성운동은 평민들에게 새로운 가치관과 확신을 심어주었고, 미국의 민주주의 발달에 크게 공헌했다.[30]

미국의 식민 지역들 중심으로 일어난 대각성운동의 영향력으로 인하여 미국 청교도 사회에 분열의 조짐도 발생했다. 중부지역에서 대각성운동에 대하여 강력하기 찬성했던 자들은 윌리엄 테넌트와

---

29) 조지 휫필드는 여러 차례 뉴잉글랜드를 방문하여 순회전도하며, 설교했다. 그의 영향력은 엄청났다. 그는 프렐링후이센, 윌리엄 테넌트, 길버트 테넌트가 사역했던 뉴브런즈윅(New Brunswick) 지역에 부흥의 불길을 붙이게 했다. 그가 옥외 집회를 인도하는 자리에 6~8천 명의 군중이 운집했다. 서창원, 『조지 휫필드의 생애와 사상』 (경기, 용인: 킹덤북스, 2016), 134~135.

30) Lefferts A. Loetscher, *A Brief History of Presbyterians*, 79.

아들들 그리고 통나무 대학 그룹에 속한 사람들이었다. 그러나 1729년 웨스트민스터 표준문서 채택에 서약했던 그룹인 스코틀랜드-아일랜드계 성직자들은 약간의 반대 입장을 드러냈다. 어떤 이유에서인지는 정확히 파악할 수 없지만, 1736년 노회에서 반부흥운동파인 서약파 그룹은 노회에의 모든 회원에게 서약을 강요했다. 그러자 그러한 시도는 영적 부흥운동을 찬성하는 자들의 활동을 제한하려는 시도로 보고 부흥운동을 찬성하는 자들을 오히려 하나의 당파로 결집하게 만드는 결과를 가져왔다. 부흥운동의 반대자들은 조롱의 뜻으로 찬성하는 자들을 '새 빛'(New Lights)이라고 불렀다.

길버트 테넌트 일가가 인도하는 '새 빛'파는 1738년 대회에서 '뉴브런즈윅 노회'(New Brunswick Presbytery)를 설립하고 승인을 얻었다. '새 빛'파 사람들은 중부지역 장로교회 안에서 일어나는 하나님의 위대한 부흥역사의 관점에서 반대파들을 '옛 빛'(Old Lights)파로 혹평했다.[31] '옛 빛'파 그룹의 사람들은 '새 빛'파의 영향을 전복시키려고 시도하면서 1729년에 서약한 것처럼 서약하도록 호소했다. 급기야 1741년 로버트 크로스(Robert Cross)는 필라델피아 대회에서 '저항'(the Protestation)이라는 문서를 작성했다. 그 문서에서 뉴브런즈윅 부흥주의자들은 노회에 다시 들어오기 위한 권한을 포기했다고 선언했다. 따라서 뉴브런즈윅 노회는 뉴욕 노회, 뉴캐슬 노회와 연합하여 '뉴욕

---

31) 길버트 테넌트는 그의 설교에서 '옛 빛'파를 혹평했다. "부흥의 반대자들은 그들 자신들이 중생하지 않았으며, 목회 사역에 대한 하나님의 소명을 받지 않았다"고 했다. 그는 "목사들은 신학에 있어서 기술적으로(technically) 정통일지 모르지만, 그들은 영적으로 죽었다. … 더욱더 나쁜 것은 그들이 그들의 회중들로 하여금 영적으로 길을 잃게 하는 것이라"고 했다. 홍 철, 『미국 장로교회의 역사와 신학』(서울: CLC, 2005), 38~39.

대회'(New York Synod)를 결성했다.[32] 이로 인하여 1741년 중부 식민주에 있는 장로교 안에서 뉴욕 대회는 '신파'(New Lights)로 그리고 필라델피아 대회는 '구파'(Old Lights)로 분열되는 슬픈 역사를 가지게 되었다.[33]

대각성운동으로 인한 분열의 틈은 제2차 대각성운동에 의해 더 벌어졌다. 1차 대각성운동 이후에 뉴잉글랜드에 새로 이주하는 유럽인들에 의해 이신론(Deism) 사상과 세속화의 영향력에 의해 무신론적 사상이 빠르게 청교도 사회 안으로 침투했다. 이런 상황에서도 새로운 영적 대각성운동이 대학들을 중심으로 일어나기 시작했다. 1787년 미국 버지니아주에 있는 햄프든 시드니(Hampden Sydney)라는 작은 대학에서 신앙 부흥운동이 일어나 워싱턴대학으로 전파되었고, 그곳에서 남부에 있는 장로교회로 퍼져 나갔다. 특별히 1802년에 예일대학 총장인 티모시 드와이트(Timothy Dwight, 1752~1817)의 주도하에 뉴잉글랜드 회중파(Congregational)의 신앙 부흥운동이 시작되어 학생들 1/3이 회심했으며, 신앙부흥의 불길이 다트머스, 윌리엄스, 예일대학으로 번져나갔다.[34] 2차 대각성운동을 주도한 자들은 대부분 장로교 청교도들이었다.[35] 이 부흥운동이 뉴잉글랜드 및 중부지역의 교

---

32) Lefferts A. Loetscher, *A Brief History of Presbyterians*, 80.
33) 홍 철, 『미국 장로교회의 역사와 신학』(서울: CLC, 2005), 38~40. 참고, 서창원, 『조지 휫필드의 생애와 사상』(경기, 용인: 킹덤북스, 2016), 174. 아마 여기서 언급한 필라델피아 노회를 지칭하는 듯하다.
34) 티모시 드와이트(Timothy Dwight, 1752~1817)는 조나단 에드워즈의 손자이며, 예일대학교 총장을 지냈다(총장 재임: 1795~1817).
35) 특별히 제임스 맥그레디(James McGready, 1758~1817)가 인도하는 야영집회가 1801년 8월 6일에 케인 리지(Cane Ridge)에서 개최되었다. 이때의 통계에 따르면 1만 명에서 2만 5천 명이 참석했다고 기록하고 있다. 이 집회에서 신비적 현상들이 발생했음을 전하고 있다. Sydney E. Ahlstrom, *A*

회들, 학교들 그리고 지역 사회에 지대한 영향을 끼치며 변화를 몰고 왔다.

2차 대각성운동의 불길이 뉴욕 서부지역 오번(Auburn), 롬(Rome), 유티카(Utica) 지역에서 신앙부흥과 함께 경제적 붐(boom)도 동시에 일어났다. 이 당시 이 신앙 부흥운동의 새로운 신학적 이론을 주장한 사람은 찰스 그랜디슨 피니(Charles Grandison Finney, 1792~1875)였다.[36] 1823년 12월 30일에 세인트 로렌스 노회(St. Lawrence Presbytery)는 찰스 피니를 설교자로 인정하는 정당성을 주기 위해 모였다. 그때 피니는 청교도들의 신앙과 교리의 토대인 '웨스트민스터 신앙고백서'를 결코 읽어본 적이 없었다고 인정했다.[37] 그러나 피니는 그 노회에서 목사 안수를 받았다(1824년 7월 1일). 피니는 청교도들의 신앙과 신학의 뿌리인 칼빈주의 개혁신학의 정밀함을 이해하지 못했으며, 피니는 조나단 에드워즈의 1734~1735년의 노스햄프톤(Northampton) 지역 부흥에 관한 기사(A Faithful Narrative of the Surprising Work of God, 하나님의 놀라운 역사의

History of the American People, New Haven: Yale University Press, 1972, 432~435. 홍철, 『미국 장로교회의 역사와 신학』, 52.

36) 미국의 교회사가 시드니 알스트롬(Sydney E. Ahlstrom)은 피니를 가리켜 '현대부흥의 아버지'라고 불렀다. 그는 본래 변호사였으며, 1821년에 개종했다. 물론 2차 대각성운동을 주도한 자들은 피니를 비롯하여 장로교회와 회중교회 지도자들이었다. 알렉산더 캠벨(Alexander Campbell, 1788~1866)은 스코틀랜드 아일랜드계, 제임스 맥그레디(James MacGready, 1758~1817), 토마스 캠벨(Thomas Cambell, 1763~1854), 바튼 스톤(Barton W. Stone, 1772~1844), 리만 비쳐(Lyman Beecher, 1775~1863)은 장로교도였으며, 찰스 피니 역시 장로교도였다. 코네티컷주와 매사추세츠주를 중심으로 티모시 드와이트, 아사헬 네트레튼(Asahel Nettleton, 1783~1844), 버네트 테일러(Bennet Tyler, 1783~1858), 나다니엘 윌리엄 테일러(Nathaniel William Tylor, 1786~1858)는 회중교인들이었다. Robert C. Walton, Chronological and Background Charts of Church History, 고덕상 역, 『차트 교회사』 (서울: 기독교문서선교회, 1990), 78~79.

37) 찰스 피니는 1821년에 회심을 경험했으며, 단기 신학과정을 거쳐 목사가 되었다.

신실한 진술)를 인간 부흥의 역사라고 말했다.[38] 피니는 한동안 뉴욕에서 사역하다가 오하이오주 오벌린대학(Oberlin College)에서 신학 교수로 사역한 뒤 그 대학의 학장이 되었다(1851년).

그의 신학은 칼빈주의 개혁신학이 아니다. 그의 신학에 담긴 죄는 인간 자발적인 행위이며, 거룩은 인간의 노력으로 인한 가능성을 제시하며, 성화에 대하여 완전주의를 주장했다. 신앙부흥 역시 당시 반노예제도 충동과 도시 전도의 발흥 속에서 일어난 강력한 세력으로 보았다.[39] 이와 같은 피니의 주장들이 미국 장로교의 분열을 촉진했다. 이러한 그의 신학적 주장들이 하나님의 주권, 하나님의 선택, 인간의 전적 타락 성경의 절대적 권위와 같은 전통적인 칼빈주의 개념들을 무기력하게 만들었다. 칼빈주의 전통 노선을 따르는 구학파 웨스트민스터 신앙고백서와 장로교 정치 체제를 따르는 개혁주의자들은 피니의 사상을 따르는 신학파에 대항할 것을 계획했다. 결과적으로 피니는 장로교를 떠나서 회중교회(Congregational Church)로 옮겨갔다(1835년).[40]

청교도 개혁주의 정신과 미국 북장로교

1801년 장로교인과 회중교인들은 불필요한 경쟁을 피하기 위해

---

38) 그는 '참된 기독교 부흥은 이적이 아니다'라는 글에서 "부흥은 어떤 의미에서든 이적에 속한 것이 아니다. 부흥이란, 도구들과 방편들을 사용함으로써 얻는 다른 어떤 결과와 마찬가지로 하나님께서 주신 방도들을 올바르게 사용하는 데서 논리적으로 기대할 수 있는 한 가지 결과이다." Charles G. Finney, *Revival of Religion*, 『찰스 피니의 부흥론』, 김원주 옮김, (서울: 생명의말씀사, 1998), 16.
39) 홍 철, 『미국 장로교회의 역사와 신학』, 55.
40) Ibid., 56.

서로 연합하여 선교하기로 결정했다. 그러나 프린스턴 신학교를 졸업한 목사들 가운데서도 원죄 교리를 부인하고, 중생하지 않은 자도 계명들을 지킬 수 있으며, 자신의 개종을 시작할 수 있다고 가르쳤다. 따라서 1837년에 회집된 총회에서 구학파(웨스트민스터 신앙고백서와 장로교 정치 체제를 따르는 학파) 사람들은 교리적 혁신을 위해 1801년에 맺은 회중교회와의 연합계획을 공식적으로 폐지했다. 구학파 사람들은 회중주의(Congregationalism)와 신학파(新學波)에 동조한다는 이유로 웨스턴 리저브(Western Reserve), 유티카(Utica), 제네시(Genessee) 그리고 제네바(Geneva) 대회들을 축출했다.[41]

이러한 사태의 결정에 대해 신학파 사람들은 1837년 총회에서 대회들 축출을 받아들이기를 거부했고, 그러한 결정은 무효라고 주장했다. 그러나 1838년 총회에서 구학파 사람인 총회장은 신학파 사람들의 요구를 받아들이지 않았다. 그래서 신학파 사람들은 필라델피아에 있는 다른 장소로 옮겨 회집하였고, 펠라델피아에서 모인 두 학파의 사람들은 모두 자신들의 교단을 '미합중국장로교회'(The Presbyterian Church in the United States of America, PCUSA)이라는 이름을 사용했다. 이곳에서 구학파와 신학파를 가르는 분열이 발생했다.[42] 구학파

---

41) Lefferts A. Loetscher, *A Brief History of the Presbyterians*, 96-97. 홍 철, 『미국 장로교회의 역사와 신학』, 57.
42) 뉴잉글랜드에 정착한 청교도들 사이에 신학파와 구학파가 분열된 과정의 주요 요인은 첫째, 예일대학의 신학사상 때문이었다. 예일대학의 신학부 교수인 나다니엘 윌리엄 테일러(Nathaniel William Taylor, 1786~1858)는 그의 사상이 새로운 칼빈주의 정통이라고 주장하면서, 아담의 원죄 교리와 원죄로 인한 죄책과 오염을 부인했다. 그는 원죄는 전가된 것이 아니고 모든 인간은 부패된 본성을 가지고 출생하는데, 그 출생이 죄를 지을 기회를 제공한다고 했다. 그는 인간은 도덕적 선을 행할 능력이 있다고 주장했다. 그러나 청교도 장로교 개혁사상을 프린스턴 신학자들은 테일러의 펠라기우스적 사상을 비판했다. 둘째로 찰스 피니를 중심한 오벌린대학 신학 사상이다. 그의 사상은 청교도 칼빈주의 개혁

PCUSA 직인(1891)

사람들은 전체 교인 4/9를 잃을지라도 교단의 특징인 개혁주의 장로교회 교리의 본질들을 지키기 위해 그러한 축출이 필요하다고 주장했다.[43]

이처럼 남북전쟁 이전 뉴잉글랜드의 주도적인 신학은 칼빈주의 청교도 개혁신학이었고, 교회 정치는 장로교제도(Presbyterianism)에 기반을 두고 있었다. 그러나 계몽주의가 발현하고, 새로운 영성운동 주의자들과 만인 구원론(Universalists)을 주장하는 자들과 신앙적 인식보다 이성적 판단을 더 높이 평가하는 자유신학(liberal theology)의 물결이 미국 청교도 사회에도 흘러들어왔다. 특별히 목회자 양성을 위해 출발한 초기 프린스턴대학은 그 역할과 사명을 제대로 감당하지 못했다. 따라서 1808년 '미합중국장로교회'(북장로교) 총회 개회 설교에서 아치볼드 알렉산더(Archibald Alexander) 목사는 기존 대학들이 목회자 양성에 실패하고 있다고 비판한 후에 독자적 신학교를 뉴저지 프린스턴대학 내에 세우기로 합의하고 1809년에 애쉬벨 그린(Ashbel Green)의 주도로 필라델피아 노회가 총회에 신학교 설

사상을 수정하려고 한 것이다. 그는 신학에서 세 요소들을 주장했다. "1) 부흥에 있어서 새로운 수단들(new measures)에 대한 신뢰, 2) 도덕적 개혁에 대한 신뢰, 3) 크리스천 삶의 제2차적이고 보다 성숙한 단계에 대한 믿음"을 강조한 것이다.

43) 홍 철, 『미국 장로교회의 역사와 신학』, 58.

립을 청원하였고, 1812년 총회에서 신학교를 프린스턴대학 경내에 세우되 운영권은 총회가 독점한다는 협정을 승인하고, 8월 12일 개교식을 가졌다.[44]

당시 아치볼드 알렉산더를 설교학 교수로, 사무엘 밀러를 교회사 및 교회 정치학 교수로 선출하고, 애쉬벨 그린을 총장으로 선출했다. 이 당시 프린스턴 신학교(Princeton Theological Seminary)의 역사에 있어 가장 뛰어난 신학자들인 아치볼드 알렉산더, 애쉬벨 그린(Ashbel Green), 사무엘 밀러(Samuel Miller), 찰스 핫지(C. Hodge), A. A. 핫지(A. A. Hodge), 벤자민 B. 워필드(Benjamin B. Warfield)가 칼빈주의 신학을 지도했다. 그들은 성경의 절대적 권위와 영감, 경험 속에서 성령의 역사, 구원에 있어 하나님의 주권, 그리스도의 사역 안에서 택자들의 통일성, 하나님의 은혜가 없는 인간의 도덕적 무능에 관한 칼빈주의 개혁사상을 빈틈없이 수호했다.[45]

특별히 구학파 사람들로 구성된 '미합중국장로교회'는 회중교회와 관계없이 교단 활동을 장로교 총회가 직접 관장하고 '미국해외선교위원회'(American Board of Commissioners for Foreign Mission)나 '미국국내선교회'(American Home Missionary Society) 같은 선교 활동을 단독으로 전개할 것을 주장했다. 프린스턴(Old Princeton Theological Seminary) 신학자들은 미국에서의 칼빈주의를 대표한 학자들이었고, 한국의 평양장로교 신

---

44) 애쉬빌 그린(Ashbel Green)과 사무엘 밀러(Samuel Miller)와 아치볼드 알렉산더(Archibald Alexander)를 비롯한 27명의 실행 이사들을 선출하고, 알렉산더를 설교학 교수로, 사무엘 밀러를 교회사 및 교회정치학 교수로 그리고 그린을 총장으로 선출했다.

45) 홍 철, 『미국 장로교회의 역사와 신학』, 62~65.

학교와 총신대학에서 가르쳤던 박형룡 박사가 구프린스턴 신학교 교수들에게서 배웠다. 이러한 교회사적 역사와 신학 사상으로 무장한 미국 북장로교 총회가 관장한 '미국해외선교위원회'(IBCFM)는 한국 및 해외에 선교사들을 파송했다. 이들을 통해 한국 땅에 교회가 세워지면서 교리적이고 실천적인 교육이 시작되었고, 당회, 노회, 총회와 같은 치리회가 조직되고 정치 조례에 따라 기능하게 되었다.

남장로교회의 역사적 배경과 신학

미국 남장로교가 공식적으로 시작되기 전에 미국 남부에 북장로교의 신학적 영향을 받는 장로교회가 존재하고 있었다. 중부 식민주의 장로교인들이 사이에 구학파(옛 빛)와 신학파(새 빛) 사이에 분열이 있는 중에도 대각성운동의 불길이 남부지방으로 전달되었다. 남부지방의 전도는 주로 신학파에 속한 젊은 목사들에 의해 실천되었다. 젊은 목사들이 남부지역 조지아, 캐롤라이나, 버지니아 지방에서 장로교회의 기초를 놓기 시작했다. 특별히 신학파의 목사인 윌리엄 로빈슨(William Robinson)은 뉴브런스윅 노회의 파송을 받아 버지니아와 캐롤라이나에서 선교사로 활동했다. 그는 사역에 열정을 쏟았고, 특히 하노버 지역을 중심으로 큰 부흥의 역사(役事)를 경험했다. 이 지역에는 평신도인 사무엘 모리스(Samuel Morris)가 경건 서적들과 설교 서적들을 통해 열성적으로 부흥운동을 지도하고 있었다. 로빈슨 목사가 이곳에 도착한 이후로 초교파적 부흥의 역사가 장로교적인 색채로 바뀌게 되었다.

1747년 뉴캐슬 노회(New Castle Presbytery)의 사무엘 데이비스(Samuel Davies, 1723~1761)에 의해서 초교파적 부흥운동 그룹은 교단적 조직을 갖추게 되었고, 하노버 지역의 부흥(Hanover County Revival)을 일으키는 일에 기여했다. 남장로교의 아버지라 불리는 사무엘 데이비스는 탁월한 설교가였다. 그는 버지니아주 여러 곳을 다니며 전도했고, 유능하게 이 사명을 감당했다. 1755년 사무엘 데이비스는 뉴욕 대회(New York Synod)의 지도하에 남부지역 최초의 노회인 하노버 노회(Hanover Presbytery)를 조직했다. 이 노회는 남부지역 전역을 포함하는 미국 남부지역의 모노회(母老會)가 되었다. 사무엘 데이비스는 1759년 프린스턴대학의 전신인 뉴저지대학(College of New Jersey)의 학장이 되었고, 2년 후 38세의 나이로 주님의 부르심을 받았다.[46]

미국 남장로교(PCUS)의 조직 배후에는 미국에서의 노예제도 문제가 작용했다. 중부지역의 구학파 장로교도들보다 신학파 사람들이 노예제도 폐지 운동을 더 강력하게 추진했다. 따라서 1857년 남부지역의 신학파 구성원들이 미합중국장로교회(PCUSA)로부터 탈퇴하여 '미합중국장로교회 연합대회'(The United Synod of the Presbyterian Church in the United States of America)를 조직했고, 1861년 12월 4일에 남부지역 47개 노회들의 대표들이 모여 '미국남부연방 장로교회'(The Presbyterian Church in the Confederate States of America)란 교단을 조직하게 되었다. 1865년에는 명칭을 '미국남장로교'(the Presbyterian Church in the United States, PCUS)로 개칭했다.

---

46) Ibid., 67-68.

중부지역에서는 1870년 구학파와 신학파 사이에 재연합이 이루어졌다. 그들은 서로가 성경만이 신앙과 삶의 유일한 규칙이며, 웨스트민스터 신앙고백서가 성경의 교리를 가장 잘 표현한 것으로 받아들인다고 승인하였고, 1837년 분리 이전에 사용했던 '미합중국장로교회'(the Presbyterian Church in the United States of America, PCUSA)라는 교단 명칭을 다시 채택했다. 이후 한 세기가 넘도록 남·북 장로교회가 분리 된 채로 지내오다가 1983년에 와서 미국남장로교(PCUS) 교단과 미합중국장로교(PCUSA) 교단이 서로 합동했다.[47] 19세기 미국에서 장로교는 신학파와 구학파라는 두 개의 주류로 분열되어 있었다. 북부에 속한 신학파 그룹의 사람들은 시대정신이 더 개방적이었고, 일부 알미니우스 사상과 계몽주의 사상을 수용하고 있었다. 그러나 중부와 남부의 절대다수로 구성된 구학파 사람들은 웨스트민스터 표준문서와 칼빈주의 개혁 정신을 확고히 신봉하고 있었다. 특별히 미국 남장로교회에 신학적 영향을 끼친 주목할만한 두 인물, 제임스 쏜웰(James Henley Thornwell, 1812~1862)과 로버트 루이스 댑니(Robert Lewis Dabney, 1820~1898)가 있다.

댑니는 버지니아주에서 출생하여(1820. 3. 5) 1842년에는 버지니아 대학교에서 문학석사 학위(M.A)를 취득한 후 버지니아주에 소재한 유니온신학교(Union Seminary)에 입학했다.[48] 그는 1853년 33세의 나이

---

47) Ibid., 69.
48) 유니온 신학교는 중부의 프린스턴 신학교와 같이 구학파의 진영에 확고하게 속해 있었다. 댑니는 웨스트민스터 신앙고백서에 나타난 19세기 미국 구학파의 칼빈주의 개혁 사상을 확고히 옹호하는 대표자였다. 하나님의 작정, 주권과 책임, 죄의 전가 및 종말론 같은 댑니의 사상은 칼빈, 영국 청교도 그리고 웨스트민스터 신앙고백에 뿌리를 두고 있다. 그러면서도 원죄의 전가에 대한 찰스 핫지의 견해와 성례

에 유니온신학교의 교수가 되었고, 그 후 30년을 재직하면서 유니온신학교의 발전에 공헌했다.⁴⁹⁾ 댑니는 미국 남장로교가 한국에 파송한 선교사 레이놀즈(William D. Reynolds)와 크레인(J. C. Crane) 선교사들에게 신학적으로 큰 영향력을 끼쳤던 인물이다. 미국북장로교 선교사 언더우드(Horace G. Underwood)가 1891년 안식년을 맞아 미국을 방문

로버트 댑니

하여 멕코믹신학교에 들러 선교 보고를 했고, 또 내슈빌에서 열린 '전미 신학생 해외선교대회'에 참석하여 한국 선교에 대하여 호소했다. 이 결과로 미국 남장로교 출신 일부 선교사 후보생들이 한국 선교를 결심하게 되었다. 1892년 한국 선교를 지망한 전킨 부부, 윌리엄 레이놀즈 부부, 리니 데이비스 등 일곱 명이 한국에 입국하여 미국 남장로교 한국 선교를 시작했다.⁵⁰⁾

미국 장로교회의 총회 조직

미국은 독립전쟁⁵¹⁾이 끝난 후 새로운 정부가 조직되고 교회적으

를 은혜의 방편으로 보는 칼빈의 견해를 비판하기도 했다.
49) Douglas Floyd Kelly, "Robert Lewis Dabney" in *Reformed Theology in America*, 212-214. 홍철, 『미국 장로교회의 역사와 신학』, 72-73.
50) 대한예수교장로회총회, 『대한예수교장로회총회 100주년사』 (서울: 대한예수교장로회총회 출판부, 2013), 53.
51) 미국의 독립운동은 1760년대 이후부터 시작되었다. 영국 정부가 신대륙 국민들에게 무거운 세금을 부

로는 장로교회가 늘어남에 따라 뉴욕 필라델피아 노회는 미국의 모든 장로교회를 포함하는 총회의 조직을 구상했다. 1788년 5월 미국 장로교회의 16개 노회[52]가 대회에 참석했다. 이때 총대들은 네 개 대회(뉴욕과 뉴저지 대회, 필라델피아 대회, 버지니아 대회, 캐롤라이나 대회)로 분리하고 총회 구성을 결의했다. 총회 조직은 1789년에 이루어졌다. 미국 장로교도들은 1789년 5월 21일 '필라델피아 제2교회'에서 미국 최초의 장로교 총회를 조직했다. 교단의 명칭을 미국 장로교회(Presbyterian Church in the United States of America)라고 칭하고, 『웨스트민스터 신앙고백서』를 교단의 신앙고백서로 채택했다. 초대 총회장으로 존 위더스푼(John Witherspoon)[53]이 선출되었다. 장로교회가 총회를 조직함으로 미국 국가의 전 영역에 영향을 미칠 수 있는 유일한 종교적 단체가 되었다. 특별히 조지 워싱턴(George Washington, 1732~1799) 대통령과 그의 행정 관료들은 장로교 정치 체제인 공화정치 제도를 미국 행정부의 원

과하고 심한 내정 간섭을 행하자 미국인들은 영국의 정책을 폭정으로 간주하고 이에 항거했다. 또한 영국은 식민지 백성들에게 영국 왕에 대한 충성과 영국 국교회인 성공회로 개정할 것을 명령했다. 이러한 명령에 대하여 스코틀랜드 계통의 장로교인들은 강한 반감을 드러냈다. 영국의 통치가 실현되면 개신교에 대한 박해가 신대륙에서 재현될 것이며, 장로교 목사들은 자유롭게 종교적인 일을 수행할 수 없게 될 것이며, 교회의 자율권이 침해를 받고, 대의 기관을 통해 다스리던 공화정치는 1인 군주가 다스리는 군주정치로 바뀌게 될 것을 염려하여 장로교도들은 영국의 지배를 받는 것보다 영국으로부터의 독립을 유일한 방안으로 생각하고 독립전쟁을 고무시켰다.

52) 1788년 5월 대회에 참석한 노회는 다음과 같다. 서포크 노회, 더치스 카운티 노회, 뉴욕 노회, 필라델피아 노회, 뉴브런즈윅 노회, 뉴캐슬 노회, 루이스 노회, 볼티모어 노회, 레드스톤 노회, 렉싱턴 노회, 사우스캐롤라이나 노회, 트란실바니아 노회, 칼라슬 노회이다.

53) 존 위더스푼은 에든버러 대학교에서 문학과 신학을 공부했다. 1745년 목사 안수를 받은 후 스코틀랜드에서 복음적인 설교자로 큰 영향력을 끼쳤다. 1768년 신대륙에 이민하여 뉴저지 대학(College of New Jersey)의 학장에 취임했다. 독립전쟁이 일어나자 그는 미국 장로교회 지도자로서 많은 학생들을 동원하여 전쟁에 참여했다. 그리고 목사로서 유일하게 독립선언서에 서명했다. 그가 총회장으로 취임하기 3주 전에 미국은 뉴욕에서 연방의회를 개최했으며, 조지 워싱턴(George Washington)이 미국 초대 대통령으로 취임했다. 이때 위더스푼은 조지 워싱턴 대통령에게 편지를 보내어 미국정부에서 장로교회의 중요성을 인식하도록 요청했다.

리로 채택했다. 이처럼 장로교회의 영향력이 커지면서 미국 장로교회는 네 개의 대회와 열다섯 개의 노회를 가진 대 교단으로 발전했다.

미국 장로교회의 정치 원리와 치리 제도

정치 원리

스코틀랜드, 잉글랜드, 아일랜드, 프랑스, 네덜란드 그리고 독일에서 이민한 대부분의 신교도들에 의해 세워진 미국교회는 존 칼빈의 신앙과 신학 사상에 기초한 개혁주의 사상에 뿌리를 두고 출발하였다. 미국교회는 칼빈의 정치 원리와 교회 규정서, '스코틀랜드 신앙고백서'와 치리서 그리고 '웨스트민스터 신앙고백서'와 교회 정치 조례에 깊은 영향을 받았다. 특별히 미국의 장로교회(PCUSA)는 스코틀랜드-아일랜드 계통의 장로교도들과 청교도들을 중심으로 발전했다. 따라서 미국 장로교 정치 원리는 일부분을 제외하고는 '웨스트민스터 헌법'과 일치한다. 그러나 장로교회의 정치 원리는 그 나라의 문화와 환경에 따라 다소 차이점이 있다. 미국은 혼합 민족 국가라는 상황에서 인권의 문제가 심각하게 대두되는 나라이며, 자유와 평등 사상을 강조하는 나라이다. 따라서 웨스트민스터 헌법을 미국 장로교회의 헌법으로 받아들일 때 부분적인 수정은 불가피했다. 그러나 미국 장로교회는 역사적으로 발전한 장로교 정치의 근본 원리를 배제하지 않았다. 미국 장로교회가 보편적으로 받아들이고 있는 정치 원리의 근본적인 특징은 세 가지이다.

첫 번째 특징은 대표 제도이다. 교회의 절대적 주권자는 그리스도라는 원칙 위에서 미국 장로교회는 회중들에 의해 선출된 교인의 대표들인 장로들에 의해 다스려진다. 장로교인들은 회중 가운데 항존직 직분 자들을 선출할 수 있는 권리가 있었다. 두 번째 특징은 교회의 신조들과 정치 체제를 문서로 기록한 교회 헌법(constitution)에서 살펴볼 수 있다. 미국 장로교회의 헌법은 '신앙고백서'(The Book of Confession)와 '교회 규정서'(The Book of Order)로 구성되어 있다.[54] 헌법은 교회 정치 체제 속에서 교회에 대한 성경의 가르침들을 수집하고 해석하는 일을 한다. 세 번째 특징은 관계에서 찾아볼 수 있다. 미국 장로교 헌법 가운데 이 관계의 특징은 우리의 신앙이 교회의 연합에 뿌리를 두고 있다는 것이다. 초대 미국 장로교주의의 자료들 가운데 한 자료는 "신자들로 구성된 여러 다른 교회들은, 집단적으로 보면, 한 그리스도의 교회를 구성하고 있으며, 강조해서 말하면 교회이다"라고 진술한다. 또 다른 말로는 이 하나의 교회는 '보편적 교회'(church universal)이다. 미국 장로교회는 보편적 교회를 강조하는 특별한 교단으로서 국내외적인 교회협의회에 참여함으로 이 연합을 반영하려고 노력했다.[55] 미국 장로교회가 강조하는 이 교회 정치 원리들은 능률적이며, 공정하며, 규칙적인 기능을 발휘하며 교회 유지에 도움을 주었

---

54) Ibid.,8-9. 특별히 헌법 가운데 '교회 규정서'는 3부로 구성되어 있다. 제1부는 정치 형태, 제2부는 예배 모범 그리고 제3부는 권징 조례이다. 미국 장로교회 정치의 근본 원리와 규정들은 정치 형태에 요약되어 있다.

55) Ibid.,9.

다. 장로교 정치 체제는 교회의 회중들이 교회 정치에 참여하였기에 회중들의 능력에 대한 깊은 존경심을 바탕으로 형성되었다.

치리 제도

미국 장로교회는 장로들(Presbyters), 치리 장로들과 말씀과 성례를 집례하는 목사들(Ministers)로 구성된 대의 기구들에 의해서 다스려진다. 단 교회의 통치 기구들은 국가의 정부와 다르며, 실정법 권한을 갖고 있지 않다. 이는 국교분립의 개혁주의 관점이 반영된 것이다. 교회의 "각 통치 기구들은 개별적이고 독립적이면서도 상호 유기적인 관계를 갖기 때문에 이 통치 기구들 가운데 하나의 결정과 행동은 전(全) 교회의 결정과 행동이다."고 명시했다.[56] 이러한 주장에 따르면 교회의 통치 기구들은 개혁주의 혹은 장로교주의 원칙에 따라 상하 유기적인 혹은 협의회적인 특성을 갖는다.

당회

미국 장로교회의 당회는 목사, 협동목사들 및 장로들로 구성되어 있다. 당회에 주어진 첫 번째 책임은 교인들을 교회 안으로 받아들이는 것이다. 당회는 사람들을 세 가지 방법, 즉 첫째, 신앙을 고백한 자에 대하여, 둘째, 예수 그리스도를 믿는 신앙을 재확인한 자에 대하여, 셋째, 교인이라는 이명증에 대한 만족할 만한 증명서가

---

56) Eugene Heideman, *"The Elder in Reformed Churches in the United States of America"*, in The Ministry of Elders in the Reformed Church, Lukas Visher ed.(Bern: Evangellische Arbeitsstelle Oekumene Schqeiz Sulgenauweg, 1992), 253-254.

있는 자에 대하여만 능동적인 교회 회원이 되도록 받아들인다. 교회 회원에 대한 이해는 예수 그리스도의 성육신, 죽음 그리고 부활을 기초로 한다. "사람은 예수 그리스도를 구세주로 믿는 믿음을 통해 교회의 능동적인 회원이 되며, 그리고 모든 만물 가운데 그의 주권을 받아들이는 것이다."[57] 그러므로 당회는 사람들을 신앙의 공동체 안에 들어오도록 하는 가장 중요한 책임을 가진다.

노회

미국 장로교 안에서 노회는 당회 다음의 재판권을 가진 치리회이다. 노회는 일정한 지역 안에 있는 모든 미국 장로교회들의 말씀과 성례의 사역자들로 구성되는데, 노회가 모일 때에는 각 교회는 당회가 뽑은 장로를 한 사람씩 파송해야 한다. 각 노회에서는 최소한 12명의 목사와 열두 개 교회들이 있어야 한다. 특정 지역의 경우 대회나 총회의 허락하에 보다 작은 규모의 노회가 형성될 수 있으나, 적어도 5명의 목사가 있어야 한다.[58]

대회

대회는 노회 다음의 치리회이다. 미국에서는 장로교회의 첫 총회가 회집되기 70년 전에 이미 첫 노회가 조직되었다. 그것이 바로

---

57) Joan S. Gray, Joyce C. Tucker, 60.
58) Ibid., 106. 각 교회는 말씀과 성례를 맡은 목사 한 사람과 장로 한 사람을 파송하되, 교인이 501-1,000명일 때 교회는 장로 두 사람을, 교인이 1,001-1,500명일 때 장로 세 사람을, 1,501-2,000명일 때는 장로 네 사람을, 그리고 2,001-3,000명은 장로 다섯 사람을 각각 파송한다. 3,000명 이상은 1,000명당 한 사람의 장로가 추가 파송된다.

1717년에 조직된 필라델피아 노회이다. 그러나 대회는 한 특정 지역 내에서 세 노회보다 적지 않은 노회들로 구성된다. 이 대회는 노회들에 의하여 선출된 대표들로 구성되는데, 이 대표들은 동수의 장로들과 목사들이다. 그런데 대회는 노회들의 다수가결로 대표들의 선출 방법과 숫자 및 참여 방법을 결정한다. 적어도 2년에 한 번씩 열리는 이 대회는 지역별로 일정 숫자의 노회들을 묶어 노회들과 총회 사이를 다리 놓는 중간 역할을 하는 기구이다. 이 제도는 개혁교회 전통에는 없었던 것으로서 장로교주의 혹은 개혁주의 직제원칙을 지키는 범위 안에서 주어진 매우 긴요한 기구이다.[59]

총회

미국 장로교회의 최고 통치 기구인 총회는 장로교회의 대회들, 노회들, 당회들 및 개교회들의 통일성을 나타낸다. 총회는 노회 파송을 받은 동일한 숫자의 장로들과 목사들로 구성되는데, 만 명 이하의 노회는 한 사람의 장로와 한 사람의 목사를, 만 명 이상의 노회는 만 명이 추가될 때마다 혹은 5천명 이상이 추가될 때마다 장로 한 사람과 목사 한 사람을 더 선출하여 파송한다.[60]

미국 장로교(PCUSA) 총회의 정치 원리는 '웨스트민스터 신앙고백서'를 중심으로 작성된 '신앙고백서'와 '교회 규정서'를 통해 '대표 제도'와 '교회의 연합 관계'를 강조한다. '신앙고백서'는 하나님의 선택

---

59) Ibid.,111.
60) Ibid.,114.

받은 자녀들을 다스리는 권세는 "하늘과 땅의 모든 권세"를 가지신 부활하신 그리스도에게 있음을 주장한다. 미국 장로교회는 치리회를 구성하는 교회의 직제와 직분자들의 사역은 만인제사장론에 입각한 일반적 사역이라고 본다. 이는 보편교회의 일치를 생각하면서 장로교 정치 원리를 제시한 것이다. 미국 장로교회가 정치 원리, 직제 그리고 치리 제도를 성경적 증거에 근거하여 만들려고 한 것은 칼빈 이후 개혁교회의 전통을 따르려고 하였기 때문이다.

또 미국 장로교회의 정치 원리는 칼빈과는 달리 교회 연합에 강조점을 둔다. 특별히 미국 장로교회가 장로들을 '프레스비터'(presbyters)와 '엘더'(elders)로 나누고, 전자를 목사로 후자를 치리 장로로 보는 것은 칼빈의 영향력이기보다 스코틀랜드 장로교회와 웨스트민스터 교회 정치 지침서의 영향이 크다고 할 수 있다. 미국 장로교회의 치리회는 장로들, 즉 말씀 선포와 교육과 성례를 담당하는 목사들과 치리 장로들로 구성된 대의 기구들에 의해서 통치된다. 그러나 교회의 통치 기구들은 국가 정부의 통치와 다르며, 실정법 권한을 갖고 있지 않다. 그러나 이 통치 기구들은 개별적이면서도 상호 유기적 관계를 갖고 있기 때문에 이 통치 기구들 가운데 하나의 결정과 행동은 전 교회의 결정과 행동이다. 그러므로 미국 장로교회는 철저한 장로교주의의 정치 체제의 전통을 그대로 전수했다.

The History of the Formation of Presbyterian Polity

한국 장로교회의
정치 원리와 치리 제도

한국 장로교회의
정치 원리와 치리 제도

한국 장로교회 노회(대한예수교장로회 노회)[1]는 1907년 9월 17일 결성되었다. '대한예수교장로회 노회' 혹은 '독립노회(이하 '독노회'로 칭함)'[2]라는 교회 정치 구조의 결성은 한국 교회사에서뿐만 아니라 한국 민족의 역사에 있어서 중요한 의미를 지닌다. 이것은 실로 와해되어가고 있던 대한제국이라는 정치 구조(왕정)의 모습과는 너무나 대조적으로 한국교회는 물론 한국 민족 전체에 있어서도 매우 '건설적인' 사건이었다. 당시 유교적 왕정과 붕당과 사대부들은 무너지고 있었지만 천대받던 예수쟁이들과 기독교회는 분열되지 않고 오히려 연합되고 있었다. 개교회의 설립과 교회들의 연합이야말로 병적인 분파와 분열로 인하여 국가가 몰락하고 있는 것을 보고 있던 한국인들에게는 그 어떤 설교보다도 더 설득력 있는 모습이었다.

사실 '독노회'의 설립은 같은 해에 있었던 평양 대부흥 운동과는

---

1) 한국 장로교회의 설립 당시(1907) 공식 명칭은 '대한예수교장로회' 혹은 '대한국예수교장로회'였다. 한석진 편, 『대한예수교장로회 노회 회록』(독노회록)(경성: 예수교서회, 1913), 1-3, 황재범, "1907년 한국 장로교회의 설립 및 12신조에 대한 재조명", 제22회 계명목회자 세미나, 계명대학교 연합신학대학원(2006, 10), 39에서 재인용.

2) '독노회'란 말은 '단독적인 노회' 즉 노회가 하나밖에 없음을 의미한다. 1907년 9월 한국에 파송된 네 개의 장로교 계통의 선교부가 하나의 장로교회를 설립하기 위해 그 행정조직으로 처음 조직한 노회를 말한다.

비교할 수 없을 정도로 한국 장로교회에 큰 영향을 끼친 사건이었다.[3] 그럼에도 이 역사적 과정 속에서 나타난 하나님의 놀라운 경륜적 섭리와 초기 기독교 지도자들의 헌신된 사역으로 성취된 기독교 역사가 대부분의 장로교인뿐만 아니라 장로교 신학자에게서조차 잊혀져 가고 평가절하되고 있다. 한국 장로교회의 정체성 위기 및 교세 위축이 가속화되어가는 현실 속에서 옛 신앙의 선조들과 선배들이 열악한 삶의 환경과 박해 가운데서도 말씀 선포와 기도와 헌신적 섬김으로 이루어 놓은 한국교회의 역사적 사건들을 통해, 힘을 얻고 다시 일어서는 한국교회가 되기를 열망한다. 이 장에서는 한국교회 역사상 한국 장로교회 노회의 첫 독립노회 조직의 배경과 역사적 과정에서부터 치리회의 조직과 권한 및 직무에 관한 내용까지 다루기로 한다.

대한예수교장로회 독노회의 조직 배경과 역사적 의의

장로회공의회의 성립과 발전

초기 한국에 선교사를 파견한 장로회 계통의 교단은 미국 북장로교회, 미국 남장로교회, 캐나다 장로교회 그리고 호주 장로교회였다. 미국 북장로교회 선교사가 1884년에 입국한 후에 1889년에

---

3) 황재범, "1907년 대한예수교장로회(독노회) 설립 과정 및 그 의의에 대한 연구", 한국교회사학회지 제20집(2007), 281-282. 평양대부흥운동은 일시적이었지만 '대한예수교장로회'는 교리와 교회 정치 체제에 있어서 한국의 거의 모든 장로교회들에게 거의 절대적인 영향을 주었기 때문이다. 한국 장로교회들의 대부분이 교단 명칭을 '대한예수교장로회'로 쓰고 있는 것처럼 그들의 역사적 뿌리는 모두 1907년에 창설된 '대한예수교장로회' 혹은 '독노회'에 두고 있다.

장로회선교사공의회 소속 선교사들이
'하나의 한국교회' 조직을 목적으로 모인 선교사 회의

는 호주 장로교회, 1892년에는 미국 남장로교회 그리고 1898년에는 캐나다 장로교회에서 선교사들이 입국하고, 한국에 각 선교부를 설치했다. 척박한 선교 현장에서 선교가 진행되는 동안 각 선교부는 교회 안에서 일어나는 현안들을 처리할 정치적 기구가 필요하게 되었다. 아직 정식으로 노회가 조직될 형편이 아니었기에 노회가 조직될 때까지 예비적으로 전권을 맡아 치리할 상회 기관으로 공의회(公議會)의 필요성을 느끼게 되었다. 그 결과 각 교단 선교부의 협의체로 나타난 것이 공의회였다. 공의회의 역사는 크게 둘로 나눌 수 있다. 하나는 '선교사로만 조직된 공의회 시대'(1889~1900)와 다른 하나는 '조선예수교장로회 공의회 시대'(1900~1906)이다. 선교사들로만 구성된 공의회 시대는 '미국 북장로교회와 호주 빅토리아 선교회의 연합공의회 시대'(1889~1893)와 장로교 정치를 사용한 '선교공의회 시대'(1893~1900)로 세분된다. '미국 북장로교회와 호주 빅토리아 선교회의 연합공의회'를 줄여서 '연합공의회'라고 했다[4]. 이 공의회에서는 주로 초창기 선교에 대한 의견 교환과 선교 활동의 조정 등이 논의되었을 것으로

---

4) 연합공의회의 회장은 북장로교 선교부의 헤론이며, 서기는 호주 선교부 데이비스였고, 언더우드, 알렌, 마포삼열 선교사가 회원이었다.

추측된다.

　이후 미국 북장로교와 남장로교 선교부는 장로교 정치를 사용하는 선교부를 조직했다.[5] 이 공의회가 '조선예수교장로회 공의회'이다. 이 공의회는 한국인 장로 3인과 조사 6인과 선교사 25명의 연합으로 구성된 공의회였다. 한국인 교회 지도자들과 연합된 공의회로 교회 일들을 의논하게 되었다는 점에서 한국장로교회 발전사에 큰 의의(意義)가 있다. 이 공의회 시기 동안에 교회의 치리기구로서의 노회의 설립을 위하여 꾸준히 준비했다. '조선예수교장로회 공의회'가 앞으로 세우게 될 노회의 성격을 '자유장로교회'로 표현했으며, 이것이 '독립노회'의 형태로 발전한 것이다. 따라서 1902년에 각 선교부는 본국 전도부의 허락을 받아 '조선자유장로교회'를 설립할 것을 청원하기로 했다. 이러한 노력의 결과로 1905년 각국 선교부로부터 '독립노회' 설립을 허락받았다. 이리하여 1907년에 첫째, 조선예수교장로회를 조직할 것, 둘째, 이를 위한 준비위원회를 구성할 것, 셋째, 노회를 조직하는 날에 조선인 목사를 장립하는데 그들을 전도목사로 할 것 등을 결의했다. 따라서 노회 조직에 필요한 신경(신조)은 인도 장로교회가 적용했던 것을 그대로 한국장로교회의 12개 신조로 채택했다. 준비위원들은 이렇게 보고했다.

　　이 신경은 몇 개월 전에 새로 조직한 인도국 자유장로교회에

---

[5] 북장로교 선교사 8명과 남장로교 선교사 3명이 모여 빈톤 선교사 집에서 조직하였다. 대한예수교장로회총회, 『대한예수교장로회 총회 100주년사』 (서울: 대한예수교장로회총회, 2013), 72.

서 채용한 신경과 동일하니 우리가 이 신경을 보고할 때에 희망하는 바는 이 신경이 조선, 인도 두 나라 장로회의 신경이 될 뿐 아니라, 아시아 각국 장로회의 신경이 됨으로써 각 교회가 서로 연락하는 기관이 되기를 바라는 바이다.[6]

당시 인도교회 12신조를 채택한 것은 선교사들의 관점에서 볼 때 이 신조가 단지 한국교회만을 위한 신조가 아니라 앞으로 한국을 중심으로 아시아 전 지역으로 복음이 확장될 것을 예견하면서 좀 더 포괄적인 신조가 필요하다고 판단했을 것으로 추측할 수 있다. 당시 상황에서 12개 신조는 한국 장로교회의 교리적 기초를 세우는 일에 공헌했으며, 1922년 웨스트민스터 신앙고백 및 대·소요리문답이 소개되기 전까지 이 신조는 한국장로교회에서 채택한 유일한 신조였다고 할 수 있다. 이러한 절차를 거친 후에 1907년 9월 17일에 '독립노회'가 조선에 조직된 것이다.[7]

독노회의 조직과 장로회주의(Presbyterianism)의 확립

1907년 독립노회 이전에도 장로교회가 없었던 것은 아니다. 그러나 대한예수교장로회 '독립노회'의 설립은 무엇보다도 한국에 명실상부한 장로회주의가 확립되었다는 것을 공식적으로 선포한 사건이

---

6) 대한예수교장로회총회, 『대한예수교장로회 총회 100주년사』(서울: 대한예수교장로회총회, 2013), 75.
7) Ibid., 76.

었다.[8] 장로교회의 정치 체제는 성공회 체제[9]나 회중교회 체제[10]와는 다르다. 장로교 정치 체제는 장로회로 불리는 특별히 선출된 사람들로 모인 각 치리회(government)의 대표성에 근거하고 있기 때문에 당회, 노회, 대회, 총회로 이어지는 연속 치리회(serial judicatories)로 조직되었다.[11] 이러한 조직에 따라 장로교회는 상회나 하회를 거부하는 독립교회를 인정하지 않는다. 장로회주의의 발전 과정을 살펴보면 노회 제도가 처음부터 분명하게 드러난 것은 아니었다.[12] 스코틀랜드 개혁자 존 녹스에 의해서 작성된 '제1치리서'가 1560년 12월 스코틀랜드 장로교회 총회에서 정치 원리로 채택되면서 장로교회 정치는 성경적 교회 정부 형태로 수용되었다. 하지만 '제1치리서'는 교회 직분자의 임명과 직무, 그 상호 간의 관계와 교인들과의 관계 그리고 모든 신자가 복종해야 하는 교회 치리 등을 폭넓게 다루고 있지만, 광역 또는 거국적인 종교적 사안들을 다룰 수 있는 제도적 장치나 구체적인 내용에 대해서는 극히 미미하게 다루었다.[13]

물론 지역 순회 감독들이 그들의 고유 업무를 수행하고 있었다 해도 그들이 감당하던 지역적 행정업무가 외부적인 중재 없이 그 지역 자체적으로 집행되어야 할 필요성은 여전히 존재하였다.[14] 이 문

---

8) 박창식, 앞의 논문, 8.
9) 로마 가톨릭, 성공회 및 감리교 전통은 주교나 감독이 그 기구 내에서 중심적인 권위를 가진다.
10) 회중교회나 침례교 전통에서 권위는 지역 회중에게 있다.
11) Randall Balmer, John R. Fitzmier, 한성진 역, 『미국 장로교회사』(서울: CLC, 2004), 32. 박창식 위의 논문에서 재인용.
12) 박창식, 위의 논문.
13) Janet G. Macgregor, 최은수 역, 『장로교 정치 제도 형성사』(서울: 도서출판 솔로몬, 1997), 113.
14) 위의 책, 151.

1907년 9월 17일 장대현교회에서 열린 독노회

제는 노회 제도의 도입으로 해결되었는데 이는 앤드류 멜빌에 의하여 만들어진 '제2치리서'의 주된 성취였다. '제2치리서'는 교회 정치의 제도적 측면에서 지역과 지역 사이에 새로운 연결고리를 마련하였는데 이것이 바로 '노회' 또는 '장로회'였던 것이다.[15] 노회제도가 보다 현대적 의미로 분명하게 드러난 것은 영국의 장로교회가 '웨스트민스터 총회'에서 1648년 정치 원리로 승인한 '교회 행정을 위한 지침서'를 통해서이다. 이 지침서는 노회 제도의 기원과 회중으로 구성된 교회가 노회의 치리 안에 있다는 내용을 성경을 근거로 제시한다.[16]

현대적 노회의 개념과 기능들이 영미 장로교회에 적용되었고 이

---

15) 위의 책, 152-153
16) 박창식, 앞의 논문, 9.

정치 제도의 영향을 받은 선교사들에 의해 1907년 9월 17일에 한국 장로교회가 독노회를 조직하기에 이른 것이다. 이처럼 독노회의 조직은 한국의 장로교회가 세계 장로교회의 원류로 합류되는 역사적 사건이 되었다. 왜냐하면, 대한예수교장로교회(독립노회)가 그 정치 체제로 '장로회주의'(Presbyterianism) 체제를 받아들였기 때문이다. 장로회주의는 노회(Synod)를 근간으로 하기 때문에 '독노회'는 한국에서 장로교회의 시작이라 할 수 있다. 독립노회는 1907년 9월 17일부터 19일까지 3일간 개최되었다. 평양 장대현교회에서 열린 독노회는 선교공의회 회장인 마포삼열 목사의 개회선언으로 시작되었고, 선교사 33인, 한국인 노회원 36명이 천거되어 3일간 회무를 진행했다. 12신조가 채택되었고, 17일 일곱 명의 평양신학교 졸업생이 목사 안수를 받아 목사로 장립되었다.

독노회 중에 특별한 점은 두 가지이다. 첫째, 신임 목사 중에 이기풍 목사를 제주도에 선교사로 파송하도록 할 것과 전국의 교회들이 제주도 선교를 위해 헌금할 것을 결의했다. 둘째, 신임 목사들의 사역지를 확정하여 결의한 것이다. 독노회 설립은 세계 장로교회사의 관점에서 볼 때 여러 가지 의의를 가진다. 첫째, 독노회의 설립은 한국 땅에 명실상부한 장로회주의가 확립되었다는 공식적인 선포이다. 둘째, 독노회 설립은 한국 땅에 하나의 단일 장로교회를 형성했다는 교회사적 의의가 있다. 셋째, 독노회의 조직은 한국장로교회가 선교지의 장로교회들로부터 '독립한'(independent)다는 의미를 가진다. 넷째, 독노회 조직과 함께 언급되어야 할 점은 신앙고백의 문제이다. 아쉬운 점은 한국 장로교 신경으로 채택한 12신조는 1904년 인도 장로교회가 교리적 표준으로 채택했던 것을 서문만 바꾸어 그대로 사용했다는 점이다. 이처럼 독노회의 설립은 한국 교회사적인 측면에서뿐만 아니라 세계 교회사적 측면에서 가지는 의의가 있다. 그것은 종교개혁 이후 약 500여 년의 세월 동안 지속해 오는 세계 장로회주의와 개혁신학의 원류에 한국장로교회가 합류했다는 점이다.[17]

단일 장로교회(Presbyterian Church)로의 연합

대한예수교장로회(독노회)의 설립은 하나의 장로교회로 연합되었다는 면에서 교회사적 의의를 찾아볼 수 있다. 선교 초기에 한국에서의 장로교회는 독노회의 설립으로 인해 하나의 교회로 연합되었다. "이 연합회의 의의는 치리회로 전국합노회(全國合老會)를 조직한다"[18] 는 것이었다. 1904년에는 공의회의 목적을 "이 땅에 장로교 정치를 사용하는 연합독립교회(聯合獨立敎會)를 설립하는 것"[19]으로 못 박고 있는 것에서도 잘 나타난다. 초창기 선교사들의 관심은 이 땅에 장로교의 확산이 우선이었다. 이를 위해 장로교회의 연합이 필요했는데 그들은 신학적으로 예민한 문제는 교회 연합에 걸림돌이 된다는 사실을 간파하고 처음 신조를 채택할 때 '웨스트민스터 신앙고백서'가 아닌

---

17) 대한예수교장로회총회, 『대한예수교장로회 총회 100주년사』(서울: 대한예수교장로회총회, 2013), 91-94.
18) 곽안련 편, 『장로교회사전휘집』, 26.
19) 위의 책, 33.

'12신조'[20]를 채택하기도 했다. 이처럼 독노회 설립을 통해 하나의 교회로 연합한 선교사들의 노력은 작금 벌어진 한국 장로교회의 분열상과 대비하여 조명해 볼 때 분열주의 사고에 고착된 장로교회 교인들과 지도자들의 의식을 돌아볼 수 있는 소중한 역사적 자산이라고도 할 수 있다.

독립교회 조직과 체제

대한예수교장로회(독노회)의 조직은 한국 장로교회가 서양 장로교회들로부터 독립(independent)했다는 의미로서의 '독노회' 설립, 즉 한국 장로교회가 장로교회 정치 체제를 가진 하나의 독립된 교회로서 새롭게 출발한다는 점에서 또한 그 의의를 찾을 수 있다. 조선예수교장로회공의회가 1902년 '조선자유교회 설립 방침'을 정했을 때 여기

---

20) 황재범, "1907년 한국 장로교회의 설립 및 12신조에 대한 재조명", 48. 한국 장로교회가 독노회에서 채택한 통칭 '12신조'로 불리는 '대한장로교회 신경'은 한국 장로교회의 든든한 정신적 토대였다. '12신조'는 특별히 개혁신학의 관점에서 상당히 문제가 있음에도 불구하고, 그 근원지로서의 북인도와 그 후 한국에서 교회 연합의 기준이 되었다는 점에서 역사적 의의를 가진다. '12신조'는 단순히 한국 장로교회의 신조로 채택된 것이 아니라 여러 교회(서양의 여러 장로교회 및 한국의 여러 장로교회의)의 연합의 토대(교리적·정신적 표준)로서 받아들여졌던 것이다. 1907년 암울한 시기에 당시 한국에서 활동하고 있던 네 개의 서구 장로교회(미국 북장로교, 미국 남장로교, 캐나다 장로교, 호주 장로교)소속 선교사들의 연합체가 한국의 장로교회의 대표들과 더불어 '대한예수교 장로회 노회'(독노회)를 결성했다. '12신조'는 바로 이 역사적이고 '신령하고 큰' 연합체의 근간으로서 채택이 되었던 것이다. 그러므로 이는 한국 장로교회뿐만 아니라 한국 개신교회 전체, 그리고 인도 장로교회와의 관계, 나아가서 아시아 교회 전체에 있어서 매우 중요한 의미가 있다고 볼 수 있다. 이 신조는 1907년에 채택된 이후 100년간이나 한국 장로교회 거의 모든 교단의 헌법의 교리 부분에 있어서 머리 부분을 차지해, 한국 장로교회의 신학을 결정적으로 규정해왔다고 해도 과언이 아닐 것이다. '12신조'의 내용은 웨스트민스터 '소요리 문답'의 내용 및 구조를 그대로 차용하면서 성경과 더불어 '웨스트민스터 신앙고백서' 및 다른 개혁파 신앙고백들을 원용했다. 가장 특이한 것은 이미 '서문'에 나타난 바와 같이 한국 장로교회에는 잘 알려져 있지 않은 웨일즈 칼빈주의 감리교회의 '웨일즈 칼빈주의 신앙고백'(the Welsh Calvinist Confession of Faith)이 원용된 것이다. 1823년에 작성된 이 신앙고백은 웨슬리신학의 요소(믿음의 수용 및 성장에 있어서 알미니우스주의적이며 웨슬리주의적 요소를 강조)를 가미시킨 신앙고백이다.

서 말하는 '조선자유장로교회'는 선교사들을 파송한 서양 장로교회들로부터 '자유' 혹은 '독립'한 한국의 독립적인 장로교회를 의미한다.[21] 사실 1907년 이전까지 많은 수의 장로교회가 개교회별로 존재했지만, 아직 어떤 분명하고 공통적인 장로교회 정치 체제가 없었다는 측면에서는 여전히 한국 장로교회는 조직적으로 부족한 교회였다. 한국 장로교회는 1907년 독노회의 설립과 더불어 탄생했다고 할 수 있는 것이다.[22]

1901년 장로회공의회에 한국인 지도자들을 참여시키기로 했을 때 한국에 독립된 노회가 설립되어야 한다는 구상이 선교사들 간에 있었던 것 같다. 이에 호주장로교 선교부에서는 한국에 독립교회 설립을 위한 구체적인 방안을 제시하였다. 독립교회 설립 방침을 추진하기 위해 각 교파별로 정위원을 선정하여 그 이듬해 열릴 장로회공의회의 의정 사항으로 보고하도록 하자는 것이었는데 그 의견은 채택되었다. 그리고는 각각 모국 교회에 한국 장로교회 독립에 대한 승인을 요청하였다. 승인 요청을 받은 본국의 선교부 중 캐나다와 호주의 경우는 곧 승인하였으나 미국 북장로회와 미국 남장로회는 동의하지 않았다. 이유는 아직 한 사람의 목사도 없는 상황에서 노회를 조직한다는 것은 시기상조이며, 이런 상황에서의 노회 조직은 한국인의 교회가 아닌 외국인의 교회가 되는 현상을 초래할 것이라는 우려 때문이었다.[23] 그리고 앞으로 한국인 목사와 장로들이 더

---

21) 황재범, "1907년 대한예수교장로회(독노회) 설립 과정 및 그 의의에 대한 연구", 292.
22) 위의 논문, 299.
23) 반대하는 이유로 미국 남장로회는 그 문제를 해외 선교부를 통해 총회에 제출한 결과 특별위원을 선정,

배출되어 한국인 회원의 수가 과반수를 넘으면 노회를 조직해도 좋다는 나름대로의 합리적인 방안을 제시했다.[24]

　이 무렵 한국에는 1901년에 시작된 신학교에서 공부하고 있는 목사 후보생이 3명이요, 장로를 가진 교회가 아홉 개였으며, 선교사들은 각각 모국 교회의 노회에 소속되어 있었다. 그래서 현지의 선교사들은 미국 북장로회에 공문을 보내, 현재 신학을 공부하는 학생이 많으므로 곧 현지 목사가 배출될 것이라는 점을 강조했고, 만약 한국에서 목사를 장립하려 할 때 한국에 노회를 설립하든지 아니면 선교사의 본국 노회 소속으로 장립을 받게 해야 할 터인데, 후자의 경우를 따른다면 한국에는 네 개 파의 장로교가 존재할 것이며 이는 결코 원하는 바가 아니라는 점도 강조하였다. 이 공함(空函)을 받게 되자 반대가 '전무'(全無)하였다고 한다.[25] 이러한 우여곡절 끝에 네 개의 선교부로부터 승인을 받은 장로회공의회는 1905년 9월의 회의에서 1907년에 노회를 정식으로 조직한다는 방침을 세우고 준비위원을 선정하여 제반 준비 업무를 위촉하였다. 그리고 1907년에 졸업하는 신학생 7명이 조직된 독립노회에서 목사 안수를 받도록 결정하고 1906년에는 이들의 목사임직을 위한 절차도 마련하였다.[26] 이리하여 1907년 9월 17일 평양 장대현 교회에서 한국기독교사상 중요

　합당한 방법을 모색하는 데에 1년이 필요하다는 연락을 보내왔고, 미국 북장로회는 조선에 새로운 장로교단을 세운다면 "조선 전국에 당회는 몇 곳에 불과하고 조선 목사는 아직 없은즉 이러한 유약한 교회 중에 선교사들이 무상대권을 장악하여 저 유약한 교회의 성장하는 것을 방해할 듯한 소이"로 보이기 때문에 유안(留案)하겠다고 연락을 보내왔다. 이만열, 앞의 논문, 27.
24) 위의 논문, 28.
25) 곽안련 편, 앞의 책, 37-38.
26) 위의 책, 41-46.

한 의미를 갖는 대한예수교장로회 노회가 조직되었다. 이 노회의 정식 명칭은 '대한예수교장로회 노회' 혹은 '예수교장로회 대한노회'이며 당시 그것이 하나밖에 없었기 때문에 '독노회'라고도 불렀다.

이 독노회에서는 몇 가지 기념할 만한 일을 남겼다.[27] 첫째 일곱 분의 한국 장로교 최초의 목사를 장립하였다. 이들은 1901년 혹은 그 이후 평양신학교에 입학하여 목사 후보생으로 훈련을 받고 이해에 졸업한 분들이며, 한국에서 설립된 최초의 독노회에서 안수를 받았다. 길선주, 방기창, 서경조, 송인서, 양전백, 이기풍, 한석진, 이들은 거의 최초의 개종자들로서 모두 장로 혹은 조사로 교회에 봉사해 왔으며 한국 장로교의 1대 목사로 장립되어 한국 초대교회의 머릿돌로서 활약한 분들이다. 둘째, 독노회는 전도국을 설치하고 이기풍 목사를 초대 선교사로 제주도에 파송했다. 셋째, 독노회의 가장 중요했던 안건은 장로회 신경을 채택하는 것이었다. 이것은 교단이 갖추어야 할 신앙·신학적인 정체성을 분명히 하기 위한 최우선의 과제이기도 했다. 엄격한 칼빈주의적 이념을 토대로 12개 조항으로 된 신조는 몇 년간의 심의와 수정을 거쳐 1910년에 정식으로 채택되었는데 이것은 오늘날까지 한국 장로회 신앙의 골격이다.[28]

---

27) *The Korean Mission Field*, 1907년 11월호, 162-164, 박창식, "1907년 대한예수교장로회(독노회) 설립의 교회사적 의의" 2에서 재인용. 대한예수교장로회(독노회)가 평양 장대현교회당에서 설립될 때의 현장 기록은 역사적으로 큰 가치를 지닌다. 왜냐하면 그날 이루어진 모든 절차들이 후일 교회의 모든 회의에 모본이 되고 있기 때문이다. 물론 위의 회의 진행 절차와 내용이 독노회록에 기록이 되어 있지만 다행스럽게도 선교사들의 잡지인 *The Korean Mission Field*(1907년 11월호)에 첫날을 중심으로 상세하게 기록되어 있어서 좀 더 소상히 그날의 형편을 알 수 있다. 첫날은 오전(9시), 오후(2시), 저녁(7시 30분)에 걸쳐 세 차례의 회합을 가졌고, 둘째, 셋째 날은 오전과 오후 두 차례의 회합을 가졌다.
28) 이만열, 앞의 논문, 29.

독노회에서 총회로의 발전

독노회가 조직되던 1907년은 한국교회사와 민족사에 있어서 중요한 시기였다. 1903년경부터 간헐적으로 이어진 신앙 부흥운동은 1907년 1월부터는 대부흥운동으로 본격적으로 발전해서 이른바 '평양대부흥운동'이라는 한국교회사에 한 획

1907년 6월 20일 평양신학교 제1회 졸업생 7명
(뒷줄 왼쪽부터) 방기창, 서경조, 양전백, 한석진,
이기풍, 길선주, 송린서

을 긋는 사건이 일어났다. 이 부흥운동의 한복판에는 1907년 평양신학교를 졸업하고 목사로 안수받는 길선주를 비롯한 6명의 한국 장로교 제1기 목사들이 있었다. 민족사의 측면에서 보면 헤이그 밀사 사건, 고종의 퇴위, 군대 해산에다 정미7조약으로 행정권마저 빼앗긴 상황이었고 여기에 대한 저항으로 민족독립을 위한 격렬한 의병운동이 곳곳에서 일어나는 상황이었다. 이 민족적인 시련은 이미 선교사공의회가 장로회공의회로 불리며 한국인이 공의회에 참석하기 시작했던 1901년 무렵부터 가속화되었다.[29] 독노회의 조직은 선교 초기부터 자립, 자전, 자치 등을 추구했던 선교 이념과 선교 정책의 한 결과이기도 했다. 이처럼 독노회 조직 후 한국 장로교회는 더욱 조직을 정비하고 확대했다. 5년 후 1912년에는 도 단위의 일곱 대리회

---

29) 위의 논문, 30.

를 노회로 승격시키고 그 노회들을 하나로 묶어 대한(조선)예수교장로회 총회를 결성하는 역사적인 계기를 마련하였다. 1910년 국치(國恥)를 맞아 민족이 절망과 좌절 속에서 헤맬 때 한국 장로교회는 1912년 총회를 결성함으로 한민족의 새로운 소망으로 등장했다.

대한예수교장로회 총회 조직과 정치 체제

총회 조직의 배경과 역사적 의의

1907년 한국교회사에서 처음으로 독노회가 설립되었고, 5년 후인 1912년에 총회가 조직되었다. 독노회 기간 동안 전국적으로 보고된 8개 대리회 산하에 설립된 교회의 총수는 737개였다.[30] 이러한 교회의 성장은 1907년 평양에서 일어났던 대부흥운동의 영향으로 평가된다. 이후 해마다 놀랍도록 성장해서 1906년 1만 2,500명이었던 세례교인이 1910년에는 3만 2,500명으로 증가했으며, 교인 총수도 4만 4천 명에서 무려 11만 명으로 증가했다. 지속적인 교회 성장의 결과로 총회의 설립이 시급한 과제라는 데 인식을 같이하게 되었고, 1911년 독노회는 총회를 조직하기로 결의했다.[31] 1911년 대구 남문교회에서 모인 제5회 독노회에서는 1912년 7개 대리회를 노회로 승격하여 총회를 조직하기로 결의했다. 이 결정에 따라 연차적으

---

30) 8개 대리회는 다음과 같다. 북평양대리회 160처 교회, 평남대리회 89처 교회, 황해대리회 47처 교회, 경충대리회 50처 교회, 전라남북대리회 127처 교회, 경상대리회 186처 교회, 함경대리회 78처 교회이다.
31) 대한예수교장로회총회, 『대한예수교장로회 총회 100주년사』, 119-120.

로 노회들이 조직되었다.

총회 조직시 각 노회의 상황

첫째, '경기충청노회'이다. 경기충청노회는 1911년 12월 4일 새문안교회에서 열렸다. 이 노회는 한국의 중부지역에 해당하는 경기, 서울, 충청, 강원도 지역을 관할 지역으로 두었다. 그러나 강원도는 선교지 분할에 따라 감리교 지역으로 선정되어 미국감리교회가 강원과 충남 일부 지역을 거점으로 선교사역을 담당했다. 따라서 경기충청노회는 경기, 서울, 충청북도 지역을 노회 관할 지역으로 결정했다. 1907년 경기충청노회를 조직할 때 123개 교회 가운데 조직교회는 3개 교회였다. 노회로 조직하기 전에 이 대리회에는 5인의 장로가 있었다. 대리회에 총대로 참석한 장로는 신화순(고양교회), 송순명(새문안교회), 고찬익(새문안교회) 장로 3인이었다. 그러나 1912년에 경기충청노회에서는 182개 교회에 21명의 장로를 장립했으며, 총회 총대로 11명의 목사와 11명의 장로가 참석했다.

둘째, 전라노회이다. 전라노회는 1911년 10월 15일에 전주 서문밖교회에서 조직되었다. 1907년 전라대리회를 조직했을 때 109개의 지교회와 3명(임성옥, 목포교회, 최흥서, 옥구 지경교회, 최중진, 태인 매계교회)의 장로가 세워졌다. 이 장로들은 전라대리회를 대표하여 독노회 총대로 참석한 자들이다. 전라대회는 제1회 독노회 시에 남·북대리회로 분할하였다가, 1912년 총회가 조직될 때 남·북대리회를 전라노회로 다시 합병하여 한 노회로 조직했다. 이 당시 전라노회 안에는 교인

수가 15,439명이었고, 장로는 25인이었다. 12명이 장로 총대로 참석했다. 독노회 당시 109개 교회가 5년 후 총회 당시에는 388개 교회로 성장했다.

셋째, 경상노회이다. 경상노회는 경상남북도를 관할하며, 1907년 독노회를 조직할 때 조직교회는 6개 교회였으며, 장로 총대는 4명(대구 박덕일, 밀양 김웅진, 부산 심취명, 청평 토산 방원영 장로)이었다. 1910년에 경산대리회를 남·북경상대리회로 분리하였으며, 145개의 지교회에 교인들은 9,376명이었다. 1912년 노회를 조직할 때 분립되었던 남북대리회는 경상노회로 다시 연합했다. 총회시 경상노회는 목사 12인, 장로 12인이 총대로 참석했다. 목사 12인 중에 해외 선교사 9명과 한국인 목사 3인이 총대로 참석했다. 당시 경상노회의 목사는 18명, 장로도 18명이었고, 교회는 457개 교회에 교인들은 23,985명이었다.

넷째, 황해노회이다. 제1회 독노회(1907년) 당시 6명의 장로가 총대로 참석했으며, 제2회 시에는 8명의 총대가 참석했다. 독노회 당시 교회는 140개였으며, 교인 수는 12,893명이었다. 황해대리회 안에서는 군예빈(E. W. Koons), 한위렴(W. B. Hunt), 황호리(H. C. Whiteing), 사우업(S. C. Edwin), 공위량(W. C. Kerr) 선교사들이 사역하고 있었다. 1912년 총회가 조직될 당시 황해노회는 교회가 171개였고, 교인 수는 11,439명이었다. 황해노회를 조직할 당시에는 한국인 목사 5명과 선교사 3명 등 8명의 총대가 참석했다. 이 당시 장로 총대는 18명이나 참석했다. 총회시 총대는 목사 13명, 장로 13명의 동수가 참석해야 하지만, 선교사들의 유고로 목사 8명과 장로 18명이 참석하게 된 것이다.

다섯째, 남평안노회이다. 독노회가 조직될 당시 남평안대리회는 국내에서 가장 큰 대리회로서 장로 총대 10명을 파송했다(방기창, 송린서, 길선주, 한석진, 김응주, 방승건, 박정찬, 김찬성, 강유훈, 김봉한). 다음 해인 1908년에는 18명의 장로를 총대로 보냈다. 당시 남평안대리회 안에는 장로가 33명이고, 교회가 201개 교회였으며, 교인 수는 22,298명이었다. 이는 당시 남평안노회의 교회들의 선교 열정이 월등하게 높았음을 보여준다. 1912년 평안노회가 조직될 당시 교회는 323개였으며, 교인 수는 3만명이었다. 총회 당시 총대로는 목사 29명, 장로가 54명, 총 83명의 총대를 파송했으며, 전체 총대 221명 중 38%에 해당했으며, 총회시 가장 영향력을 행사한 노회였다.

여섯째, 북평안노회이다. 독노회가 조직될 당시 북평안노회 안에는 150여개 교회가 있었으며, 1908년에는 교회가 168개로 늘어났다. 이 가운데 조직교회는 12개였으며, 교인 수는 20,686명이었다. 1912년 북평안노회가 조직될 당시 교회 수는 368개였고, 교인 수는 18,343명으로 감소되었다. 그 이유는 한일합방과 여러 사건으로 인하여 교회가 박해를 받으면서 교인 수가 감소된 것이었다. 총회 조직시에 북평안노회는 목사 총대 17명과 장로 총대 12명이 참석했다.

일곱째, 함경노회이다. 함경노회는 캐나다 평신도 선교사이지만, 미북장로교에 소속된 기일이 1891년부터 원산에서 사역하면서 함경도 지역 선교가 시작되었다. 1898년에 캐나다 장로교회 선교부가 한국에 선교사를 파송하고 함경북도 지역을 중심으로 선교 활동을 전개했다. 이에따라 원산 지역에서 사역하고 있던 미북장로교 선교부가 사역 현장을 캐나다 선교부에 이양하고 철수했다. 이후 원산과 함흥을 중심으로 사역을 전개하여 1907년 독노회를 조직했다. 독노회 조직 당시 함경노회는 지교회 60개 중 조직교회가 2개였고, 2명의 장로(함흥교회 김창보, 원산교회 유태연)가 총대로 참석했으며, 교인 수는 3,830명이었다. 1912년 총회를 조직할 당시는 지교회는 155개였으며, 그중 조직교회는 16개였고 교인은 9,342명으로 크게 부흥했다. 제1회 총회 당시 목사 9명과 장로 6명이 총대로 참석했다.[32]

총회의 결의사항

1912년 대한민국에서 '조선예수교장로회총회'가 조직되었다. 한국 기독교회사에 역사적인 날이다. 1912년 9월 1일 평안남도 평양 경창문안여성경학원에서 제1회 총회가 소집되었다.[33] 9월 2일 7개 노회에서 파송한 목사 총대 96명(한국인 목사 52명, 선교사 44명)과 장로 총대 125명, 도합 221명의 총대들이 참석한 가운데 평양 장로회신학교에서 총회가 조직되었다. 특별히 첫 총회에 일본교회 장로인 제택(鵜澤)이 문안 인사와 축사(祝辭)를 했으며, 미국장로교연합회와 미국 남장로교총회에서 보낸 축사 편지를 낭독했다. 총회는 이 두 기독교

---

32) 대한예수교장로회총회, 『대한예수교장로회 총회 100주년사』, 121-125.
33) 개회 예배에서 선교사 이눌서가 히브리서 12장을 가지고 '장자회'(長子會)란 제목으로 설교했으며, 마포삼열과 언더우드 선교사가 분병과 분잔 위원으로 성찬식을 집례했다. 첫 총회의 출발에 대하여 하나님께 감사하며, 축복했다.

기관과 영국, 캐나다, 호주장로교 총회에 답신을 보내기로 결의했다. 이눌서 선교사의 사회로 진행된 총회에서 총회를 이끌어갈 임원들을 선출했다.[34] 선교사 언더우드를 첫 총회장으로 선출한 것은 아직 한국의 목회자들이 장로교 정치 제도에 익숙하지 못했으며, 한국 교회 전체를 대표할만한 원숙한 지도력을 가진 자가 없었다는 판단에서 결정한 것으로 볼 수 있다. 이처럼 총회 기간에 결의된 주요 사항들과 선교 보고를 살펴보면 다음과 같다.

첫째, 총회는 일본 선교에 관하여 도쿄 전도위원이 감리회와 의논한 결과를 보고받았으며, 일본에 장로교 선교사 1인과 감리교 선교사 1인을 파송하여 일본 도쿄교회의 일을 돌보아주고, 선교하도록 결의했다.

둘째, 총회는 총회 산하 교회의 재산권 분쟁 소지를 줄이기 위해 몇 가지 사항을 결의했다. 그 결의가 총회에 소속된 각 지교회의 소유에 속한 토지 가옥을 처리할 방법에 대한 보고였다. 따라서 총회는 법률에 따라 관청의 허가를 받아 사단(社團)을 조직하고, 사단 설립 전에 각 교회에서 그 교회의 대표자(목사나 혹 장로)의 명의로 증명(허가서를 뜻함)을 내는 일을 할 것 등을 결의했다. 이에 설립위원을 선출하고, 전권을 그들에게 위임했다.

셋째, 다른 몇 가지 결정들은 다음과 같다. 총회 서기는 회집 3개월 전에 총계보고장을 출판하여 각 노회에 보낼 것과 각 노회는 총

---

34) 221명의 총대들이 모인 총회에서 총회장 언더우드, 부총회장 길선주, 서기 한석진, 부서기 김필수, 회계 방위량, 부회계 김석창 목사를 각각 선출했다.

계보고를 총회 회집 15일 전까지 총회 서기에게 보고할 것 등이다. 또 각 노회가 총회의 허락 없이 총회 기간에 노회를 회집하지 못한다는 것, 노회가 대리회 조직하는 것을 허락하지 않기로 한 것, 조직교회가 아닌 교회에서 안수집사를 세울 수 없는 것 등을 결의했다.

넷째, 총회는 1907년 독노회를 조직하면서 제주도에 이기풍 선교사를 파송했다. 총회 전도국이 제주도 선교보고를 받고 보고했다. 1912년 한 해 동안 세례교인 17명, 유아 세례 2명, 학습 교인 35명, 새신자 200명으로 늘어나 전체 교인이 400명으로 증가했다는 것을 보고했다. 이 외에도 각 위원회 별로 보고한 사항들이 있었다.[35]

대한예수교장로교의 정치 원리와 치리 제도

대한예수교장로회 정치 원리

아래에서 다루는 교회 정치의 원리(혹은 공리)들은 웨스트민스터회의에서 제정된 것이 아니고, 미국 남북 전쟁 제후 순수한 장로교 시대(1788)에 뉴욕 총회(당시 대회)가 작성한 것이다. 한국 장로교회가 1917년 총회에서 이 원리를 체납하였기 때문에 이것이 교회정치의 기본 원리가 된다. 정치 원리는 여덟 개 조항으로 되어있다.

제1조 양심의 자유

"양심의 주재는 하나님 뿐이시라, 그가 양심의 자유를 주사 신앙과 예배

---

35) 대한예수교장로회총회, 『대한예수교장로회 총회 100주년사』, 128-130.

에 대하여 성경에 위반되거나 과분(過分)한 교훈과 명령을 받지 않게 하셨나니 그러므로 일반 인류(人類)는 종교에 관계되는 모든 사건에 대하여 속박을 받지 않고, 각기 양심대로 판단할 권리가 있은즉 누구든지 이 권리를 침해(侵害)하지 못한다"

제1조에서 "양심"으로 번역된 성경의 원어는 '수네이데시스'(συνείδησις)인데 '함께 안다'(to know together)란 뜻이다. 이것은 로마서 2:15에 "그 생각들이 서로 혹은 송사하며 혹은 변명하며 그 마음에 새긴 율법의 행위를 나타내느니라"고 한 말씀과 같은 의미로 도덕적 책임감과 관련된 용어이다. "양심의 자유란 자기의 양심에 따르는 신념이나 행동이 외적인 압박에 굴복되지 않고 자기의 양심에 따라 행동하는 자유를 말한다."[36] 신자의 양심은 하나님의 말씀에 따라서 종교 윤리 면에서 마땅히 해야 할 것과 하지 말아야 할 것을 판단하는데 이것은 인격 속의 사법(司法)기관과 같은 역할을 한다. 부패한 인류의 양심은 종교 윤리 면에 어두워졌으므로 하나님의 말씀을 받은 후 그 말씀에 근거해서만 올바르게 작용할 수 있다.

"양심의 자유"(freedom of conscience)란 말은 종교 윤리 문제와 관계된 것으로 일반 인류의 양심을 가리키지 않고 기독교인의 양심을 가리킨 것이다. 기독교인의 양심은 원칙적으로 하나님의 말씀(성경)으로 밝혀진 양심이며, 따라서 "착한 양심"이어야 한다(딤전 1:5, 19; 3:9). 착한 양심을 가진 자는 "오직… 하나님을 향하여 찾아가는" 자이기 때문에(벧

---

[36] 배광식, 한기승, 안은찬,『대한예수교장로회 헌법해설서』, 서울: 익투스, 2021), 42.

전 3:21), 하나님께만 순종할 자유를 누린다. 사도들은 말하기를, "사람보다 하나님을 순종하는 것이 마땅하니라"고 하였다(행 5:29). 예수님도 신자는 종교 문제에 있어서 하나님의 말씀만 따라야 하고, 사람의 명령을 따르지 말 것을 가르치면서 "너희는 어찌하여 너희 유전으로 하나님의 계명을 범하느냐"라고 하셨다(마 15:3).

제2조 교회의 자유

"1. 전조에 설명한 바 개인 자유의 일례로 어느 교파 어느 교회든지 각기 교인의 입회 규칙과 입교인 및 직원의 자격과 교회 정치의 일체 조직을 예수 그리스도의 정하신 대로 설정할 자유권이 있다. 2. 교회는 국가의 세력을 의지하지 아니하고 오직 국가에서 각 종교의 종교적 기관을 안전 보장하며 동일시함을 바라는 것뿐이다."

첫째, 본문 1항에 "예수 그리스도의 정하신 대로 설정할 자유권이 있다"고 명시했다. 이는 그리스도께서 가르치신바 교회 설립의 원리들과 교회 정치법을 설정할 자유가 있음을 가리킨다. 그리스도께서 가르쳐 주신 주요 원리들은 다음과 같다. (1) 주님을 "그리스도시요 살아 계신 하나님의 아들"로 믿게 하며(마 16:16-17), 그 진리를 교회 설립의 터전으로 주셨다(마 16:18). (2) 죄인을 회개케 하기 위한 치리의 원리를 주셨다(마 18:15-17). (3) 회합의 중요성을 가르치셨다(마 18:19-20). (4) 교직자는 높고 낮음이 없을 뿐 아니라, 도리어 낮아져서 섬기는 자세로 행해야 한다고 가르치셨다(마 23:8-12). (5) 교직자는 청지기의 심리(그리스도의 명령대로만 수행하는 심리)로 일해야 한다는 것을 가르치셨다(눅 12:35-48). (6) 거짓 선지자를 삼가라고 가르치셨다(마 24:23-26). (7) 교직자나 일반 신자들은 받은 은사대로 일해야 할 것을 가르치셨다(마 25:14-30) (8) 교직자의 자격은 그리스도를 사랑하는 것이라고 가르치셨다(요 21:15-17, 딤전 3:1-13, 벧전 5:1-4 참조).

둘째, 교회의 영적인 사항에 대하여 국가가 간섭해도 안 되지만, 교회도 또한 정부의 힘을 사용하면 안 된다. 교회와 국가는 서로 독립적인 것이 원칙이다. 이 독립의 개념은 신자(혹은 교회)가 국가에 대하여 국민으로서 책임을 이행하지 않아도 된다는 것이 아니다. 이것은 다만 국가나 교회가 누릴 각 분야의 주권(sphere sovereignty)은 하나님께서 주신 권리(Jus Divinum)인 만큼 피차 존중해야 한다는 것이다. 예수님은 영적 왕국(교회)과 세속 국가가 서로 독립되어 있음에 대하여 말씀하시기를, "가이사의 것은 가이사에게, 하나님의 것은 하나님께 바치라"고 하셨고(마 22:21), "내 나라는 이 세상에 속한 것이 아니라"고 하셨다 (요 18:36).

제3조 교회의 직원과 그 책임

"교회의 머리 되신 주 예수 그리스도께서 그 지체 된 교회에 덕을 세우기 위하여 직원을 설치하사 다만 복음을 전파하며 성례를 시행하게 하실 뿐 아니라 신도로 진리와 본분을 준수하도록 관리하게 하신 것이라. 이러므로 교우 중에 거짓 도리를 신앙하는 자와 행위가 악한 자가 있으면 교회를 대표한 직원과 치리회가 당연히 책망하거나 출교할 것이라. 그러나 항상 성경에 교훈한 법례대로 행한다."

그리스도께서 승천하신 후 자기의 삼직(왕직, 선지자직, 제사장직)을 교회 안의 삼직(장로, 목사, 집사)에 의하여 실행하도록 하셨다. 이 세 가지 직분은 신자들의 받은 은사(χάρισμα)에 따라 항존직으로 규정하고 있다. 바빙크(H. Bavinck)는 말하기를, "보이는 교회에서의 정치는 민주정치도 아니고, 군주정치도 아니고, 과두정치도 아니고, 오직 장로적 귀족정치이다. 그 귀족들은 금전이나 물질로 이루어진 것이 아니라 영적 은사에 의한 귀족이다"라고 했다. 바빙크의 이 말은 모든 신자가 제사장임을 모르고 한 말이 아니다. 세 가지 직분에 참여하지 않게 된 일반 신자들도 교회의 일에 대하여 무책임한 것은 아니다. 그들도 기본적 의미에서는 제사장들인 만큼(벧전 2:9), 각자 받은 은사대로 교회를 돕도록 되어 있다. 다만, 성직자는 특별한 은사의 한 부분이기 때문에 성직의 직분을 받아서 그 은사로 사역하는 것뿐이다. 그러므로 성직자의 봉사는 언제나 대언적(declarative)이고, 수종적(ministerial)이다(고후 4:5 참조). 그러므로 성직자는 자신이 그리스도께 순종하고, 그리스도의 말씀(성경)대로 살고 가르쳐야 한다. 이렇게 되어야 성직자 자신의 권위가 아닌 그리스도의 권위가 교회 안에 실현된다. 성경은 성직자 자신에게는 권위가 없으며, 그 자신은 겸손과 온유로 일관해야 한다고 가르친다(고후 12:10).

제4조 진리(신앙)와 행위와의 관계

"진리는 선행의 기초라 진리가 진리 되는 증거는 사람으로 성결하게 하는 경향(傾向)에 있으니 주께서 말씀하시되 '과실로 그 나무를 안다' 하심과 같으니 진리와 허위(虛僞)가 동일하며 사람의 신앙이 어떠하든지 관계없다 하는 이 말보다 더 패리(悖理)하고 더 해로운 것은 없다. 신앙과 행위는 연락하고 진리와 본분은 서로 결탁(結託)되어 나누지 못할 것이니 그렇지 아니하면 진리를 연구하거나 선택할 필요가 없다."

진리를 참으로 믿는 자라면 선을 행하게 되므로 신앙과 행위는 연결되어 있다는 이 넷째 원리는 개혁자들의 교회론에서 유래되었다. 개혁자들에 의하면, 교회는 "참된 신자들의 무리(a company of true believers)"라고 한다. 이 주장에 대하여 로마교회 지도자들은 다음과 같이 말했다. "사람의 신앙의 참된 여부는 보이지 않으며, '참된 신자들의 무리'란 것도 보이지 않는다. 그런데 교회가 '참된 신자들의 무리'라면, 참교회는 보이지 않는다는 말인가? 그런 주장은 성립될 수 없다." 이것은 눈에 보이는 제도적 교회만이 교회이고, 보이지 않는 무형교회는 인정하지 않으려는 태도에서 비롯된 말이다. 로마교회 신학자 벨라민도 반대적인 의미로 말하기를, "교회를 성립시키는 것은 교인들의 외부적인 고백뿐이다. 교회는(보이지 않는) 귀신들로 성립되는 것이 아니다"라고 하였다. 이에 대하여 개신교 학자들은 대답하기를, "참된 교인의 자격은 내부적인 신앙이 중요한 것인데 그것은 반드시 보이는 행위로 나타난다"고 했다.

제5조 교회 직원의 자격

"제4조의 원리에 의지하여 교회가 당연히 직원을 선정하되 교회의 도리를 완전히 신복(信服)하는 자로 선택하도록 규칙을 제정(制定)할 것이다. 그러나 성격(性格)과 주의(主義)가 다 같이 선한 자라도 진리와 교규(教規)에 대한 의견(意見)이 불합할 수 있다. 이런 경우에는 일반 교우와 교회가 서로 용납하여야 한다."

위의 원리(넷째 원리)를 받아들인 확신에 따라서 다음과 같은 효과적인 제도가 필요하다. 곧 교회의 직원들은 모두 다 신앙 사상이 건전해야 한다. 그러나 예를 들어, 평신도일 경우 성격과 주의(主義)가 선량한 사람들이라도 어떤 진리와 규례에 대하여 의견을 서로 달리 할 수 있다. 그러므로 이들에 대해서는 개인 신자나 교회가 잘 포용해야 할 책임이 있다. 직원 엄선의 원리는 역사적 유래를 반영시키는 중요성을 띤다. 곧 종교개혁 시대에 교회의 이 방면에 대한 처사는 어떻게 되었던가? 종교개혁 이전에 신부였던 사람들이 사방으로 유리하며 설교하는 일들이 있었는데 그들은 어느 당회 아래 복종하기를 원치 않았으며, 자신의 웅변이나 기타 재능에 의하여 사람들을 지도했던 것이다. 그때에 개신교의 총회들은 이런 교역자들을 용납하지 않기로 결정한 바 있다.

신앙 사상이 건전하다(sound) 함은 무엇을 의미하는가? 그것은 목사, 장로의 취임식에 나오는 문답이 분명히 밝혀준다. 다만 일반 교우 중에는 신앙 사상에 있어서 장로회의 교리와 일치하지 못한 경우가 있다. 그러나 그들은 가르치는 자들이 아니요 배우는 자들이기에 문제가 될 것이 없다. 교역자의 신앙이 건전한 여부를 확인하는 방법은 일시적인 고백만으로는 확실히 알 수 없다. 그것은 상당한 세월 동안 그가 받은 훈련과 시련, 또는 평소에 그가 나타낸 사상에 의하여 판정되어야 한다. 중요한 것은 교리에 불건전한 교역자들이 교회를 가르치게 되면, 결과적으로 첫째, 회중이 하나님의 말씀을 올바로 받지 못하며, 둘째, 교회의 성결성이 저하(低下)되며, 셋째, 교회에 분쟁이 일어날 우려가 있고, 넷째, 불신 세계 앞에서 교회의 권위가 떨어진다. 따라서 교역자는 인격성, 도덕성, 지성, 영성을 바르게 갖춘 자들이 되도록 힘써야 한다.

제6조 교회의 직원 선거권

"교회 직원의 성격과 자격과 권한과 선거와 위임하는 규례는 성경에 기록되었으니 어느 회에서든지 그 직원을 선정하는 권한은 그 회에 있다."

신약교회의 직원은 교회 자체가 선거한 것이 분명하다. 사도 맛디아도 회중의 천거를 경유하여(행 1:22) 선택이 되었고(행 1:26), 일곱 집사도 베드로나 다른 사도들이 직접 임명하지 않고 회중(會衆)으로 하여금 그들을 택하도록 하였던 것이다(행 6:5-6), 그러므로 교회의 성직자는 지배자가 아니라 그리스도께서 보내신 수종자(minister)다. 투표권을 가진 회중도 임의로 행사하지 못하고 직원의 자격에 대한 성경의 지시를 따라 수행해야 한다. 이것도 수종적(ministerial)이다. 직원의 자격에 대한 말씀은 디모데전서 3:1-13; 디도서 1:5-9에 있다. 우리가 이 점에서 생각해 볼 문제는 다음과 같다. 과연 현대 교회가 이 성경 원리대로 실행하고 있는가? 현대 교회도 반드시 이대로 실행해야만 되는가? 이에 대한 답변은 분명하다. 성경적 원리는 실행되어야 한다는 것이다. 하나님의 말씀은 변할 수 없고 그 말씀에 근거한 성직 선택의 진리도 변치 않는다.

제7조 치리권

"치리권은 치리회로나 그 택해 세운 대표자로 행사함을 묻지 않고 하나님의 명령대로 준봉(遵奉) 전달(傳達)하는 것뿐이다. 대개 성경은 신앙과 행위에 대한 유일한 법칙인즉, 어느 교파의 치리회든지 회원의 양심을 속박할 규칙을 자의(自意)로 제정할 권리가 없고 오직 하나님의 계시하신 뜻에 기인(基因)한다."

일반적으로 교회의 치리권은 "교회의 신성 유지권 혹은 질서 유지권"이라 할 수 있다. 실제적으로는 교회의 행정권과 재판권이라 할 수 있다. 교회와 성도 안에서 일어나는 문제를 행정이나 재판권을 국가의 법원이나 사법 당국에 맡기지 않고 교회의 치리권에 맡겨 해결하려는 것이다. 따라서 치리하는 일에 수종드는 자는 온유하며 겸손하게 사역해야 한다(갈 6:1). 중요한 것은 "어느 교회 치리회든지 치리권을 구실로 회원의 양심을 속박하거나 회원의 권리를 빼앗기 위해 법을 제정하지 말아야 하고, 오직 하나님의 계시하신 뜻을 기초로 모든 결정을 하여야 한다."

제8조 권징

"교회가 이상(以上) 각 조의 원리를 힘써 지키면 교회의 영광과 복을 증진(增進)할 것이니 교회의 권징은 도덕상과 신령상의 것이요, 국법상의 시벌(施罰)이 아닌즉, 그 효력(效力)은 정치의 공정(公正)과 모든 사람의 공인(公認)과 만국 교회의 머리 되신 구주의 권고와 은총에 있다."

권징에 대한 원리적 해석

교회의 치리회가 위의 성경적이고 합리적인 원리들을 굳게 지키면 교회에 영광과 유익을 가져온다. 교회의 권징의 수단은 반드시 영적, 또는 도덕적이어야 하고 국법의 권력에 의한 것이 아니다. 그러므로 치리자는 정부의 힘이나 그 어떤 폭력도 의뢰하지 말아야 한다. 첫째, 권징의 시행은 공정함에 있고, 둘째, 편견 없는 대중의 인정을 받아야 하며, 셋째, 보편적 교회의 머리 되시는 그리스도의 돌보아주심과 그의 축복에 있다. 여기서 강조하는 것도 권징의 시행이 이 세상 정권의 힘이나 폭력의 작용과 관련되면 안 된다는 것과 어디까지나 하나님의 말씀을 전달하는 온유한 사역이어야 된다는 것이다. 다시 말하면, 교회의 권징은 국법의 행사와 같은 인간의 권력 행사가 아니고 하나님의 법을 영적으로 실시하는 것이다. 이것은 그릇됨이 없는 하나님의 말씀과 예수 그리스도에게 호소함으로만 실시되는 것이다. 교회의 권징은 성질상 형벌하는 일이라기보다 교정,

양육, 훈련의 의미를 가진다.

개혁교회의 권징론 이해

한국 장로교회 헌법은 미국 장로교회와 더불어 웨스트민스터(Westminster) 헌법을 기본으로 삼고 미국 장로교회 헌법의 대부분을 채택한 것이다. 한국에 장로교회를 세우기 시작하여 전국적인 기구로 조선 예수교장로회 총회를 조직한 후, 1917년 9월 서울 승동교회에서 모인 제6회 총회에서 채택한 교회헌법은 바로 웨스트민스터 헌법을 수정한 것이다. 총회가 장로회 헌법을 채택하기 전 독노회(獨老會) 시대인 1907년 12신조와 소요리문답은 이미 채택되었고, 1917년 총회에서 정치, 권징조례, 예배모범을 채택한 것이다. 한국 장로교회 헌법을 작성할 때는 미국 장로교회 헌법이 채택한 원리 8조를 채택했다. 왜냐하면, 그 시대는 미국 장로교회 선교사들이 한국에서 주역으로 사역했기 때문이다. 1919년 9월 제8회 총회에서는 교회 정치문답 조례를 한국 장로교회의 참고서로 사용하기로 결정했다. 그 후 장로교회 헌법은 1934년과 1954년에 수정하였고, 교단의 분열로 인하여 여러 번 개정, 수정을 거듭하면서 오늘에 이르게 되었다.

교회의 권징 시행의 성경적 근거와 의미

권징 사용은 교회가 하나님으로부터 받은 신적 권리(Divine Right)이다. 이 사실은 성경 말씀이 직접, 간접으로 증거하는 바이다.[37] 이

---

37) (출 22:20; 레 24:11-16; 마 16:16-19, 18:15-18; 요 20:23; 롬 16:17; 고전 5:5; 고후 2:7; 갈

성경의 가르침이 권징의 성경적 토대이다. 권징의 의미에 대하여 개혁교회는 권징을 세상적 징벌(懲罰)과 동일시하지 않는다. 교회의 치리 행위에 대하여 "권징한다"란 말이 사용되었는데, 그것은 신약에서 주로 '교훈', '훈련', '교정', '양육' 등의 의미를 가지며, '벌한다'는 의미로 쓰인 예는 매우 드물다. 사실상 기독교의 권징은 교훈과 교정과 훈련 등을 그 주요 목적으로 한다. 그러므로 이 일은 사랑의 원리로 시행되어야 한다(딤전 1:5; 딤후 2:25-26).

교회의 권징과 국법

교회 권징의 성격은 영적인 것으로 성경의 가르침과 관련된 신앙적 차원의 문제를 다룬다. 그렇기에 국법에 저촉되는 어떤 범법자가 교회의 권징을 받았다고 해서 국법에 해당하는 징벌을 면하게 되는 것은 아니다. 개혁주의 교회는 국가와 교회가 각기 독립된 주권에 속해 있다는 성경적 원리를 믿는다. 교회는 국가의 권한을 침해할 수 없고, 국가는 교회의 권위를 침해하면 안 된다. 국가는 법률에 저촉된 시민을 형법에 의하여 다스리지만, 교회는 주로 신자들의 영적 방면을 살펴 성경에 의하여 그들을 다스리도록 되어 있다(롬 12:8; 갈 6:1; 딤후 2:25; 벧전 5:3 참조).

권징의 대상과 상호권징(mutual discipline)

권징의 대상은 오직 사람들(교회의 사람들)에 국한하는 것이다. 많은

6:1-2; 살전 5:14; 살후 3:6, 14; 딤전 5:1-2; 딛 3:10-11; 요이 1:10; 계 2:14-16)

사람의 집단을 상대하여 권징을 실시하는 법이 없고, 언제나 개인을 상대로 한다. 예를 들어, 부부(夫婦)가 같은 죄를 범한 경우에도 그 두 사람을 한 묶음으로 권징하지 않고 각기 별도 취급한다.

마태복음 18:15-18의 말씀은, 개인 신자들도 서로 권면, 혹은 경계에 의하여 권징 역할을 하라는 의미이며, 이 개인들끼리의 권징이 결과를 내지 못하는 경우에 교회의 치리회가 그 일을 맡도록 하라는 의미도 포함되어 있다. 다음 여러 가지 성경 구절들도 개인 신자들이 서로 권징과 같은 일을 해야 할 것을 가르친다(롬 15:14; 갈 6:1; 살전 5:11; 히 3:12-13; 약 5:19-20 참조).

베드로전서 2:9은 구속받은 성도들을 가리켜 '왕 같은 제사장들'이라고 한다. 이 점에서는 일반 교인들도 어떤 의미의 '성직자들'이라고 할 수 있다. 그러므로 일반 교인들이 서로 권면하는 정도의 '권징'을 이행해야 할 책임을 지고 있다. 그런데 그들이 이 책임을 등한히 여겨 그 일을 당회에만 일임한다면 교회 권징의 등뼈는 심각하게 상하게 된다. 럿거스(F. L. Rutgers)는 "권징은 17세기 초에 이미 부패해졌는데, 그 원인은 권징에 대한 일반 신자들의 신념이 약화된 까닭이다"라고 했다. 일반 신자들 사이에 서로 권면, 혹은 경계하는 형식으로 권징이 실시되어 범과자가 회개할 경우에는 그것으로 문제는 끝난다. 그리고 은밀한 범죄 사건이 성경(마 18:15)대로 해결되었을 경우에는 그것이 공중에게 알려지지 않아야 된다.

권징 시행의 정신 자세

첫째, 예배행위로 해야 하며, 성실하게 시행해야 한다. 칼빈(Calvin)은 권징이 부지런히 실시되어야 한다고 주장하는 크리소스톰(J. Chrysostom)의 말을 인용하였다. 크리소스톰은 권징에 태만한 교역자들에게 대하여 말하기를, "너희들의 손에서 피 값을 받게 되리라. 너희가 사람을 무서워하면 사람이 너희를 비웃으리라. 너희가 하나님을 두려워하면 너희가 사람들 가운데서 높임을 받으리라."고 했다.

둘째, 권징자 자신은 온유하고 자비로워야 할 것이다. 키프리아누스는 다음과 같이 말하였다. "우리의 참음과 친절함과 부드러움은 모든 사람들을 위하여 준비되어 있다." 크리소스톰도 말하기를, "하나님께서 친절하신데 그의 사자가 사납게 행동할 필요가 무엇일까?"라고 했다. 키프리아누스는 또 다음과 같이 말했다. "교회에 잘못된 일이 있으면 그것이 시정되도록 힘써야 된다. 그러나 시정되지 않는 것이 있다 하더라도 참아 가면서 사랑의 탄식을 할 것이다." 특히 대중의 죄를 벌함에 있어서 엄혹(嚴酷)을 피하라고 말한 아우구스티누스(Augustine)의 말을 칼빈이 이용하였다. 그 이유는, 대중에게 대한 일시적 엄혹은 몸 된 교회의 질서를 동요시키고 평화를 깨뜨릴 위험이 있기 때문이다(엡 4:2-3). 고래의 위대한 신학자들과 교회 정치가들은 권징의 지나친 엄격성을 반대하면서, 시벌의 경중을 회개의 정도에 따라 하도록 가르쳤다.

암브로시우스(Ambrosius)는 교역자가 범과자를 동정하고 가혹한 시벌을 하지 말아야 한다고 하였다. 그의 전기를 기록한 파울루스

(Paulus)는 말하기를, "암브로시우스는 자기에게 찾아와서 자복하는 자가 있으면 그 자신이 울었고 그 범과자도 울게 되었다. 그리고 그에게 찾아와서 자백한 자의 죄를 그는 절대로 누설하지 않았다"라고 하였다. 그러나 이것은 암브로시우스가 권징에 대하여 무력하였다는 말은 아니다. 아우구스티누스는 다음과 같이 말하였다. "사람이 자기의 죄에 합당한 회개만 하였다면, 그 어떤 중죄라도 하나님의 자비에 의하여 확실히 용서된다. 회개를 위한 벌의 효과는 시간의 장단이 결정하는 것이 아니라 회개의 진실 여부로써 결정된다. 하나님은 상한 심령을 배척하지 않으신다." 범죄자의 진실된 회개로 말미암아 그의 죄가 용서된다면 구태여 기한부의 벌을 가하는 이유는 무엇인가? 그것은 그 범죄자의 죄과로 인하여 교회에 거리낌이 된 것을 풀어주고, 또 공의를 세워나가기 위함이다. 아우구스티누스는 말하기를, "큰 죄라도 은밀하게 지은 것이고, 그 뒤에 회개만 확실하게 하면 공책면제(公責免除)를 받고 용서될 수도 있다"고 하였다. 그리고 그는 또 말하기를, "책벌 기한의 장단은 그 범죄자의 회개 정신의 정도에 따라 결정된다"고 하였다.

　권징의 시행이 잘못되었으므로 교회에 분파 의식을 일으킨 한 가지 실례는 이레네우스(Irenaeus) 시대에도 있었다. 그 때에 로마의 교회와 아시아의 교회가 부활절 날짜를 가지고 서로 논쟁하였는데, 로마의 교회 감독 빅토르(Victor)가 자기의 말을 듣지 않는 아시아 교회들을 책벌하였다. 이때에 이레네우스가 빅토르에게 가서 책벌 취소를 종용하였으나 그는 듣지 않았다. 그런데 아시아 교회들이 빅토르의 책벌에 대하여 복종하지 않았다고 한다. 후대의 로마 가톨릭교회는 이 역사적 사실을 보고 말하기를, 벌써 일찍이 2세기에도 로마가 세계교회를 통치하였다고 한다. 그러나 그것은 맞지 않는 말이다. 설혹 2세기에 그런 교권주의적 정치가 있었다고 하더라도 그것은 성경에서 탈선된 교회 정치인데 그 사실을 근거하여 교황 정치를 주장하는 것은 옳지 않다.

권징 실시의 방법

첫째, 권징은 오직 교회 안에서 질서를 문란하게 하는 범죄 건에 국한하여서 시행되는데, 그런 죄도 숨은 것과 나타난 것이 구별되어야 한다. 나타난 죄는 물론 공적(公的) 권징을 받지 않을 수 없다. 그러나 공중에게 드러나지 않은 숨은 범죄 건에 대하여는, 마태복음 18장에서 예수님이 가르치신 대로 먼저 은밀히 권면하는 단계를 경유해야 된다. 그 범과자가 은밀한 권면에 대하여 불복한다면 그 사건을 교회에 알려서 공적 권징을 받도록 한다(마 18:15-17).

둘째, 권징은 육체적이 아니고 오직 영적인 일에 한정되어 있다. 그것은 벌금을 투과하는 것도 아니고, 아무런 체형(體形)을 가하는 것도 아니고, 혈기의 분노로 하는 것도 아니다. 이런 것들은 중세 때의 교회들이 사용하였던 그릇된 권징법이다. 그리고 권징은 범죄자의 가족을 해치거나, 그의 시민권을 박탈(剝奪)하거나, 그 밖에 그의 어떤 정치적 권리를 박탈함과 같은 방법을 사용할 수 없다. 이런 방식의 권징은 재세례파(再洗禮派)에서 사용하였던 것이다. 범죄자에게 대하여 불법한 악담, 저주, 음해(陰害)하는 것도 옳지 않다. 혹은 범죄자를 공예배석(公禮拜席)에서 밀어내는 방식도 사용하지 말아야 한다. 이와 같은 것들도 역시 육체적 방법이다. 그뿐 아니라, "사탄에게 내어줌"의 방법도 교회 권징에 속하는 것이 아니니, 그것은 오직 사도들만이 사용할 수 있었던 방법이다(고전 5:5 참조).

셋째, 출교는 최후의 방법인데 완고히 회개하지 않는 자에게 시행하는 것이다. 이것은 교회와 그 범과자와의 영적 교제를 끊게 하려는 것이다(고전 5:6, 7, 11:30). 그러나 교회는 그에 대하여 소망을 단절함이 아니다(살후 3:14, 15). 언제든지 그가 분명한 회개할 때에는 교회가 그를 다시 받아들여야 한다(마 16:18, 18:18; 요 20:23; 고후 2:5-10). 그러나 이런 사람의 회개는 공적 고백으로 나타나야 하고, 또 그의 회개의 열매를 온 교회가 인정할 수 있도록 되어야만 교회가 그를 받아들일 수 있다. 그러므로 당회는 범죄 건을 접수한 후 먼저 공정하게 사건을 판단해야 하며, 피고에게 충분한 자기변호의 기회를 주어야 한다. 피고의 변호인이 공정하게 말하는 한, 얼마든지 허용되어야 한다. 만일 피고에게 허물이 없음이 판명되는 때에는 거짓말을 퍼뜨린 자가 권징의 대상이 된다.

출교받은 자의 회복 문제

공적으로 알려진 큰 범죄 사건에 있어서 그 범죄자가 회개했다 하더라도 다음과 같은 과정을 경유해야 회복된다. 첫째, 그의 생활이 회개에 합당한 열매를 맺고 있는지 확인되어야 한다. 그렇게 하려면 상당한 시일이 걸리겠지만 이렇게 함이 건전하고 장차 후회가 없다. 출교받은 자를 회복시킴에 있어서 조급하게 하면 회중으로 하여금 의문을 품게 하며, 그 본인에게도 근신할 기회를 주지 못하게 된다. 둘째, 범죄자를 회복시키려면 먼저 그 사실이 교회에 공고되어야 한다. 큰 문제가 공적으로 취급될 때에 교회의 치리 기관은 회중의 동의와 신임을 받게 된다.

성직자에 대한 권징

첫째, 성직자가 치리받을 경우. 성직자로서 공적인 큰 죄를 범함으로 그가 교회에 오점을 끼쳤고 지도력을 잃었으면, 그는 사역을 계속할 수 없다. 그런 때에 그는 면직을 당하거나 혹은 정직을 당한다. 만일 그의 죄가 은밀한 것이고, 또 그가 확실히 회개한 경우에 그는 정직이나 면직을 당할 필요가 없다고 헌법 주석가들은 주장한다.

둘째, 성직자를 권징할 수 있는 치리회의 종류. 장로가 범죄한 경우에는 당회가 권징하지만, 목사의 경우에는 당회보다 상회인 노회가 치리한다. 이것은 목사가 장로보다 높아서가 아니라, 목사는 한 지교회보다 넓은 범위로 사역하는 성직자이기 때문이다.

치리 제도의 필요성과 권한

교회를 치리함에는 일정한 정치 원리가 절대적으로 필요하다. 우리는 회중, 노회, 총회의 제도에 의한 교회 치리가 사리상 유익하고 성경적이고 사도시대 교회의 치리법과 일치하다고 주장한다. 이렇게 주장하면서도 우리는 교회 치리의 원리에 있어서 우리와 의견을 달리하는 이들을 사랑으로 포용해야 한다. 여기서 '사리상 유익하다'(expedient)는 것은 합리적(rational) 표준에 합당하다는 말이다. 이것은 어느 개인의 주관적인 편리에서 판단된 적성(適性)을 말함이 아니고 보편타당의 객관적 합리성을 가리킨다. 그러므로 이것은 자연계시의 성격을 지닌 것이다. 장로교회 또는 개혁주의 정치 원리에는 하나님의 자연계시도 어느 정도 포함되었다.

장로교회 정치는 '회중'을 기본으로 하여 노회, 총회의 치리회를 가짐이 사리상 정당하다. 더욱이 이 제도는 성경적이고 또 사도시대 교회의 관례(pattern)에서 유래된 것으로 인정된다. 이 점은 매우 중요하다. 좀(R. Sohm)이란 학자는 교회는 정치나 법을 사용할 수 없다는 의미에서 말하기를, "교회법이란 것은 교회의 본질과 상충된다. 교회의 본질은 영적인데 법의 본질은 세속적이다"라고 하였다. 그러나 교회 정치학자 보우만(H. Bouwman)은 다음과 같이 답변한다. "신약 성경에 의하면 교회에 질서와 법이 있었다(행 6장, 15장; 엡 4:11; 벧전 5:2). 원시교회에 (초자연적 기사가 많은 때에) 성령의 은사들이 꽃피어 있었다. 그럼에도 주님은 처음부터 사도직 은사를 통하여 교회를 지도케 하셨다. … 성경과 개혁교회의 고백을 보면, 법은 법 개념을 사람의 의식 생활에 심어주신 하나님에게서 왔다. … 법은 좋은 것이다. … 죄로 인하여 사람의 사고력이 흐려지기는 했지만 하나님의 법 그 자체는 어두워지지 않았다."

보우만은 좀(R. Sohm)의 학설이 거짓된 신비주의이거나 이원론(二元論)이라고 못 박았다. 그러므로 교회 정치나 법은 교회의 본질과 충돌되지 않는다. 장로교회가 확실한 이단은 멀리하되(딛 3:10), 복음주의 교파들에 대하여 폐쇄주의를 가지지 않아야 된다. 만일 교파가 폐쇄주의를 가진다면, 그것은 교만이 되기 쉽다. 교만은 패망의 선봉이다(잠 16:18). 그뿐 아니라, 그것은 예수 그리스도의 보혈을 무시하는 큰 죄악이다. 예수님의 보혈로만 사람이 구원을 받는다고 믿는 성도들을 교파가 다르다는 이유로 멸시한다면, 그것은 예수님보다 교파를 더 중요시하는 위험한 오착이다. 또 같은 교단에서 지내던 형제 중 어떤 문제로 교단을 달리했을 경우, 피차 그리스도의 사랑으로 서로 존경하고 아끼고 사랑해야 한다. 외부적 연합만이 반드시 연합이 아니고 영적 연합(서로 사랑함)이 참된 연합이다(엡 4:1-3 참조).

치리회의 성질과 관할

교회는 어느 치리회(당회, 노회, 총회)든지 목사(교훈장로)와 장로(치리장로)들에 의하여 다스림이 된다. 그러므로 치리회들 사이에 등급은 없고 다만 대소(大小)의 차이가 있을 뿐이다. 종교개혁으로 이루어진 장로교회(개혁교회)는 일반적 의미에서 치리회의 높고 낮음을 생각하지 아니한다. 헌법 제8장 제2조 본문에 "등급은 있으나"라고 한 문구는 대소(大小)의 차이를 염두에 두고 말한 것뿐이고 치리회들 간에 언제나 계급적인 상하(上下)의 구분이 있다는 의미는 아니다. 상위 치리회의 결정은 더 많은 교회를 대표한 것인 만큼, 그것이 성경과 위반됨이 없는 한(限) 보다 작은 치리회는 따라야 한다. 그러나 보다 큰 치리회도 어떤 중요한 결의안에 있어서 보다 작은 치리회들에게 먼저 수의하는 순서를 경유한 후에 결정한다. 이것을 보면 장로교 정치 원리는 밑에서부터 올라가며 다스리는 요소도 가지고 있다.

그러므로 이런 정치의 치리회들은 사실상 엄밀한 의미에서는 상회와 하회의 구조로 진술될 수 없다. 이 치리회들은 서로 수평적(horizontal)으로 배치된 연합 전선의 성격을 가진다. 헌법 조문에 진술된 대로 "각 회가 … 같은 자격"이란 문구, "각 치리회는 서로 연합한 것"이란 문구 등이 역시 이 성격을 드러낸다. 그러므로 우리가 장로교의 치리회들에 대하여 '상회'나 '하회'란 명칭을 즐겨 사용하지 않아야 된다. 장로회 헌법에 '상회'나 '하회'란 표현들이 나오기는 하지만, 그것은 장로교 정치 원리의 성격보다 치리회의 대소(大小)에 대한 관점에서 표현된 명칭이라고 생각된다. 칼빈주의 신학자 벌코프(L. Berkhof)는 다음과 같이 말한다. "개혁교회는 지교회 당회의 권한보다 높은 종류의 교회적 권세란 것을 인정하지 않는다." 보우만(H. Bouwman)도 말하기를, "당회는 회중 위에 있는 것이 아니며, 노회도 당회에 대하여 절대적 권위를 가진 것이 아니다"라고 했다.

치리회의 회집

당회나 노회는 폐회될 때에 파회(dissolve)된 것이 아닌 것만큼 필요하면 연중(年中)에 몇 번이라도 모이게 된다. 그러나 총회는 1년에 한 번 모였다가 폐회될 때에 파회되는 법이니 연중에 한 번만 모인다. 다만 총회의 파회 후 교단의 필요한 사무는 총회가 지시한 범위 내에서 위원회나 상설부에 의하여 처리된다. 총회는 일시적인 회합에 불과할 뿐 상비(常備)단체가 아니니 총회를 교단과 동일시하지 말아야 한다. 총회는 교단이 매년 한 번 사용하는 회의제도(會議制度)에 불과한 것이다. 그것은 모였다가 흩어진 후에는 없어지는 것(파회)이다. 이와 같은 제도는 본래 "총회"라는 이름으로 교권을 만드는 병폐를 막기 위한 것이다.

치리회의 조직과 권한 및 직무

이 조문의 영어 원문을 다음과 같이 번역할 수 있다. "교회는 세상 정권의 세력을 가지면 안 되며, 정권을 의탁하여 교인을 벌할 수 없다"(눅 12:13-14). 교회의 치리는 도덕적이고 영적이어서 신자들로 그리스도의 신령한 법에 순종케 할 권리를 가질 뿐이다. 그리고 교회의 치리회는 순종치 않는 자와 불법한 자를 교회의 특권에 참여하지 못하도록 할 권리가 있고, 필요한 성경적 권위의 유효한 실시를 위해서는 그들이 증거를 찾는 권세와 벌을 시여할 권세를 가지고 있다. 그들은 교회의 규율을 위반한 자를 소환할 수 있고, 또는 그 관할 아래 있는 회원들을 증인으로 부를 권리도 있다. 그 가장 큰 벌은 패역한 자나 회개치 않는 자를 교인들 중에서 제외시킴이다(마 18:15-17; 고전 5:4-5). 따라서 치리회의 조직, 권한 직무에 대한 바른 이해가 요구된다.

첫째, 이 세상 나라와 그리스도의 나라(천국 혹은 참된 교회)는 서로 다른 차원에 속한다. 예수님은 이 점에 대하여 이렇게 말씀하셨다. "내 나라는 이 세상의 속한 것이 아니라 만일 내 나라가 이 세상에 속한 것이었더라면 내 종들이 싸워 나로 유대인들에게 넘겨지지 않게 하였으리라 이제 내 나라는 여기에 속한 것이 아니니라"(요 18:36). 그렇다면, 교회 치리자가 세상 정권의 힘을 청구하여 반대자를 막거나 벌할 수 있는가? 만일 교회 치리자가 교회의 치리 사역에 세상 정권을 사용한다면 교회는 불신사회와 같이 될 것이다. 그것은 그리스도의 정신을 떠난 처사이다.

둘째, 치리회가 순종하지 않는 신자들을 영적으로 권징을 할 수도 있다. 헌법 조문의 "위반자를 소환한다"는 말은 권징 시행에 앞서 행해야 할 일이다. 그러나 이것이 영적으로 시행되기 위하여 권징자로서 상대방의 짐을 같이 지려는 온유한 정신으로 실행되어야 한다(갈 6:1-2). '소환'이란 어휘는 혹 고자세의 명령인 '호출'(呼出)을 생각나게 한다. 이것은 세상 법정에서 사용하는 말인데 강요의 내용을 지닌 것 같으므로 교회 치리상 적합한 용어가 아니다. 영어 원문(call)의 의미는 반드시 권세로 부르는 것을 의미하지 않는다. 장로교 치리회는 어디까지나 권징의 대상자에게도 하나님 말씀의 수종(ministration), 또는 전달(declaration)의 사역을 할 뿐이다.

따라서 예수 그리스도의 정신으로 행해야 한다. 곧 겸손, 온유, 오래 참음, 선량함, 견고함, 담대함, 공평함으로 권징을 행해야 한다(고후 10:1; 갈 6:1; 딤전 5:11; 딤후 4:2; 약 2:9). "사역상 평형"(parity of ministry)의 교리를 엄수해야 한다. 이것은 목사(강도 장로)와 장로들이 치리 사역에 있어서 서로 평등임을 인식하고 실행함이다. 장로교의 이와 같은 전통은, 중세시대의 교권주의 횡포와 박해를 경유한 역사적 반영이라고 할 수 있다. 재언하면, 이 전통은 그 시대의 성도들이 성경을 바로 깨달은 대로 교권주의를 반대하고 핍박을 이겨내면서 사수해 온 것이다. 정치문답 조례에 의하면, 중세 때 교권주의자들의 핍박하에 있었던 왈도파(Waldensian)나 보헤미야파 교회들이 장로교 정치 원리와 같은 원리를 지켰다고 주장한다. 이런 주장은 장로교회가 왈도파의 노선과 통한다는 말이 아닌가? 그렇다면, 장로교는 핍박을 받으며 종교를 개혁한 항의자(抗議者)들의 역사적 투쟁의 열매요, 그 신앙을 계승한다고 할 수 있다. 그러면, 항의자, 곧 프로테스탄트(Protestant)주의와 그 교회의 정치 노선은 어떠했는가?

당회

당회의 조직

"당회는 노회의 파송을 받아 지교회를 담임하는 목사와 치리 장로로 조직하되 세례 교인 25인 이상을 요하고(행 14:23; 딛 1:5) 장로의 증원도 이에 준한다."

'당회'(consistory, kirk session)는 지교회의 실제적 권세가 있는 목회의 주체 기관이다. 당회의 조직 요건은 지교회 목사, 치리 장로, 세례 교인 25인 이상이어야 한다. 성경에는 지교회의 장로들에 대한 말씀이 있다(행 20:17; 살전 5:12-13; 딤전 5:17; 히 13:17). 이 구절들은 그들의 사역에 대해서도 말씀한다. 보우만(H. Bouwman)은 당회의 필요성에 대하여 다음과 같이 말한다. "당회는 교회의 지도자다. 독립교회주의에 의하면, 일반적 교권도 회중에게 있고 치리권도 회중에게 있다고 한다. 그러나 교회는 지도가 없는 군중이 아니고 그리스도로 말미암아 성립된 몸이다. 예를 들어, 몸은 보는 지체가 없으면 안 된다. 온몸이 볼 수는 없다. 그리고 몸이 다스리는 지체가 없어도 안 된다. 다스림은 머리가 한다."

'당회'로 번역된 영어(kirk session)는 좌석을 취하는 행위를 가리킨다. 우리말의 '당'(堂)자는 모이는 집을 가리킨다. 헌법에 당회 조직은 "세례 교인 25인 이상을 요한다"라고 했는데, 이것이 성경에 명시된 숫자는 아니고 다만 합리적으로 규정된 것이다. 얀센(Jansen)이란 교회 정치학자에 의하면, "20 혹은 25가정을 단위로 하여 당회를 조직케 할 것이라"고 했다. 이것은 민족이나 사회의 형편에 따라서 합리적으로 결정되어야 한다. 민족의 형편이나 사회의 정형에 따라서 조절되는 규례는 교회정치의 비본질적(非本質的)인 것에 국한한다.

당회 개회 성수

"당회에 장로 2인이 있으면 장로 1인과 당회장의 출석으로 성수가 되고, 장로 3인 이상이 있으면 장로 과반수와 당회장이 출석하여야 성수가 된다. 장로 1인만 있는 경우에도 모든 당회 일을 행하되 그 장로 치리 문제나 다른 사건에 있어 장로가 반대할 때에는 노회에 보고하여 처리한다."

당회 개회 성수에 있어서 최소한 장로 1인의 출석으로도 개회가 가능한 것은 목사까지 2인을 성수로 간주한 것을 말한다. 이것은 회합의 최소 단위도 교회의 대표회의로 인정하는 원리이다. 이 원리는 성경에 근거한 것이라고 생각된다. 예수님께서 "두세 사람이 내 이름으로 모인 곳에는 나도 그들 중에 있느니라"고 하신 말씀에 근거를 두고 있다(마 18:19-20).

당회장

"당회장은 교회의 대표자로 그 지교회 담임 목사가 될 것이나 특별한 경우에는 당회의 결의로 본 교회 목사가 그 노회에 속한 목사 1인을 청하여 대리 회장이 되게 할 수 있으며 본 교회 목사가 신병이 있거나 출타할 때에도 그러하다."

"당회장은 그 지교회의 담임 목회자가 되는 것이므로 교회의 대표자이며 목회권을 가진 당회, 제직회, 공동의회의 사회자이다." 이것은 회의 진행상 지도자를 필요로 하는 것이나 당회의 결정은 성경과 헌법과 양심에 따라야 한다. 이것은 회의의 유익(expediency)을 위한 합리적 규례이다. 장로교 교리에 있어서 목사와 치리 장로는 사역상 동등(parity of elders)하지만, 목사가 받은 은사의 방면이 교훈하는 일이므로 아무래도 솔선적이고 지도적인 사역을 하게 된다. 그렇지만 이것은 계급적인 지위를 내포하지 않고 다만 받은 은사대로 순종하는 봉사행위일 뿐이다.

당회의 직무

첫째, 교인의 신앙과 행위를 총찰한다.
"당회의 직무는 신령상 모든 사무를 처리하는 것이니(히 13:17) 교인의 지식과 신앙상 행위를 총찰한다."

당회의 임무는 교회를 영적으로 다스리는 것이다. 이 일에는 영적 분별력이 필요하다. 푸치우스(Voetius)는 말하기를, "몸이 눈을 통하여 보는 것처럼 교회는 당회에 의하여 작용하게 된다"고 하였다. 히브리서 13:17은 말하기를, "너희를 인도하는 자들에게 순종하고 복종하라 그들은 너희 영혼을 위하여 경성하기를 자신들이 청산할 자인 것같이 하느니라 그들로 하여금 즐거움으로 이것을 하게 하고 근심으로 하게 하지 말라 그렇지 않으면 너희에게 유익이 없느니라"고 한다(살전 5:12-13 참조). 이 점에 있어서 당회원들이 명심할 것은 이 작업이 영적으로 실현되어야 한다는 것이다. 그들이 지배자 또는 통치자의 자세로 이 일을 집행해서는 안 된다. 그들 자신이 신앙생활에 있어서 회중이나 개인 신자의 모본이 되어야 하며, 영적 활동에 참여자(participant)가 되어 체휼(體恤)과 사랑으로 이 일을 실행해야 한다. 그들은 그리스도의 권위에 수종드는 자(ministers)이다(마 23:8-12).

둘째, 교인의 입회와 퇴회에 관한 사무를 관리한다.
"학습과 입교할 자를 고시하며 입교인 된 부모를 권하여 그 어린 자녀로 세례를 받게 하며, 유아 세례 받은 자를 고시하여 성찬에 참여하게 하며 주소 변경한 교인에게는 이명 증서(학습, 입교, 세례, 유아 세례)를 접수 또는 교부(交附)하며 제명도 한다."

이 조항에서 '학습과 입교할 자' 또는 '유아 세례 받은 자'에 대하여 '고시'한다는 말이 있는데, 이것은 그들의 신앙 정도를 확인하는 것이므로 '고시'라고 하기보다는 '신앙 문답'이라고 교정되어야 한다. 교인의 입회와 퇴회에 관한 업무에 있어서 당회원들은 그것을 사무적으로만 취급할 것이 아니라 언제나 영적으로 깨어 있어 하나님을 두려워하며, 그런 사무적인 일도 영혼들을 취급하는 심리로 해야 한다.

셋째, 예배를 주관하고 성례를 거행한다.

"목사가 없을 때에는 노회의 지도로 다른 목사를 청하여 강도하게 하며 성례를 시행한다."

'예배'라는 것은 교회가 모여서(히 10:24-25) 하나님께 드리는 예식적인 경배이다. 그런데 이 예배는 그리스도인의 진실한 신앙생활로 뒷받침되어야 한다. 순종이 제사보다 낫다고 성경은 말씀한다(삼상 15:22). 그러므로 우리는 성경에 의하여 다음과 같이 선후(先後)의 순서를 생각해 본다. 로마서 12:1은 말하기를, "너희 몸을 하나님이 기뻐하시는 거룩한 산 제물로 드리라"고 하였다. 히브리서 13:16은 "오직 선을 행함과 서로 나누어 주기를 잊지 말라 하나님은 이 같은 제사를 기뻐하시느니라"고 한다. 이 말씀에 근거하여 먼저 예배에 대한 당회원들의 개념이 분명해야 한다. 그들이 예전적인 예배만으로 다 된 것처럼 생각하면 잘못이다. 그런 사고방식은 바리새인적 방식이다. 유다의 거짓 선지자들이 민중을 잘못 지도하면서도 "이것이 여호와의 성전이라, 여호와의 성전이라, 여호와의 성전이라"고 말하였다(렘 7:4). 그들은 그들의 악행을 고치지 않으면서 성전에서의 예전적 행사로써 그 악행을 가리기 위해 그렇게 한 것이다. 그러므로 여호와께서 그들과 그들의 말을 듣는 무리를 대하여 책망하시기를, "내 이름으로 일컬음을 받는 이 집에 들어와서 내 앞에 서서 말하기를 우리가 구원을 얻었나이다 하느냐 이는 이 모든 가증한 일을 행하려 함이로다"라고 하셨다(렘 7:10).

다음으로는 당회원들은 예전적 예배를 중요시해야 하고, 또 그 목적도 알아야 한다. 신약 성경은 신자들이 공동체로서 모여 예배 드림을 중요시한다(행 1:15, 2:44, 47, 4:24, 20:7; 고전 11:18, 20, 14:23, 26, 16:2; 엡 5:19; 살전 5:27; 딤전 4:13; 히 10:25 참조). 예전적 예배가 중요한 이유는, ① 그리스도께서 특히 신자들의 모임에 임재하시기 때문이다(마 18:19-20, 고전 14:25 참조). ② 하나님의 말씀 전파가 그 모임에 중점을 차지하기 때문이다(고전 14:4, 19, 24, 26). ③ 교회가 그리스도의 몸으로서 하나임을 강화하는 데 필요하기 때문이다. 특히 성찬 예식은 이 점을 강조한다. 고린도전서 10:16-17은 말하기를, "우리가 축복하는바 축복의 잔은 그리스도의 피에 참여함이 아니며 우리가 떼는 떡은 그리스도의 몸에 참여함이 아니냐 떡이 하나요 많은 우리가 한 몸이니 이는 우리가 다 한 떡에 참여함이라"고 한다.

넷째, 장로와 집사를 임직한다.

"장로나 집사를 선택하여 반 년 이상 교양하고 장로는 노회의 승인과 고시한 후에 임직하며 집사는 당회가 고시한 후에 임직한다."

당회원들은 장로와 집사(안수집사) 임직을 신중히 해야 한다. 이 일을 바로 하지 못하여 후일에 교회가 어지러워지면 그들이 하나님 앞에서 책임을 지게 된다(딤전 5:22). 그들은 그 문제를 가지고 장차 주님 앞에서 회계 볼 자인 것처럼 해야 한다(히 13:17). 그들은 신령한 자격만 표준 삼아서 일꾼들을 택하도록 교인들을 가르쳐야 한다. 지식이나 재산이나 권세를 따라 직분을 택하는 것은 하나님의 말씀을 거스르는 처사다. 신령한 자격은 성경(딤전 3:1-13)이 밝혀준다.

다섯째, 각종 헌금을 수집하는 일을 주관한다.
"각 항 헌금 수집할 날짜와 방침을 작정한다."

공적 헌금(公金)을 다루는 일은 중요하므로 한 사람이 취급하지 말고 두 사람 이상이 맡아서 해야 한다. 연보 문제로 바울은 말하기를, "너희를 위하여 같은 간절함을 디도의 마음에도 주시는 하나님께 감사하노니 그가 권함을 받고 더욱 간절함으로 자원하여 너희에게 나아갔고 또 그와 함께 그 형제를 보내었으니 이 사람은 복음으로써 모든 교회에서 칭찬을 받는 자요. 이것을 조심함은 우리가 맡은 이 거액의 연보에 대하여 아무도 우리를 비방하지 못하게 하려 함이니 이는 우리가 주 앞에서만 아니라 사람 앞에서도 선한 일에 조심하려 함이라"고 했다(고후 8:16-18, 20-21).

여섯째, 교회법에 따라 권징을 시행한다.
"본 교회 중 범죄자의 증인을 소환 심사하며 필요한 경우에는 본 교회 회원이 아닌 자라도 증인으로 소환 심문할 수 있고 범죄한 증거가 명백한 때에는 권계, 견책, 수찬 정지, 제명, 출교를 하며 회개하는 자를 해벌한다"(살전 5:12~13; 살후 3:6, 14~15; 고전 11:27~30).

권징의 목적은 무엇보다 먼저 범과한 자로 하여금 돌이키도록 하여 그 영혼을 구원하려는 데 있다(딤전 2:25-26). 이 일은 당회로서 가장 감당하기 어렵다. 이것은 성령께서 함께하시는 당회의 자격을 필요로 하는 것이다. 당회원들도 인간인 만큼 실수가 있을 수 있다. 그러므로 그들은 무엇보다 자신이 죄를 자복하는 데 모본이 되고 하나님의 법도에 순종하는 데도 본이 되어야 한다. 종교개혁 이후 개혁교회는 가장 바르게 나아가는 교단에서 '상호 감독'(censura morum or mutual censorship)을 실행하고 있다. 당회가 일 년에 몇 차례 성찬 예식을 앞두고 적당한 시기에 '상호 감독'의 모임을 가지는데, 거기에는 목사, 장로, 집사들이 참가한다. 그리고 당회장이 이 회를 주장한다. 당회장의 지시에 따라 개인 개인끼리(man to man) 서로 과거의 잘못(주로 성직의 책임상 잘못과 교리나 행위의 과오)에 대하여 자복하든지, 혹은 필요하다면 그 공식 회석에서 사랑으로 권면하는 경우도 있다. 성직자들도 이처럼 솔선수범하여 순종을 배우며 훈련을 쌓음으로 신령한 자격이 연성(鍊成)된다.

바울은 "형제들아 사람이 만일 무슨 범죄한 일이 드러나거든 신령한 너희는 온유한 심령으로 그러한 자를 바로잡고 너 자신을 살펴보아 너도 시험을 받을까 두려워하라"(갈 6:1)고 했다. 여기 '신령한'(πνευματικοι)이란 바울의 용법대로 성령의 은혜를 받은 자를 뜻한다. 이것은 인간에게 속한 정신적, 심리적 측면을 가리키지 않는다. 신령한 자는 거듭난 자니, 혈기나 악독이 없이 성령의 인도와 감화에 따라 행동하는 것이 원칙이다. 범죄자를 상대로 하여 신령하게 처사하지 않는 자는 도리어 그 기회에 자신이 죄를 범하기 쉽다. 예를 들어, 교만과 능욕과 격동과 언쟁과 조급과 같은 것이다. 이 일에 있어서 당회가 범과자를 소환하는 방법은 겸손과 체휼의 정신(형제의 짐을 지는 정신)으로 실행되어야 한다.

일곱째, 각 기관을 감독하고 신령적 유익을 도모해야 한다.
"당회는 교회의 신령적 유익을 도모하며, 교인을 심방하고 성경 가르치는 일과 주일학교를 주관하며, 전도회와 면려회와 각 기관을 감독한다."

교회의 영적 유익이란 것은 교회가 성령의 은혜를 받도록 인도함을 말한다. "도모한다"는 말은 영어 원문에서는 '최선을 다한다'는 뜻이다(to concert the best measures). 당회는 회중에게 성경을 가르쳐서 진리를 깨닫게 하는 노력을 해야한다. 이 일은 주일 학교와 특별집회를 건전하게 운영함으로 이 일이 실현될 수도 있고(행 11:26 참조), 특별히 성장한 교인들을 훈련시켜서 그들이 다른 사람들에게 성경을 가르칠 수 있도록 지도함이 좋으며(딤후 21:5-21), 더욱이 교인들에게 개별적으로 상담의 기회를 주는 것은 효과적이다(살전 5:14-15). 당회의 지도는 각 기관의 자율적 활동을 제재함이 아니고 언제나 고자세로 지배함도 아니며, 교제(fellowship)에 동참하여 하나님의 말씀에 근거하여 수종드는 사역(ministry)일 뿐이다. 이것이 성경적이다(마 20:25-28 참조).

여덟째, 노회에 총대를 파송하고 청원을 제출한다.
"노회에 파송할 총대 장로를 선정하며 청원을 제출하며 교회 정황을 노회에 보고한다."

(1) 당회는 노회 총대를 윤번제로 파송해야 된다. 어떤 특정인들만이 노회에 계속 파송되면 교권주의가 배양될 우려가 있다. 그러나 때로는 예상되는 노회 안건의 성격에 따라서 그 문제 해결에 적격자를 보내도록 함이 필요하다. 어쨌든 교회 전체의 유익을 위해 지혜롭게 함이 좋다(행 15:2 참조).

(2) 당회가 노회에 청원할 일도 있다. 예를 들어, 그 자체의 힘으로 해결하기 어려운 치리건 같은 것을 노회에 위탁해야 한다. 노회는 이런 일을 돕기 위하여 존재한다. 이것을 보면, 장로교의 노회나 총회는 사실상 난제 해결을 위한 또 하나의 방편에 불과한 것이다. 그렇다면, 이 치리회들은 수직적(vertical)으로 생각될 존재가 아니라 수평적(horizontal)으로 생각될 존재요, 서로 연합전선을 구축한 셈이다(행 15:1-21). 그러므로 우리가 이 치리회들에 대하여 '상회', '하회'란 명칭을 즐겨 사용하지 않는 것이 좋다. 종교개혁 때부터 개혁에 정확한 장로교 정치(개혁교회)는 '상회'란 말이나 '하회'란 말을 사용하지 않는다. 칼빈주의 신학자 헤인스(Wm. Heyns)는 다음과 같이 말한다. "대회들이 소회들을 관할한다고 하여 그들이 상급 권위를 소유했다고 말할 수 없다." 델렌(I.V.Dellen)과 몬스마(Martin Monsma)는 말하기를, "개혁교회

의 정치는 일반적 의미에서 상회와 하회의 제도를 인정하지 않는다"고 하였다. 치리회의 대소(大小)를 구분하는 의미로 상회 혹은 하회라는 명칭이 사용될 경우에 우리는 어느 정도 이해할 수 있다. 그러나 이 명칭이 상하의 어떤 주종(主從)관계로 사용된다면 그것은 개혁교회의 사상이 아니다. '상회' 혹은 '하회'란 표현은 우리가 가급적 즐겨 사용하지 않음이 좋다.

아홉째, 당회의 권한과 회집

"당회는 예배 모범에 의지하여 예배 의식을 전관하되 모든 회집 시간과 처소를 작정할 것이요, 교회에 속한 토지 가옥에 관한 일도 장리(掌理)한다."

'권한'으로 표현된 말은 '권리'로 번역되는 헬라 원어 엑수시아(ἐξουσία)에 해당된다. 성경적 의미에서 '권리'란 것은 '하도록 허락된 정당성'을 가리킨다. 목사와 장로는 주님이 세우신 자들이니(엡 4:11), 그들에게 허락된 일들이 있다. 그들은 이 일들의 분야에서 일할 권리를 가진다. 이 권리는 하나님과 교회를 섬기는 사역이다. 당회는 성경에 의하여 작성된 예배모범을 실행할 권리를 가지고 있다. 그리고 교회의 재산 관리권도 당회에 있다.

열째, 당회 회집

"당회는 1년 1회 이상을 정기회로 회집하며, 본 교회 목사가 필요한 줄로 인정할 때와 장로 반수(半數) 이상이 청구할 때와 상회가 회집을 명할 때에는 소집하되, 만일 목사가 없는 경우에는 필요에 응하여 장로 과반수(過半數)가 소집할 수 있다."

당회는 상비회인 점에서 총회(1년에 한 번 모이고 그 회는 없어짐)와 다르다. 지교회는 계속적으로 다스려야 되는 것만큼 당회는 종종 모임이 마땅하다. 다스리는 자는 부지런함으로 하라고 성경은 말한다(롬 12:8). 장로 반수 이상의 청구에 의하여 당회가 모일 수도 있다. 이 경우는 당회장이 고의로 당회를 소집하지 않을 때이다. 이 법규는 목사가 의도적으로 당회를 소집하지 않는 교권적 행동을 막는 선한 법이다. 이런 경우에 장로들은 선한 방법으로 조심스럽게 행해야 할 것이다.

즉, 그들이 참으로 의를 위한다면 성경적인 사역 원칙대로 행해야 되는데, 하나님의 말씀에 수종드는 온유한 심리와 또는 사람보다 하나님을 순종하는 신앙을 가지고(행 5:29) 결단해야 한다. 그런 일이 혈기의 분노로 실행된다면 그것은 의를 이루지 못하고(약 1:20) 도리어 교회로 하여금 불안에 빠지도록 만드는 불행을 가져온다. 참으로 의를 위하는 일이라면, 그 일이 온유와 오래 참음과 기도로 해결되도록 해야 한다. 목적이 선하면 방법도 선해야 한다. 이런 일을 바로만 하면, '상호 감독'(mutual supervision)이란 개혁교회 교리의 실천이고, 또 성경적이다. 히브리서는 "오직 오늘이라 일컫는 동안에 매일 피차 권면하여 너희 중에 누구든지 죄의 유혹으로 완고하게 되지 않도록 하라"(히

3:13)고 했다.

열한째. 당회록과 각종 명부

당회가 결의 사항과 명부를 기록으로 보관함은 중요하다. (1) 후일에 어떤 논쟁이 있을 경우에도 정확히 보관된 기록이 그 논쟁을 멈출 수 있다. (2) 성도들은 하나님이 사랑하시는 자들이다. 그들에게 대한 일들을 기록으로 보관함은 그들을 보호하여 사랑하는 방법 가운데 하나이다. 하나님께서 신자들을 잊지 않으시고 그 이름을 '손바닥에 새겼다'고 표현했기에(사 49:15-16), 교회의 사역자들이 하나님을 본받아야 한다.

노회

노회 조직의 성경적 근거

사도 시대의 예루살렘교회(행 2:41-47, 6:1-7)가 분산되기 전이나 그 후에도 많은 지교회들이 각처에 있었다(행 9:31, 19:17-20, 20, 28; 고전 16:19). 그 교회들이 예루살렘 노회를 통하여 문제 해결에 도움을 받았다(행 15:4-29, 21:17-26). 디모데전서 4:14의 '장로의 회'란 말의 헬라원어 '프레스뷰테리온'(πρεσβυτεριον)은 이 말이 장로들의 모임을 의미한다고 확언하였다.

노회의 필요성 보우만(H. Bouwman)은 교회의 필요성에 대하여 다음 네 가지를 말한다. "첫째, 교회의 통일을 위하여. 둘째, 많은 교회의 합심 협력에 의한 교회의 지속 발전 및 신앙과 행위의 순결을 위하여. 셋째, 많은 교회의 협력에 의한 회중의 자유 수호를 위하여(교권주의자들의 활동을 막음으로). 넷째, 하나님의 말씀대로 교회의 모든 일이 유지되고 규율과 권징이 실시되기 위하여"라고 했다. 노회는 그 직무를 이행함에 있어 역시 하나님의 말씀(행 20:32)에 의종(依從)해야 된다(벧전 5:3). 그것을 '사역'(ministry)이라고 한다.

노회 조직의 과정

"노회는 일정한 지방 안에 모든 목사와 각 당회에서 총대로 세례교인 200명 미만이면 1인, 200명 이상 500명 미만이면 2인, 500명 이상 1,000명 미만은 3인, 1,000명 이상은 4명씩 파송하는 장로 조직한다. 단, 21당회 이상을 요한다."

(1) 헌법 '노회조직'에 따르면, 노회는 '일정한 지방 안의' 교회들로 구성되어야 한다고 했는데 그 이유가 무엇일까? 그렇게 함이 교회의 본질이 되는 통일성(unity)을 유지함에 필요한 까닭이다(엡 4:1-6). 만일 같은 지역에 있는 교회들이 교제하기를 원치 않는 듯이 노회를 서로 달리한다면 우선 그것이 연합 정신을 배척하는 것과 같이 보인다. 같은 지역에 사는 형제들이 서로 접촉도 많고 도덕적 책임에 매이는 것이 상례이니, 그런 형편에서는 각기 책임을 실행할 더 좋은 기회를 가지기 때문이다(신 15:7 참조). 형제의 연합은 가까운 데서부터 이루어지는 것이 자연스럽고 또 아름답다.

(2) 노회 조직에 있어서 최소한도로 목사가 5인이면 장로도 5인

이 될 것이다(조직교회가 다섯인 경우에). 혹시 기관 목사와 원로목사와 기타 사정 때문에 목사와 장로의 수효가 약간 달라질 경우가 있기는 하나, 원칙상 총대의 수효 배당은 목사와 치리장로의 수효가 서로 동수(同數)가 되도록 한다(정치 문답조례 287 문답). 여기서도 장로교의 정신이 드러난다. 이것은 회중의 대변자들(치리장로들)과 지도자들 (목사들)의 권한을 평준화하려는 것이다. 헌법은 교권주의(Hierarchy)를 막는 데 최선을 다한다. 하나님의 진리와 의리로 교회의 일을 하지 않고 권세로 하는 데 대하여 예수님은 반대하여 말씀하시기를, "이방인의 집권자들이 그들을 임의로 주관하고 그 고관들이 그들에게 권세를 부리는 줄을 너희가 알거니와 너희 중에는 그렇지 아니하니 너희 중에 누구든지 으뜸이 되고자 하는 자는 너희의 종이 되어야 하리라"고 하셨다(마 20:25-27).

노회원의 자격

'원로목사'와 '공로목사'도 어떤 자격으로든지 노회에 협력할 수 있도록 한 것은 바람직하다. 그 이유는, 경험 있는 이들이 회무 처리에 도움을 줄 수 있기 때문이다. 무슨 일이든지 노소(老小)가 협력함이 귀하지만, 하나님의 일에 있어서는 더욱 그렇다. 그러나 노인도 계속 하나님만 바라보며 겸손히 믿음으로 모든 일을 행해야 교회에 유익하다. 노인이 자기 경험만 믿고 자랑하다가는 둔해지고 전진성이 없다. 젊은이들은 참신하고 진취성 있게 움직인다. 그러나 그들도 젊음을 믿고 교만해지면 주님으로부터 물리침을 받을 위험이 있다(약 4:6; 시 101:5 참조).

노회를 개회함에 정회원이 되는 목사, 장로 각 3인씩 회집해도 성수가 되도록(목사와 장로의 수효를 동일하게) 헌법에 규정되었다. 이것은 회의에서 지교회의 대표들(치리장로들)과 교역자 대표들(목사들)이 서로 균형을 이루어 모든 결의에 있어서 공평을 기하기 위함이다. 장로교와 개혁교회는 교권주의를 막기 위하여 '사역상 균등 혹은 평형'(parity of ministry)이란 교리를 가지고 있다. 이 교회의 역사적 유래를 말하면, 종교개혁 후 개혁교회(장로교도 포함)가 구교의 교권주의를 막기 위하여 작성한 것이다. 중앙 집권제로 변질된 그 당시의 구교에서는 성경대로 주장하고 믿는 자일지라도 집권자에게 순응하지 않을 때에는 핍박을 받았다.

노회의 직무

첫째, "노회는 그 구역 안에 있는 당회와 지교회와 목사와 강도사와 전도사와 목사 후보생과 미조직 교회를 총찰한다."

제1항에서 '총찰한다'는 것은 서론적인 언사이다. 그 구체적인 노회의 업무는 2항부터 여러 가지로 진술된다. 각 당회에서 규칙대로 제출하는 여러 가지 의제들을 처리한다. 당회로서 감당할 수 없는 일들(헌의와 청원, 기타)을 처리하고, 노회로서 감당할 수 없는 일(상소장 같은 것)을 상회(총회)로 보내는 것이다. 장로교의 각 치리회는 각기 받은 은사대로 일한다. 이런 제도는 수직선적(vertical)인 상하(上下)의 계급제도가 아니고 수평선적(horizontal)인 연합전선의 제도이다. 여기서는 문

제 해결만을 위주하는 것인 만큼, 모든 회원은 하나님을 중심으로 그의 말씀을 따라 봉사하며 사역(ministry)할 뿐이다. 이 제도하에서는 수종적(ministerial)이 아닌 교권주의적 활동은 용납될 수 없다.

둘째, 제6조 3항에서 노회는 "목사 후보생을 고시하여 받고 그 교육, 이명, 권징하는 것과 강도사를 인허하고 이명, 권징, 면직을 관리하며 지교회의 장로 선거를 승인하며 피택 장로를 고시하여 임직을 허락하고 전도사를 고시하여 인간하며 목사 지원자의 고시, 임직, 위임, 해임, 전임, 이명, 권징을 관리하며(딤전 4:14; 행 13:2~3) 당회록과 재판록을 검열하여 처리 사건에 찬부를 표하며 도리와 권징에 관한 합당한 문의를 해석한다(행 15:10; 갈 2:2~5)."

특별히 고시의 중요성에 대해서 노회는 목사 지원자와 피택 장로와 기타 준 직원에게 시험을 제도에 따라 실시해야 한다. 이 일은 중요하다. 이것을 소홀히 하면 교회나 교파의 부패를 가져온다. 즉, 무자격한 사람들이 교회의 성역을 맡게 되어 많은 실수와 과오를 거듭하는 동안 하나님의 양 무리를 바로 다스리지 못하며 먹이지도 못하므로 점점 교회는 빈약해지고 어두워지고 세속화된다. 노회의 시취부가 이 엄숙한 시험제도를 소홀히 취급하게 되는 원인은, 응시자들과의 안면 관계나 기타 편견 때문이고, 시험위원이 무사주의 또는 편리주의로 기울어지는 경향 때문이다. 주님의 거룩한 일을 맡은 종들은 이 같은 과오를 범하지 않도록 조심해야 한다.

사도 바울은 간곡히 부탁하기를, "하나님과 그리스도 예수와 택하심을 받은 천사들 앞에서 내가 엄히 명하노니 너는 편견이 없이 이것들을 지켜 아무 일도 불공평하게 하지 말며 아무에게나 경솔히 안수하지 말고 다른 사람의 죄에 간섭하지 말며 네 자신을 지켜 정결하게 하라"고 한다(딤전 5:21-22). 사도의 이 말씀은 분명히 성직자를 경솔히 세우지 말라는 경계이다. 이 말씀으로 그는 신자를 장로나 목사로 안수하여 내세움에 삼가 조심해야 할 것을 부탁한다. 교회 일에 어떤 형태로든지 동역하는 직분 선택에 신중을 기해야 하지만, 장로 장립에는 더욱 그렇다.

이 점에 있어서 바울은 디모데에게 "엄히 명하노니"라고 말했다. 이 말의 의미는 엄숙히 맹세하면서 부탁함(charge with solemn vow)을 가리킨다. 여기 "하나님과 그리스도 예수와 택하심을 받은 천사들 앞에서"란 표현은 심판을 기억시키는 말씀이다(딤후 4:1). 바울은 진리 표준을 지킴에 엄정을 기해야 할 것을 다짐하면서 "편견이 없이"하라는 말씀에 "불공평하게 하지 말라"는 말씀을 첨부하였다. 이것은 강조로서 역설적인 문투이다. "다른 사람의 죄에 간섭하지 말라"는 말씀에 있어서 '간섭'으로 번역된 원어의 의미는 '동참'으로 개역해야 한다. 그러므로 무자격자들을 장로나 목사로 장립하는 자들은, 앞으로 연출될 그들의 실수와 죄악에 관하여 책임을 지게 된다. 도덕과 영력이 없는 자로서 중대하고도 거룩한 일을 맡으면 별수 없이 외식(外飾)하게 된다. 그 기간이 길면 길수록 교회에 큰 해독을 끼친다. 그러므로 교회의 일꾼을 장립시키는 데 신속히 하면 안 된다. 디모데전서 5:22의

'경솔히'란 말은 '속히'(quickly, hastily)란 의미를 가진다.

권징 사역에 대하여 노회는 교회의 성결을 위해 권징을 성실히 시행해야 한다. 치리권을 시행함에 있어 치리자의 권위는 절대로 필요한 것이다. 권위란 것은 어떤 물리적인 것이 아니고 영적인 것이다. 이 권위란 것은 신앙생활의 실제적 모본이니, 치리자가 그리스도만 의지하고 자기는 부인하는 데 비례하여 성립된다. 그러므로 치리자 자신이 먼저 견책을 받는 듯이 체휼하는 정신으로 이 사역에 임해야 한다. 갈라디아서 6:1은 말하기를, "사람이 만일 무슨 범죄한 일이 드러나거든 신령한 너희는 온유한 심령으로 그러한 자를 바로잡고 네 자신을 돌아보아 너도 시험을 받을까 두려워하라"고 한다. 개혁교회에서는 신자들이 솔선하여 순종을 배우기 위해 '상호 감독'(censura morum)이란 제도에(마 18:15-17) 따라 계속 훈련받도록 되어 있다. 이것은 로마교회에서 교황이나 기타 고위층 교직자들만이 교회를 감독하는 계급제도와 다르다. 장로교와 개혁교회에서는 성직자들도 서로서로 감독할 위치에 있다. 특히 개혁교회에서는 먼저 성직자들 사이에서 이 치리권이 잘 실천되었다. 즉, 노회가 모이는 기간에 '상호 견제'를 행하는 순서를 가지는 것이 미풍(美風)이다. 그것은 회장이 이 일을 위해 시간을 정하고(보통으로는 폐회 직전) 선언하였을 때에 성직자들이 개인 대 개인으로 형제 사랑의 정신으로 권면이나 충고하는 것이다.

셋째, 제6조 5항은 노회의 직무에 대하여 이렇게 규정한다.

"지교회를 설립, 분립, 합병, 폐지 및 당회를 조직하는 것과 지교회와 미

조직 교회의 목사 청빙과 전도와 학교와 재정 일체 사항의 처리 방침을 지도 방조한다."

노회가 지교회를 설립, 분립, 합병, 폐지, 당회 조직, 목사 청빙, 재정 관리 등 일체의 사항을 지도하는데, 이 사역에 있어서 교권에 의한 억압 혹은 유인행위 같은 것은 금물이다. '지도' 또는 '방조'란 어휘는 협력의 의미로 해석되어야 한다. 특히 교회들을 합병, 분립하는 일에 있어서 영어원문에는 "회중의 청구에 의하여"(at the request of the people) 그 일에 관계한다고 되어 있다.

넷째, 제6조 6항은 이렇게 규정한다.
"본 노회의 청원과 헌의를 상회에 올려보내며 상회에서 내려보내는 공한(公翰)을 접수하여 그 지휘를 봉행하며, 교회 일을 질서 있게 처리하며(고전 14:33, 40), 전도 사업을 직접 경영함과 상회 총대를 선정 파송함과 범사(凡事)에 관한 각 교회의 신령적 유익을 도모한다."

1) 이 조항에 나오는 문구 중에 '상회에 올려보냄', '상회에서 내려보냄', 그리고 '그 지휘를 봉행함' 등은 영어 원문에는 없는 표현들이다. 이 어구들은 한국 장로교가 삽입한 것인데 치리회들을 상하의 계급 식으로 표시하는 인상을 준다.
2) 교회는 그리스도의 몸인 고로 (고전 12:27) 각 기관은 긴밀한 연락과 질서를 지킬 때에 교회의 생명이 화평과 사랑을 유지하게

되며, 교회의 성장을 도모하게 된다(엡 4:16).

3) 전도 사업에 지교회들의 힘을 합할 것이다.

4) 모든 일에 '신령적 유익을 도모한다'고 하였으니, 노회의 모든 사무적인 일까지도 영적 유익을 도모하면서 집행되어야 한다(롬 8:5-6; 고전 10:31; 고후 4:18; 갈 5:25). 그리고 지교회의 재산상 문제가 발생했을 때는 그것을 공평하게 처리할 권한이 노회에 있다(고전 6:1-3 참조).

다섯째, 제6조 9항은 이렇게 규정한다.

"노회는 교회를 감독하는 치리권을 행사하기 위하여 그 소속 목사 및 장로 중에서 시찰 위원을 선택하여 지교회 및 미조직 교회를 순찰하고 모든 일을 협의하여 노회의 치리하는 것을 보조할 것이니 위원의 정원과 시찰할 구역은 노회에서 작정한다…"

시찰 위원들이 지교회 시찰을 맡는다. 이 제도는 장로교 치리회의 규정이다.

1) 시찰 사역은 지교회들과 노회와의 긴밀한 연락을 도모함이다. 시찰회는 치리기관이 아니고 어디까지나 지교회들의 어려운 문제 해결을 도와주며, 또 노회에 지교회들의 사정을 알려서 노회의 행정을 돕는 역할을 한다.

2) 시찰 사역은 목사들 간에 '상호 감독'(Mutual supervision)하는 매우 중요한 제도이다. 노회는 이 제도를 통하여 1년에 한 번 이상

지교회 들을 순찰하며, 노회 상비부 격의 사역을 한다.

시찰 위원들에게는 몇 가지 책임이 주어져 있다. 일 년에 한두 번 노회 관하의 지교회들을 순찰하는 것은 중요하다. 순찰의 책임은 원로(元老) 목사들(2인 이상)이 맡도록 되어 있다. 그 이유는, 그들이 연령이나 경험이나 지혜로 보아서는 적격자들이기 때문이다. 이 순찰 사역도 교대로 맡도록 되어 있으나, 때로는 일의 연속 관계로 한 사람 정도 재선(再選)도 허용된다.

순찰 사역에 대하여 지교회의 할 일도 있다. 시찰 위원들을 노회가 세웠으므로 그들이 지교회의 일에 지나친 간섭을 할 경우, 그 지교회 당회가 노회에 그 사실을 보고할 수 있다. 그리고 당회는 시찰 위원들의 방문 날짜를 일반 회중에게 미리 알려야 된다. 그렇게 되어야 일반 신자들도 필요한 도움을 받기 위하여 그들과 접촉할 수 있다. 모든 회합에는 필요에 따라 관계 인물들만이 참여해야 교회에 유익하다.

시찰 위원들이 지교회 당회에 심문할 문제는 지교회들의 사정에 따라서 다르겠지만 주로 다음과 같은 것들이다. 당회가 규칙적으로 모이는 여부, 당회가 회중 중심으로 그들의 유익을 도모하는 여부, 권징이 성실하게 시행되는 여부, 빈민 구제가 면밀히 시행되는 여부, 기타 사항들에 관한 것이다. 이런 심사는 어디까지나 사역(주님의 말씀에 수종드는 일) 행위이며, 상호 감독의 행위이고 고자세의 권리 행사가 아니다. 더욱이, 이것은 지교회를 돕기 위한 것뿐이고 치리권 행사도 아니다. 그러나 노회의 파송으로 실시하는 것인만큼 영적 권위가 있는 일이다. 8.15해방 후부터 장로교는 시찰 활동이 무력해졌다. 지금은 지교회에 대한 시찰 위원들의 시찰도 거의 없고, 지교회의 교역자에게 충고와 격려하는 일도 거의 없는 형편이다. 이러한 점은 개선되어야 마땅하다.

노회록과 보고

"노회는 강도사 및 전도사 인허와 목사의 임직과 이명과 별세와 후보생의 명부와 교회 설립, 분립, 합병과 지방 안 각 교회 정황과 처리하는 일반 사건을 일일이 기록하여 매년 상회에 보고한다."

이 조항에서 강조하는 바는 노회는 중요한 일들을 총회에 보고하며, 노회록을 정확하게 기록하고, 각종 명부를 작성한다는 것이다. 이것은 모든 사무 처리를 바로 하여 사실대로 널리 알리고, 후세에까지 전하기 위함이다. 사람들의 명부는 그들에 대한 지식을 가지고 그들을 돕기 위한 것이다. 노회는 교회들에 대한 치리 기관이고 감독 기관이다(상호 감독의 정신에 의한 것이기는 하지만). 그러므로 노회는 그 관하(管下) 교역자들의 거취 문제와 생활 실정을 명확히 이해하고 그들을 보호하며, 방조하는 역할을 잘해야 한다. 예를 들어, 전도사나 목사 후보생들이 노회 지도자급에게 (혹은 모든 노회원에게) 익숙히 알려져야 한다. 이런 지식을 가져야 노회는 이들의 장점을 키워주며, 이들의 단점을 교정시켜 적재적소(適材適所)로 이들을 인도해 줄 수도 있다.

노회 회집

"노회는 예정한 날짜와 장소에 회집하고 특별한 사건이 있는 경우에는 각 다른 지교회 목사 3인과 각 다른 지교회 장로 3인의 청원에 의하여 회장이 임시회를 소집할 수 있다(회장이 유고한 때는 부회장 또는 서기가 대리로 소집한다). 회장이 임시회를 소집할 때는 회의(會議)할 안건과 회집 날짜를 개회 10일 선기(先期)하여 관하(管下) 각 회원에게 통지하고 통지서에 기재한 안건만 의결(議決)한다."

이 조항에 따르면 중요한 안건만 있으면 임시 노회는 언제나 모일 수 있다. 안건의 중요성은 한 사람이 판정할 수 없고 여러 사람의 의견에서 정확히 결정된다. "각 다른 지교회 목사 3인과 각 다른 지교회 장로 3인의 청원"이란 것이 이 때문에 필요한 것이다. 노회가 모이는 목적은, 첫째, 어떤 문제 해결을 공적으로 얻기 위한 것임. 교회의 일은 광명정대(光明正大) 해야 된다(눅 12:3). 둘째, 지혜를 모음으로 문제 해결이 가능함. 공회가 모여서 토론함으로 난제가 해결될 수 있다. 이런 때에 토론의 동기는 서로 높아지려는 것이 아니라 공동체의 난제를 해결하여 하나님께 영광을 돌리기 위함이다. 여러 사람이 지혜를 모을 때 그중에 해결의 지혜도 나올 수 있다. 그 한 가지 예를 들어, 아라비아의 보스트라(Bostra) 지방에 기독교 회의가 모인 적이 있었다(AD 244년). 그 모임은 그곳의 장로였던 베릴루스(Beryllus)란 인물의 이단설 때문이었다. 그 회집에 오리게네스가 초청을 받아 출석했다. 그 난제에 대한 오리게네스의 지혜로운 해석으로 인해 베릴루스 장로는 설득되어 자기의 학설을 취소하였다고 한다.

총회

총회의 정의

"총회는 대한예수교장로회의 모든 지교회 및 치리회의 최고회(最高會)니 그 명칭은 '대한예수교장로회총회'라 한다."

총회의 정의(定擬)에 있어서 '최고회' 혹은 '최고 치리회'란 말은 한국 장로교 헌법의 원본인 웨스트민스터 헌법에는 없는 표현이다. 거기에는 다만 '전국적회'(national assembly)라고 하였을 뿐이다. '전국적회'는 오늘의 '총회'를 지칭한다고 할 수 있다. 유명한 개혁교회 정치학자 푸치우스(G. Voetius)는 말하기를, "이 권위(총회의 권위)는 수종적이고 최고가 아니며, 조건적이고 의존적이며, 절대가 아니다". 그리고 "대회(총회 포함)의 권세란 것은 형제적 정신으로 교회를 돕기 위한 것(하나님 배경으로)을 가리킨다."라고 했다.

개혁교회의 정치학 권위자 보우만은 다음과 같이 말했다. "대회(총회 포함)의 권세는, 원천적이 아니고 유래적(由來的)이다. 즉, 지교회들이 선택해 세운 대표들(목사, 장로)의 모임이다. 그 모임의 권위는 하나님의 뜻에 의한 지교회의 파송에 근거한 것이다. 전반적이 아니고 제한된 것이다. 총회가 지교회의 일을 전부 맡은 것이 아니며, 교회의 일들을 모두 다 주장하지도 못한다. 높은 것이 아니고 넓은 것이다. 한 지교회나 노회만 아니라 모든 지교회들과 노회들의 연락에 관한 일들을 처리한다. 통치적이 아니고 봉사적이다. 총회는 하나님의 말씀(성경)에 의지하여 사역한다. 영속적이 아니고 일시적인 것이다."

신자들이 '최고회'라는 개념에 따라 총회를 과대평가하는 과오를 범하면 안 된다. 한국 장로교회의 총회를 가리켜 '장자의 총회'라고 부르기도 한다. 히브리서 12:23에 '장자의 총회'란 말이 있다. 그러나 거기에 '총회'라고 번역된 헬라어(πανηγυρις)는 실상 '기쁜 회집'이란 뜻이고 치리 기관인 총회를 의미하지 않는다.

총회의 성경적 표준과 종교개혁 이후의 역사

총회의 존재는 성경적 근거를 가진다. 사도행전 15장에 기록된 예루살렘 회의는 "사도와 장로들"이 모여서 난제를 의논한 회의였다(6절). 이것을 보면, 사도 시대에도 총회의 성격으로 전 교계를 대표하여 일했던 사실이 알려진다. 첫째, 이방 교회에서 대표자들이 파송되었고(2절), 예루살렘의 사도들과 장로들이 합석하였으나(6절), 그 회는 최후 치리회가 된다. 둘째, 그 회의에서 하나님의 말씀을 의지하고(16-18) 교회들을 위한 교리를 결정함(23-29)에 있어서 성령의 인도하심을 따라 행하였으니(28절), 그 교리는 권위를 가진다. 이와 같은 권위 있는 결정은 변동되기 어렵다. 오늘날 교회들의 총회도 예루살렘 공의회의 성격을 본받아서 성령의 인도하심과 성경이 가르치는 방법대로 문제들을 해결해야 한다. 종교개혁 당시에 모였던 개혁교회의 치리회는 다음과 같다. 1558년에 프랑스의 푸아띠에(Poitiers) 교회당에 개혁주의 목사들과 장로들이 모여서 총회의 필요성을 토론한 적이 있었다. 그 후 1559년에 파리(Paris)에서 총회가 모였다. 그리고 1563년 이후 화란의 남부 지방에서는 개혁교회들이 종종 한자리에 모였으며, 영국과 독일에서도 그리하였다. 북유럽에서는 1571년에 독일 엠덴(Emden)에서 첫 번 총회가 모였다.

총회의 조직

"총회는 각 노회에서 파송한 목사와 장로로서 조직하되 목사와 장로는 그 수를 서로 같게 하고 총대는 각 노회 지방의 매 7당회에서 목사 1인, 장로 1인씩 파송하되 노화가 투표 선거하여 개회 2개월 전에 총회 서기에게 송달하고 차점 순으로 부총대 몇 사람을 정해 둔다. 단, 7당회 못 되는 경우에는 4당회 이상에는 목사 장로 각 1인씩 더 파송할 수 있다. 3당회 이하가 되는 교회는 목사·장로 1인씩 언권 회원으로 참석한다. 총회 총대는 1당회에서 목사·장로 각 1인을 초과하지 못한다."

총회 총대로서 목사와 장로의 수효를 동수(同數)로 정한 것은 교권주의를 막기 위한 것이다. 목사는 교역의 대표자로서, 장로는 회중의 대표자로서 상호 견제하여 월권행위나 주장하는 자세를 막는다.

총회의 직무

"총회는 소속 교회 및 치리회의 모든 사무와 그 연합 관계를 총찰하며, 하회에서 합법적으로 제출하는 헌의와 청원과 상고와 소원과 고소와 문의와 위탁 판결을 접수하여 처리하고, 각 회록을 검열하여 찬부를 표하고 산하 각 교회 간에 서로 연락하며 교통하며 신뢰(信賴)하게 한다."

총회의 주요한 임무는 지교회와 지교회 사이, 또는 노회와 노회 사이의 연합을 공고히 함이다. 그러므로 이런 의미에서 총회는 연락(連絡)의 사명을 가졌다고 할 수 있다. 시편 133:1-3은 "형제가 연합하여 동거함이 어찌 그리 선하고 아름다운고 머리에 있는 보배로운 기름이 수염 곧 아론의 수염에 흘러서 그 옷깃까지 내림 같고 헐몬의 이슬이 시온의 산들에 내림 같도다 거기서 여호와께서 복을 명령하셨나니 곧 영생이로다"라고 한다(마 5:23-26; 엡 4:1-6 참조). 지교회들의 참된 연합을 위해서 총회는 무엇보다도 진리를 앞세워야 하며, 관료주의적(beaurocratic)인 행정이 작용하지 못하도록 온 회원들이 함께 유의, 협력해야 할 것이다.

또한 총회는 신하 치리회들이 제출한 의제(議題)들을 처리한다. 헤르만 바빙크는, '하회' 또는 '하급 치리회'가 상회에 비하여 낮은 기관이 아님을 지적하여 말하기를, "각 회는 그 자체에 있어서 더 높거나 더 중요하거나 하지 않고, 또는 어느 회가 실수를 덜 하거나 혹은 성령의 인도를 보다 더 받는다고 할 수 없다"라고 하였다.

개혁교회의 교회 헌법학자 보우만은 다음과 같이 분석하였다. 대회들(총회 포함)은 사실상 지교회들로부터 받은 권위 외에 다른 권위가 없다. 노회와 총회는 지교회들로부터 권위를 받았으니 지교회에 대하여는 부수적 기관들이다. 대회들은 지교회들이 교파를 형성하는 동안만 존재하다가 교파를 이루지 않는 때에는 없어진다. 그와 반면에 지교회들은 대회들이 없어져도 계속 존재한다. 목적에 대한 문제에서 지교회는 독립적으로 존재하나 대회들은 지교회들을 위하여 존재한다. 다시 말하면, 총회(대회)는 지교회들의 유익을 위하여 봉사하며 지혜로운 안내자의 역할을 하는 것이다. 이 점에 있어서 개혁교회의 교회 헌법학자 푸치우스(Voetius)와 얀센(Jansen)도 동조한다. 우리는 위의 논조로 보아서 다음과 같은 결론을 얻는다. 16세기의 종교개혁으로 개혁된 교회(장로회 정치 제도)의 치리회 구조는 수직선적(vertical)이기보다 수평선적(horizontal)이다. 다시 말하면, 그것은 위에서 다스려 내려오는 것이 아니라 연합전선적(聯合戰線的)인 합세의 치리이다.

총회는 제출하는 헌의, 청원, 상고, 소원, 고소, 문의, 위탁 판결 등에 대한 모든 의제를 소홀히 취급할 수 없다. 헌법에는 이런 문제들을 취급하는 방법에 대하여 구체적으로 언급되지 않았으나 선진국가의 장로교주의에서 실시한 방법을 참고할만하다. 총회가 이런 의제들을 잘 해결하기 위하여 총회소집 여러 달 전부터 의제(agenda)를 받아 작업을 시작해야 할 것이다. 혹, 위원회를 통하여 이런 문제들을 미리 연구케 하든지, 혹은 모든 노회원이나 당회원까지 의제와 관련된 난제들을 알려서 연구케 함으로 이 일에 신중을 기하는 것이 좋다. 총회로 모였을 때에 갑자기 회원들이 어떤 의제를 받게 된다면, 좋은 해결방안을 강구하기 어려울 것이다.

총회의 권한

1) 제1항은 "총회는 교회 헌법(신조, 요리문답, 정치, 권징 조례, 예배 모

범)을 해석할 전권이 있고 교리(敎理)와 권징에 관한 쟁론(爭論)을 판단하고 지교회와 노회의 오해와 부도덕(不道德)한 행위를 경책하며 권계(勸戒)하며 변증(辨證)한다."로 되어있다.

본문에 "총회는 교회 헌법을 해석할 전권(專權)이 있다"라고 했는데, 웨스트민스터 원본이나 미국 북장로교 헌법에는 '전권'이란 말이 없다. '전권'이라고 하면 총회 자체에 어떤 특정(特定)의 권위가 있는 듯이 느껴지므로 이 표현은 사역적(ministerial)인 의미로 볼 수 없다. 이런 표현에 의한 처사는 계시 의존 사색을 전제로 하지 않게 될 위험이 있다. 우리는 중요한 교리 문서에서는 이러한 표현에 있어서 사역적이 되기를 바란다. 교회적 결정의 효력은 성경적 근거에 있다. 교회를 통치하는 왕은 오직 그리스도이시다. 그리스도만이 절대주권을 가지고 있다. 이 점에 있어서 미국 정통장로교 헌법은 수종적이고 사역적인 스타일로 표현하였다. 곧 "총회는 교리나 권징에 관한 문제들을 해결하려고 탐구한다. 총회는 자체의 힘으로는 신자들의 양심을 구속할 명령 선포의 권위를 가지지 못한다"라고 한다. 여기의 '탐구한다'(shall seek)는 것은 지배자적인 스타일의 표현이 아니다.

2) 2항에서 노회를 '설립, 합병, 분립, 폐지'하는 일에 있어서도 총회는 독단을 피하고, 상대방 혹은 노회의 의견을 존중시하며, 돕는 태도로 처신해야 함을 보여준다. 이런 관점에서 주장을 앞세우는 것은 사역적 자세(姿勢)가 아님을 명심해야 한다(벧전 5:3-4 참조).

3) 4항에 따르면 총회는 교회를 분열케 하는 논쟁을 바로 해결하

도록 해야 한다. 총회가 교회의 분열을 막는 데는 먼저 그 논쟁점을 바로 파악하고, 그것을 반드시 진리대로 해결해야 한다. 바른 언론을 봉쇄하는 것은 시정을 촉구한다는 상대방을 무조건 억압하는 처사니, 그렇게 하면 분열을 더욱 조장시킬 우려가 있다. 온 교회를 대표한 총회는, 장로교 행정 원리대로 언제나 소수보다 다수를, 다수보다 진리를 따라 바른 치리를 시행할 중대한 책임을 지고 있다. 교회는 증거 단체일 뿐, 세력 단체가 아니다. 총회는 어느 한 지교회의 증거 일지라도 그것이 진리에 입각한 소리라면 그 증거를 분명히 듣고 공평하게 처사해야만 교회의 분열을 방지할 수 있다(레 19:15-16 참조).

특별히 교회의 재산 문제로 쟁론이 발생했을 때 신자들이 세상 법정에 가서 판단을 구하는 것은 하나님께 욕을 돌림이다(고전 6:1-7). 그러므로 이런 문제는 교회의 치리회에 의뢰하여 해결을 받도록 양편이 다 힘써야 한다. 개혁교회의 헌법 주석을 저술한 반 델렌(Van Dellen)과 몬스마(Monsma)는 이런 문제를 노회나 총회에서 다루는 것에 대하여 동의하지 않는 의미로 예수님의 말씀을 인용하였다. "선생님 내 형을 명하여 유산을 나와 나누게 하소서 하니 이르시되 이 사람아 누가 나를 너희의 재판장이나 물건 나누는 자로 세웠느냐"(눅 12:13-14) 위의 두 학자의 견해는 예수님도 재산 문제의 처리를 맡지 않으셨으니, 교회도 그런 일은 맡지 않아야 된다는 것이다. 그러나 우리는 예수님의 그 말씀이 불신자를 상대하신 것이었음을 명심해야 한다. 예수님께서 그 청원자를 '탐심'의 소유자로 판정하셨으며(눅 12:15), 이어서 비유로 가르쳐주신 말씀 가운데서 탐심 있는 자의 어두운 행위가 불신자의 소위인 것으로 알려져 있다(눅 12:16-21 참조). 그러므로 교회 내의 재산 문제는 교회의 치리회에 맡겨서 해결을 받도록 해야 한다. 할 수 있으면 신자들로서는 교회의 본질인 사랑과 화평을 잃지 않기 위해서 피차 양보의 정신으로 해결책을 강구하는 것이 아름답다.

4) 제6항에서 "총회의 재산은 총회 소유로 한다."로 되어있다.

여기 '총회의 재산'이라고 하면 교단의 재산이란 말과 다르다. 교단의 재산은 모든 지교회들의 부동산도 포함하는데 그것은 각 지교회의 소유로 되어있다.

개회 및 폐회 의식(儀式)

"총회가 기도로 개회하고 폐회하되 폐회하기로 결정한 후에는 회장이 선언하기를 '교회가 나에게 위탁한 권세로 지금 총회는 파(罷)함이 가한 줄로 알며 이 총회같이 조직한 총회가 다시 아무 날 아무 곳에서 회집함을 요하노라' 한 후에 기도함과 감사함과 축도로 산회(散會)한다."

총회의 폐회는 파회(罷會)다. '파회'란 뜻은 그 총회의 회의체(會議體)는 폐회되는 순간부터 없어진다는 것이다. 파회한 후 일 년 동안은 지교회의 어떤 종류의 일이든지 총회의 권위로써 관여하지 못한다. 총회는 해마다 새로 조직하여 모이는 회합이다. 총회가 파회된 후에도 교단의 사업은 계속된다. 이에 대한 봉사는 각 위원회가 하도록 되어있다. 각 위원회는 총회가 그 회무 중에 지시한 범위 안에서만 사역하는 법이다.

The History of the Formation of Presbyterian Polity

결론

결론

본 연구의 목적은 신구약 성경에 토대를 둔 기독교의 역사적 과정에서 일어난 교회 정치 원리와 교회 공동체를 은혜롭게 다스릴 정치 제도의 역사적 발전 과정과 핵심 규정을 연구하려는 것이다. 이러한 연구 목적에 따라 필자는 종교개혁 이후에 기독교의 교리를 연구하여 집대성한 존 칼빈의 『기독교강요』 교회론에 기초를 둔 장로교 정치 원리와 치리회 제도의 역사적 변천과 발전에 관한 연구로부터 오늘날 한국 장로교회(합동)의 정치 원리와 치리 제도에 이르기까지 방대한 내용을 역사적 관점에서 다루면서 이 책을 집필했다. 한국 장로교회는 신학적 관점에서 근원적으로 존 칼빈의 신학에, 조직 교회로서의 제도적인 측면에서는 스코틀랜드 장로교회에 그리고 신앙고백에 있어서는 『웨스트민스터 신앙고백서』에 기초를 두고 있다는 점을 밝히며, 역사적 발전 과정을 추적했다.

서론에서 필자는 본서의 연구 목적과 방향을 제시했다. 제1장에서는 존 칼빈이 『기독교강요』 제4권 교회론 안에서 다루는 정치 원리와 정치 형태를 토대로 교회의 권위와 직제론에 대하여 연구했다. 칼빈은 교회론을 다루는 제4장을 시작하면서 참 교회와 거짓 교회를 구분하고, 교황제도의 정치 형태의 비성경적인 부당성을 제기하면서 교황제도가 교리의 순수성을 온전히 더럽혔다고 진언했다. 따라서 칼빈은 교회의 권위와 회의체들과 입법권, 재판권 및 권징에 대한 관점에서 교회 정치 형태와 치리 제도에 관하여 기술했다. 특별히 존 칼빈은 기독교 정치 원리를 하나님의 말씀에 기초한 평등성, 자율성 그리고 연합성에 두었다. 왜냐하면, 하나님의 말씀만이 그리스도인의 신앙과 행위의 유일한 법칙이며, 교회 정치의 원리를 제공한다고 확신했기 때문이다. 칼빈은 『기독교 강요』에서 교회는 하나님의 선택받은 자들의 연합체임을 역설한다.

칼빈의 강조점은 교회는 그리스도의 주권적 통치하에 있다는 것을 지적한 것이다. 칼빈은 『기독교 강요』 초판에서 성경에 입각한 교회 정치의 원리와 직제론에 관하여 언급했으나 치리회에 대해서는 구체적인 대안을 제시하지 않았다. 그러나 최종판에서는 직제에 대하여 비상직과 일상직을 구분했으며, 일상 직분 가운데서도 항존직과 임시직을 구분하여 설명한다. 그러나 칼빈은 목사는 장로의 직무를 공유하나 장로는 목사의 직무를 공유할 수 없는 것으로 설명한다.

칼빈은 교회 안에서 직분자들의 기능의 차이점이 있음을 밝혔다. 목사, 교사, 장로, 집사 직무에 대한 기능의 차이점을 밝히면서도 분배와 평등성을 더 강조했다. 하나님의 교회 안에서 모든 신자는 '만인제사장'으로서 교회 정치에 참여할 수 있다는 원리를 제시한 것이다. 그러나 직분자들의 기능의 차이점을 인정하면서도 교회를 대리하는 대의적 제도를 통하여 간접적으로 정치에 참여하도록 한 것이다. 이 점이 칼빈이 주장하는 장로교회의 대의정치(代議政治)이다. 이 정치 제도의 규정을 통한 교회 교육, 영적 질서 그리고 교회의 치리는 칼빈 이후 모든 개혁주의 교회에 큰 영향을 주었다.

제2장에서 필자는 존 녹스를 비롯한 종교개혁의 선구자들이 국가교회에 맞서 로마교회를 굴복시키고 국가교회를 개혁교회로 정착시킨 역사적 배경과 스코틀랜드교회의 정치적 원리와 치리 제도에 관하여 연구했다. 스코틀랜드교회는 존 칼빈의 주창한 평등성, 자율성, 연합성에 관한 정치 원리를 국가와 지역의 상황에 맞게 연구하여 개혁교회의 토대를 세우는 일에 공헌했다. 스코틀랜드 장로교회가 주장하는 교회 정치 제도의 원칙들은 항상 교회권에서 자명하게 정의된 그리스도의 주권과 신자들의 자율권과 직분자들의 평등성이었다. 그러나 1560년에 작성된 교회 정치 원리와 제도는 곧바로 국가교회에 적용하기가 부적합하다는 판정을 받았다. 그리하여 치리 제도의 근거를 제공하는 '제1치리서'의 부적합성을 수정 보완하여 '제2치리서'를 통해 장로교회의 조직을 한층 더 정교하게 만들었고, 장로교회의 정치이론의 틀을 새롭게 정립했다. 그러나 스코틀랜드 장로교회는 '제1치리서'를 작성할 때부터 칼빈이 제네바에서 강조한 장로교 정치원칙들을 배제하지 않았다. 가장 중요한 특징인 회의체에 의한 조직(governments by assemblies)과 사역자 간의 평등(parity between ministers)을 원칙으로 삼았다.[1]

그러나 스코틀랜드교회가 칼빈의 제안과 다른 점을 제시했다. 그

---

1) 김중락, 『스코틀랜드 종교개혁사』(경기, 안산: 흑곰북스, 2017), 180.

것이 지역 순회 감독과 독경사직을 새롭게 고안하여 제시한 것이다. 순회 감독과 독경사 직제들은 그 당시 자격을 갖춘 성직자의 부족 현상을 보완하기 위해 제안했던 것이다. 지역 순회 감독은 지교회들(local Churches)을 잘 돌보지 못하는 단점들을 보완하기 위해 정기적으로 일정한 지역을 순회하며 지도하도록 임무를 부여하였고, 행정권을 행사토록 하였다. 그리고 독경사는 지역 순회 감독의 재임 기간 중 그의 전적인 권한하에서 임시적으로 직무를 수행하도록 했다. 치리회 역시 제네바교회가 정한 치리회와 다른 점이 있다. 스코틀랜드교회는 '지교회 치리회'(당회), '성경 연구회', '지역 순회 감독자회' 그리고 '총회'로 구성했다. 결과적으로 당회, 노회, 대회, 총회라는 치리회 구성 원칙을 스코틀랜드교회에 상황에 맞도록 제도화한 것이다.

본 연구를 통해서 볼 때 1560년 스코틀랜드 장로교회가 작성한 정치 제도들은 그 당시 국가교회의 반발로 어려움을 겪기는 했지만, 시간이 지남에 따라 모든 장로교회에 크게 영향을 끼쳤고, 물론 특정한 시기가 지나감에 따라 폐지된 조항들도 있지만 전 세계 장로교회의 정치적 원칙을 제공하는 계기가 되었다. 특별히 스코틀랜드교회는 여러 개혁교회의 정치 제도를 종합하여 그 교회에 적합한 정치 제도를 만들었다. 그럼에도 스코틀랜드교회가 받은 가장 큰 영향은 칼빈이 제안한 제네바교회의 정치적 원리 위에서 발전시켰다는 점을 부인할 수 없다.

제3장에서는 세계 모든 장로교회뿐만 아니라 모든 개신교회의

신앙고백과 교리적 근거를 해설한 요리문답서와 예배 모범과 정치 원리의 확고한 토대와 모델로 작용하는 웨스트민스터 총회와 장로교 정치에 관하여 연구했다. 웨스트민스터 총회가 채택한 공식문서는 칼빈이 제네바에서 사용했던 '하나님의 법' 사상에 토대를 두고 영국의 초기 개혁자들과 청교도들의 연구와 동의에 의해 채택되었고, 웨스트민스터 총회에 의하여 열매를 맺게 되었다.

사실 잉글랜드에서 발전된 교회 정치 사상은 칼빈과 스코틀랜드 장로교회로부터 받은 영향이다. 칼빈이 주장한 평등성, 자율성, 연합성은 웨스트민스터 총회에서 가결된 교회 정치 지침서에 반영되었다. 본 지침서(Political Directory)는 다음의 내용을 강조한다. 첫째, 성경의 원리에 따른 교회의 주권자이신 그리스도께서 그의 교회를 다스리기 위해 직분자들을 세우셨다. 둘째, 교회의 회의체인 치리회 형태는 목사와 교회에서 선출된 치리 장로들에 의한 연합적 치리회이다. 셋째, 가르치는 장로와 치리 장로의 평등성이다. 치리회의 구성원인 강도 장로와 치리 장로의 지위와 권한이 동등하다는 것을 전제로 한다. 넷째, 개교회들은 상향식 상회들에 의하여 통일성을 지향한다. 그럼에도 웨스트민스터 총회가 작성한 치리 제도는 스코틀랜드의 '제1치리서'에 나타난 치리회와 비교할 때 차이점을 보인다. 특별히 시찰회와 준노회(Synodical Assemblies)는 본 문서에 처음 나타난 제도이다. 이 회의체들은 성경적 근거 위에서 만들어진 것도 아니며, 치리회도 아니다. 단지 장로교적 협의회 제도로서 개교회의 현실적 문제들을 돕는 일을 수행하도록 만든 제도이다. 이 제도는 성직자 개인이나 개교회의 독자적 결정을 차단하고 협의적 구조 안에서 결정하도록 도움을 주었다는 점에서 긍정적으로 평가할 수 있다.

제4장에서는 영국의 왕정 정치 제도가 부활하던 시기인 17세기 초(1620년) 신앙의 자유를 찾아 아메리카 신대륙에 정착한 청교도들의 삶과 신앙에서 출발한 미국 장로교회의 시작과 교회 정치 제도 및 치리회의 조직과 발전 과정을 연구했다. 험난한 역사적 과정을 거쳐 아메리카 대륙에 뿌리내린 신앙과 교회의 정치 제도는 개혁신학과 장로교 정치 제도였다. 개혁신학에 뿌리를 둔 미국에서의 장로교회는 스코틀랜드 장로교회와 웨스트민스터 총회가 작성한 정치 체제에 따라 노회, 대회 그리고 총회를 조직하였다. 1706년 아메리카 대륙에서의 첫 노회인 필라델피아노회 이후 1789년 미국에서 최초의 장로교 총회가 조직되었고, 『웨스트민스터 신앙고백서』와 정치 제도를 받아들이기로 결의하였다. 미국 장로교회의 정치 원리, 예배 지침서, 그리고 정치 조례는 웨스트민스터 총회가 결의한 장로교 정치 사상을 교회 정치에 그대로 반영한 것이다.

미국 장로교회의 이러한 결정에는 몇 가지 의미가 있다. 첫째, 미국 장로교회는 장로교회의 특성인 복수주의(pluralism)와 양극성(polarity)을 예견하면서 영국 청교도적 장로교회와 스코틀랜드-아일랜드 계통의 장로교도들에 의해 그 기초가 세워졌다고 할 수 있다. 둘째, 교회의 모든 권위의 순서가 총회에서 지교회로 내려오는 하향적 조직이 아니라 아래에서 위로 올라가는 상향식 조직으로 세워졌다. 셋째, 『웨스트민스터 신앙고백서』를 미국 장로교회의 신앙과 생활 규범으로 받아들였다는 점이다. 이러한 미국 장로교회의 결정은 교회는 오직 그리스도께서 통치하시며, 그가 교회를 다스릴 직분자들을 임명하셨으며, 직분자들의 자격과 권위는 성경에 규정되어 있으며, 그리고 교회의 헌법은 국가의 세속 권력으로부터 독립되어 있음을 반영한다.

특별히 교회 치리는 개교회 장로들(목사와 치리 장로)에 의해서 다스려진다. 장로들은 단계적으로 구성된 통치 기구들에서 함께 일하도록 했다. 치리회의 활동을 강조하면서도 개교회들이 어디에 있든지 모두가 하나인 연합공동체라는 사실을 강조했다. 이 점은 웨스트민스터 총회가 가결한 교회 정치 지침서의 평등성과 통일성을 협의회적 성격으로 발전시킨 것이다.

제5장에서는 한국 장로교회의 정치 원리와 치리 제도에 관하여 연구했다. 1907년 한국 장로교회의 독노회 설립은 '선교사공의회'(1893-1900)와 '조선예수교장로회공의회'(1901-1906)의 연차적 준비 과정을 통하여 탄생했다. 이것은 길선주 목사가 말한 것처럼 실로 '크고도 신령한' 사건이며 '역사적' 사건이었다. 이로 인해 '독노회' 설립(1907년) 이전까지는 장로교의 형식만 취했던 한국 장로교회가 독자적인 장로교 헌법(신앙고백과 정치 규칙)을 가진 보다 완전한 조직교회로 세워졌다. 서양 선교사들의 주도로 이루어지긴 했지만, 한국 장로교회 독노회 설립에서 다음과 같은 몇 가지의 의의를 찾아볼 수 있다.

첫째, 한국에 명실상부한 장로회주의 정치 원리를 확립했다. 둘째, 선교 초기 네 개로 분열되어 있던 한국 장로교회가 하나의 교회로 연합했다. 셋째, 한국 장로교회가 서양 장로교회로부터 독립했다. 세계 장로교회사적 지평에서 바라볼 때 한국 장로교회의 정치 제도는 개혁주의 교회로 출발한 제네바교회와 스코틀랜드 장로교회의 정치 제도를 따른다. 따라서 한국 장로교회의 뿌리가 근원적인 측면에서는 칼빈의 신학에, 조직교회로서의 제도적인 측면에서는 스코틀랜드 장로교회에, 신앙고백에 있어서는 『웨스트민스터 신앙고백서』에 근거한다.

본 연구가 한국 장로교회 정치사에 공헌할 수 있는 내용은 다음과 같다.

첫째, 본 연구는 지금까지 종교개혁 이후 장로교회의 정치 제도 형성이 역사적으로 어떻게 발전되어 왔는가에 대하여 추적했다. 이것은 교회론에 근거한 교회 정치 제도의 원리와 규정들이 어떻게 조직되었고 발전되었는가를 검토하고 연구한 결과이다.

둘째, 본 연구에서는 교회론에 근거한 장로교 정치 원리와 직제론에 대하여 칼빈의 연구에서부터 한국 장로교회 정치 제도의 형성 직분론의 세부적 규정에 이르기까지 공식문서들을 고찰하면서 밝혀냈다.

셋째, 본 연구에서는 장로교회의 정치 원리 그리고 치리회의 제도가 강조하는 교회 통치에 대한 그리스도의 주권, 이 주권을 대리하는 직분자들의 평등성, 모든 신자가 '만인제사장'으로서 참여하는 대의적 정치 제도가 제네바 장로교회, 스코틀랜드 장로교회, 웨스트민스터 신조 그리고 미국 장로교회에 어떻게 반영되었는가를 검토하였다.

넷째, 본 연구는 역사적인 접근뿐만 아니라 신학적이고 교리적인 접근을 통하여 교리와 정치 체제가 성경에 근거하고 있는가를 평가하였다.

다섯째, 본 연구의 논문의 범위는 스위스 제네바를 중심으로 활동한 개혁신학의 교리적 토대를 놓은 존 칼빈의 신학 사상과 교회론에서 출발하여 한국 장로교회의 정치 원리와 치리 제도를 중심으로 연구된 역사적 서술이다. 이렇게 서술된 본 연구는 이후의 장로교 정치 제도가 유럽의 화란 개혁주의 장로교회, 남미의 장로교회, 호주 장로교회, 캐나다 장로교회 그리고 한국 장로교회에 어떤 영향을 끼쳤으며, 앞으로 어떻게 발전되고 적용될 것인가에 대한 역사적이며 현실적인 연관성을 가지고 연구할 수 있는 길을 열어 놓았다고 볼 수 있다.

The History of the Formation of Presbyterian Polity

참고문헌

국내문헌

강춘오. "한국교회와 장로직", 풀빛목회 16(1998, 3), 40-52.

김경원. "장로회 치리 제도에 관한 성경적 고찰", 석사학위 논문, 총신대학교대학원, 1982.

김득룡. "제네바교회 정치 규정의제문제 연구", 신학지남 44(1977, 여름), 18-36.

김득룡. "Scotland 종교개혁과 교육 정책에 관한 역사적 고찰", 박사학위 논문, 단국대학교대학원, 1976.

김득룡. 『개혁파교회 정치신강』. 서울: 총신대학출판부, 1984.

_____. "제네바교회 헌법 규정 연구", 신학지남 45(1977, 봄), 24-38.

김맹호. "칼빈의 교회론에 조명한 한국교회", 석사학위 논문, 합동신학대학원대학교, 2003.

김영재. "장로교회의 역사적 고찰", 풀빛목회 130(1993,1-2), 42.

김영한. 『개혁신학이란 무엇인가?』. 서울: IVP, 1994.

김영환. "칼빈의 직분관에 있어서 개혁교회와 장로교회의 비교 연구", 석사학위 논문, 고신대학교 신학대학원, 1996.

김윤숙. "칼빈의 교회론", 석사학위 논문, 합동신학대학원대학교, 2002.

김의환. 『기독교회사』. 서울: 성광문화사, 1996.

김중락. 『스코틀랜드 종교개혁사』. 경기, 안산: 흑곰북스, 2017.

김창영. "종교개혁과 한국 장로교회 정치", 풀빛목회 16(1998, 3), 26-39.

김흥수. "한국개신교 교회법의 내용과 구조", 기독교사상 34(1990, 7), 34-44.

곽안련. 장로교회사전휘집, 조선야소교회, 1918.

나용화. 웨스트민스터 신앙고백서. 서울: 기독교문서선교회, 2000.

남수은. "John Knox의 스코틀랜드 종교개혁에 미친 칼빈의 영향", 석사학위 논문, 서울신학대학교대학원, 1990.

남신호. "교회 직분의 바른 이해를 위한 소고", 석사학위 논문, 고신대학교신학대학원, 1990.

대한예수교장로회 총회교육부, 편.『16세기 종교개혁과 개혁교회의 유산』서울: 한국장로교출판사, 2003.

박건택.『개신교역사와 신학』. 서울: 개혁주의신행협회, 1998.

박근원. "교회직제의 역할과 권위", 기독교사상(1982, 11), 40-50.

박병진.『한국 장로교회 헌법 100년 변천의 개관』. 서울: 성광문화사, 1989.

박성진. "칼빈의 교회론의 근원과 변천", 석사학위 논문, 고신대학교대학원, 2002.

박용규.『한국 장로교회 사상사』. 서울: 총신대학출판부, 1997.

박윤선. "칼빈주의 교회론", 신학지남 165(1974, 6), 8-25.

_____.『대한예수교장로회 헌법주석』. 서울: 영음사, 1987.

_____.『웨스트민스터 신앙고백서』. 서울: 영음사, 1989.

박종근. "한국 장로교회 교회 정치 연구", 석사학위 논문, 장로회신학대학교, 1987.

박창식. "1907년 대한예수교장로회(독노회) 설립의 교회사적 의의", The Korean Mission Field(1907, 11), 162-164.

박희영. "칼빈의 교회론", 석사학위 논문, 계명대학교대학원, 2002.

배광식, 헌법해설서, 서울: 익투스, 2021.

_____, 개혁교회 신앙고백, 서울: 포커스북, 2021.

백형기. "한국 장로교 헌법에 나타난 치리회에 관한 연구", 박사학위 논문, 한신대학교대학원, 1992. Bouwsma, W. 『칼빈』. 이양호, 박종숙 역, 서울: 나단, 1991.

서창원. 『장로교회의 역사와 신앙』. 서울: 진리의 깃발, 2003.

손병호. 『장로교회사』. 서울: 대한예수교장로회총회 출판부, 1980.

송병호. "한국 장로교 정치 제도 현황", 풀빛목회 15(1997, 10), 31-45.

신현철. "한국 장로교회 헌법의 정치 체계에 관한 연구: 대한예수교장로회 합동 측 헌법을 중심으로", 석사학위 논문, 총신대학교신학대학원, 1997.

심창섭. "장로교 정치 제도의 기원은 무엇인가?" (I), 신학지남 251(1997), 66-95.

_____. "장로교 정치 제도의 기원은 무엇인가?" (II), 신학지남 252(1997), 168-191.

_____. "장로교 정치 제도의 기원", 풀빛목회 15(1997, 10),

20-30.

안신영. 『통사회의』. 서울: 대한기독교서회, 1970.

양진영. "장로교 정치 제도 형성사", 석사학위 논문, 총신대학교대학원. 1999.

어드만, 편저. 『세계교회사』. 김해연 역. 인천: 엘맨출판사, 1992.

오덕교. 『장로교회사』. 서울: 합동신학대학원출판부, 2004.

오형국. "웨스트민스터 신앙고백서의 역사적 의의와 한계", 석사학위 논문, 총신대학교대학원, 1989.

오형국. 『칼빈의 신학과 인문주의』. 파주: 한국학술정보(주), 2006.

유은수. "신앙과 직제 운동의 신학에 나타난 '복음' 이해의 변천사", 석사학위 논문, 장로회신학대학교대학원, 2001.

이만열. "독노회의 설립 배경과 발전 과정", 제22회 계명목회자 세미나. 계명대학교연합신학대학원(2006. 10).

이양호. 『칼빈의 생애와 사상』. 서울: 한국신학연구소, 1997.

이억주. "존 칼빈 시대의 제네바 컨시스토리 회의록(1542-1544) 연구", 박사학위 논문(미발표), 계명대학교 대학원, 2008.

이영수. 『교회 정치』. 서울: 한국성서협회, 1976.

이은선. "스코틀랜드 장로교회 내의 감독제와 장로제", 석사학위 논문, 총신대학교대학원, 1987.

이은한. "칼빈의 교회 정치론", 석사학위 논문, 침례신학대학교신학대학원, 2000.

이종일. 『교회 헌법정해』(정치, 권징 조례, 통상회의법 해설), 서울:

성광문화사, 1994.

이현경. "Scotland 제1치리서에서 나타난 교육 사상과 개혁교육의 조명", 석사학위 논문, 총신대학교대학원, 1984.

이형국. "칼빈의 법률관" 신학지남 182(1978, 10), 103-116.

이형기. 『장로교의 장로직과 직제론』. 서울: 한국장로교출판사, 1998.

이희정. "교회의 직제에 대한 올바른 이해", 석사학위 논문, 장로회신학대학교신학대학원, 1999.

임택진. 『장로교회 정치 해설』. 서울: 기독교문사, 1986.

정성구. "칼빈주의와 정치", 신학지남 239(1994, 3), 168-912.

정성구. 『칼빈주의 사상과 삶』. 서울: 성서협회, 1978.

정성구. 『개혁주의 인명사전』. 서울: 총신대학교출판부, 2001.

정성환. "개혁주의 직분론", 석사학위 논문, 총신대학교대학원, 2001.

정준모. 『칼빈: 교리 교육과 현대교육목회론』. 서울: 은혜출판사, 2003.

장윤석. "칼빈의 교회관 연구", 석사학위 논문, 총신대학교신학대학원, 2001.

정정숙. "칼빈주의 정치관", 신학지남 147(1969, 12), 51-58.

조석만. 『장로교회는 어떤 교회인가?』. 인천: 아벨서원, 2005.

차재명. 『朝鮮예수敎長老會史記』, 新門內敎會堂, 1928.

최성헌. "칼빈의 교회관을 바탕으로 한 직분론 이해", 석사학위 논문, 총신대학교 신학대학원, 2002.

최의식. "장로교 정치 원리와 한국 장로교 문제점에 대한 고찰", 석사학위 논문, 고신대학교대학원. 1986. 칼빈신학회.『칼빈신학해설』. 서울: 대한기독교서회, 1998.

한국기독교장로회총회.『장로교란 무엇인가?』. 서울: 교단통합연구위원회, 1989.

한국칼빈학회.『칼빈 신학과 목회』. 서울: 대한기독교서회, 2001.

한인수.『칼빈의 요리 문답』. 서울: 경건, 1995.

한철하. "칼빈의 정치론", 신학지남 122(1962, 9), 314-326.

황봉환.『스코틀랜드 종교개혁과 존 녹스의 신학』. 서울: 예영커뮤니케이션, 2001.

황성철. "칼빈 당시 제네바교회의 정체성에 관한 연구". 신학지남 (2001, 봄).

황재범. "칼빈의 예정론 이해", 석사학위 논문, 계명대학교대학원, 1986.

_____. "1907년 한국 장로교회의 설립 및 12신조에 대한 재조명", 제22회 계명목회자 세미나. 계명대학교 연합신학대학원 (2006.10).

_____. "1907년 대한예수교장로회(독노회) 설립 과정 및 그 의의에 대한 연구", 한국교회사학회지 제20집(2007).

황재우. "John Calvin과 Karl Barth의 교회론 비교 연구", 석사학위 논문, 장로회 신학대학교대학원, 1994.

황정욱. 『칼빈의 초기 사상 이해』. 서울: 선학사, 1998.

황정욱. "칼빈의 새로운 교회관과 목회", 기독교사상 40(1996, 11), 66-81.

홍치모. "장로제의 기원에 관한 역사적 고찰", 신학지남 247(1996), 153-170.

외국문헌 및 번역본

Armstrong, M. W., *The Presbyterian Enterprise: Sources of American Presbyterian History*, L. A. Loetscher, C. A. Anderson ed. Philadelphia: The Westminster Press, 1956.

Balfour of Burleigh, *An Historical Account of the Rise and Development of Presbyterianism in Scotland*. Cambridge: Cambridge University Press, 1911.

Balmer Randall, Fitzmier, John. 『미국 장로교회사』. 한성진 역. 서울: CLC, 2004.

Bannerman, James. *The Church of Christ*. Edinburgh: The Banner of Truth Trust, 1985. Brown, P.H. John Knox. London: Adam and Charles Black, 1985.

Cadier, J. 『칼빈-하나님이 길들인 사람』. 이오갑 역. 서울: 대한기독교서회, 1995.

Calvin, John. *Institutes of the Christian Religion*(1536). Collins Flame Classics Institutes of Christian Religion: the Library of Christian Classics, John T. McNeill ed. vol. 21. Philadelphia: The Westminster Press, 1953.

_____. *Commentary: Acts of Apostles*, Henry Beveridge ed. Grand Rapids: Eerdmans Publishing Company, 1949.

_____.『기독교 강요』. 양낙홍 역. 서울: 크리스챤다이제스트, 2002.

_____.『기독교 강요』. 김종흡, 신복윤, 이종성, 한철하 공역. 서울: 생명의 말씀사, 1988.

Campbell, William M. *The Triumph of Presbyterianism*. Edinburgh: The Saint Andrew Press, 1958.

Carlson, Paul.『장로교의 유래』. 오성종 역. 서울: 생명의말씀사, 1984.

David Laing. *The Works of John Knox*. Edinburgh: James Thin, 1895.

_____. *The Letters and Journals of Robert Baillie*. Edinburgh: James Thin, 1841.

Dennison, Charles G. Richard. Gamble, *Pressing Toward the Mark: Essays Commemorating Fifty Years of the Orthodox Presbyterian Church*. Philadelphia: The Committee for the Historian of the Orthodox Presbyterian

Church, 1986.

Dickinson, W. C. *John Knox's History of The Reformation*. Edinburgh: Thomas Nelson and Sons, 1949.

Foster, Herbert. "Calvin's Puritan State in Geneva", *Harvard Theological Review* 1, 1908.

Foster, W. Roland. *The Church before the Covenants, The Church of Scotland 1596-1638*. London: Scottish Academic Press, 1975.

Gray, Joan S. Joyce C. Tucker, *Presbyterian Polity for Church Officers*. London: Westminster & John Knox Press, 1990.

Hall, David W., Joseph H. Hall. *Paradigms in Polity: Classic Readings in Reformed and Presbyterian Church Government*. Grand Rapids: Eerdmans Publishing Company, 1994.

Harvey, Van A. *A Handbook of Theological Terms*. London: Collier Macmillan Publishers, 1964.

Hays, George P. *Presbyterians: A Popular Narrative of Their Origin, Progress, Doctrines and Achievements*. New York: J. A. Hill & Co. Publisher, 1892.

Henderson, G. D. *Presbyterianism*. Aberdeen: The University Press, 1954.

_____. *The Scottish Ruling Elder*. London: James Clarke & Co,

1935.

Hetherington, W. M. History of the Church of Scotland, *From the Introduction of Christianity to the Period of the Disruption in* 1843. Edinburgh: T&T Clark, 1852.

Hewat, Kirkwood. *Makers of the Scottish Church at the Reformation*. Edinburgh: Macniven and Wallace, 1920.

Jung, Myung Chai. "A Study on the Presbyter and the Presbyterian Church System", Ph. D. Diss., Cohen University and Theological Seminary, 1999.

Kennedy, John. *Presbyterian Authority and Discipline*. Richmond. Virginia: John Knox Press, 1965.

Kirk, James. *The Second Book of Discipline*. Edinburgh: The Saint Andrew Press, 1980.

Liddell, F. H. 『미국 역사와 프로테스탄트』. 이성혜 역. 서울: 도서출판 심지, 1983.

Lingle, Walter L., John W. Kuykendall. *Presbyterians: Their History and Beliefs*. Atlanta: John Knox Press, 1977.

Lord Balfour of Burleigh. *The Rise and Development of Presbyterianism in Scotland*. Cambridge: Cambridge University Press, 1911.

Macgregor, Janet G. 『장로교 정치 제도 형성사』. 최은수 역. 서울: 도서출판솔로몬, 1997.

Maxwell, William D. *John Knox's Genevan Service Book 1556*. London: Oliver and Boyd, 1931.

McEwen, James S. *The Faith of John Knox*. London: Lutterworth Press, 1962.

McNeill, John T. *The History and Character of Calvinism*. New York and Oxford University Press, 1954.

Mitchell, A. F. *The Westminster Assembly: Its History and Standards*. London: William Blackwood and Sons, 1883.

_____. *Catechisms of the Second Reformation*. London: William Blackwood and Sons, 1886.

Monter, William E. *Calvin's Geneva*. New York: Robert E. Krieger Publishing Company, 1975.

Ogilvie, J. N. *The Presbyterian Churches: Their Place and Power in Modern Christendom*. New York: Fleming H. Revel Company, 1897.

_____. 『칼빈의 신학』. 이종성 역. 서울: 기독교서회, 2000.

Parker, T. H. *Calvin: An Introduction to His Thought*. Louisville: John Knox Press, 1995.

Parker, T. H. 『존 칼빈의 생애와 업적』. 김지찬 역. 서울: 생명의말씀사, 1986.

Reid, J. K. S. The Genevan Confession. in *Calvin: Theological Treatises*. Philadelphia: The Westminster Press, 1954.

Renwick, A. M. 『스코틀랜드 종교개혁사』. 홍치모 역. 서울: 생명의말씀사, 1980.

Rogers, J. B. *Scripture in the Westminster Confession: A Problem of Historical Interpretation for American Presbyterianism*. Kampen: J. H. Kok, 1966.

Timoth. Tow, 『존 칼빈의 생애와 업적』. 임성호 역. 서울: 도서출판 하나, 1998.

Vischer, Lukas. *The Ministry of Elders in the Reformed Church*. Bern: Evangellische Arbeitsstelle Oekumene Schqeiz Sulgenauweg, 1992.

Walker. G. S. M. "Calvin and the Church", *Scottish Journal of Theology*. Vol.XVI(1963), 189.

Warfield, B. B. *The Westminster Assembly and Its Work*. New York: O.U.P., 1931.

Weber, Otto. *Die Treue Gottes in der Geschichte der Kirche*. Neukirchener Verlag des Erziehungsverein, 1968.

Weber, O. 『칼빈의 교회관』. 김영재 역. 서울: 이레서원, 2001.

Wendel, F. 『칼빈주의 신학 사상의 근원과 발전』. 김재성 역. 서울: 크리스챤다이제스트, 1999.

그림 출처

16세기 프랑스에서 그려진 존 칼빈의 초상, https://www.historytoday.com/archive/john-calvin-dies-geneva

존 칼빈의 초상, https://www.christianitytoday.com/writers/john-calvin

제네바 대학교에 있는 종교개혁자들의 동상, 신동식

마틴 루터의 초상(1528, 루카스 크라나흐 작), https://en.wikipedia.org/wiki/Martin_Luther

보름스에 있는 칼빈과 츠빙글리 부조상, 신동식

존 칼빈이 설교했던 제네바의 성 베드로 교회, 신동식

서재에 있는 칼빈 초상(데벤테르 박물관), https://www.europeana.eu/es/stories/precursors-to-the-reformation-paving-the-way-for-social-change

칼빈의 죽음(The Death of John Calvin), J. Hornung 작, Encyclopædia Britannica, https://www.britannica.com/biography/John-Calvin#/media/1/90247/251613

헝가리 중앙은행(Magyar Nemzeti Bank)에서 칼빈 탄생 500주년 기념으로 주조한 기념 주화(2009년), https://www.mnb.hu/en/banknotes-and-coins/collector-and-commemorative-coins/2009/calvin-collector-coin

칼빈이 제네바에서 사역할 때 지내던 사택, 신동식

기독교강요 1536년 판, https://en.wikipedia.org/wiki/Institutes_of_the_Christian_Religion

기독교강요 1559년 판, https://en.wikipedia.org/wiki/Institutes_of_the_Christian_Religion

제네바 왕들의 묘(Cimetière des Rois) 공원에 있는 칼빈의 무덤, 신동식

제네바교회 헌법 규정서, https://www.e-rara.ch/gep_g/content/zoom/1863686

존 녹스, https://en.wikipedia.org/wiki/John_Knox

스코틀랜드 신앙고백서, https://x.com/nlsrarebooks/status/1295344330719268864/photo/1

존 녹스가 제네바에서 지내는 동안 설교했던 교회(칼빈 오디토리엄), https://religiana.com/calvin-auditory

칼빈 오디토리움에 있는 존 녹스 전시물, 신동식

1559년 6월 10일 회중 영주들 앞에서 설교하는 존 녹스 (데이비드 윌키 作(1785-1841), https://en.wikipedia.org/wiki/John_Knox

위클리프 성경(Wycliffe's Bible in the British Library), https://commons.wikimedia.org/w/index.php?curid=110861184

웨스트민스터 사원, https://www.discoverbritain.com/heritage/heritage-sites/westminster-abbey-history

웨스트민스터 공예배지침서(1651), https://en.wikipedia.org/wiki/

Directory_for_Public_Worship

웨스트민스터 신앙고백서(1658), https://en.wikipedia.org/wiki/Westminster_Standards

웨스트민스터 정치조례(1648), https://en.wikipedia.org/wiki/The_Form_of_Presbyterial_Church_Government

메이플라워 서약(진 레온 제롬 페리스 作, 1620), https://en.wikipedia.org/wiki/Mayflower_Compact

조나단 에드워즈, https://www.britannica.com/biography/Jonathan-Edwards

조지 휫필드, https://thegenevanfoundation.com/george-whitefield-forceful-evangelist-of-the-1st-great-awakening

PCUSA 직인(1891), https://www.history.pcusa.org/blog/2014/05/detroit-ga-1891-serpent-seal

로버트 댑니, https://en.wikipedia.org/wiki/Robert_Lewis_Dabney

장로회선교사공의회 소속 선교사들이 '하나의 한국교회' 조직을 목적으로 모인 선교사 회의, https://m.pckworld.com/article.php?aid=9594821614&page=1

1907년 9월 17일 평양 장대현교회에서 열린 독노회, 기독신문(https://www.kidok.com/news/articleView.html?idxno=102907)

1907년 6월 20일 평양신학교 제1회 졸업생 7명, http://

www.thetruthlighthouse.org/wp-content/uploads/2016/07/445701.png

The History of the Formation of Presbyterian Polity

저자 약력

저자 **배광식** 박사 약력

학력
총신대학교 신학대학원(M. Div)
연세대학교 교육대학원(M. Ed)
계명대학교 대학원(Th. M, Ph. D)
영국 Aberdeen University 대학원에서 장로교회사 연구(2년)
남아공 Pretoria University 대학원에서 박사과정 수학(2년)
영국 Sheffield University에서 연구(6개월)

교회사역
명지대학교교회
서울제일교회
Scotland Aberdeen 한인교회(개척)
Manchester 한인교회 사역
현재(1995년~2024년): 울산대암교회 담임

노회, 총회 및 연합활동
울산신학교 설립 및 학장
울산광역시 기독교총연합회 대표회장
대한예수교장로회(합동) 제106회기 총회장
한교총 제5회기 공동대표
CTS 공동대표이사
대한민국 국회초찬기도회 지도목사

학교사역
대신대학교 강의전담 교수(10년)
총신대학교 신학대학원 초빙교수(8년)
현, 칼빈대학교 부총장(2023~현재)

저서 및 역서

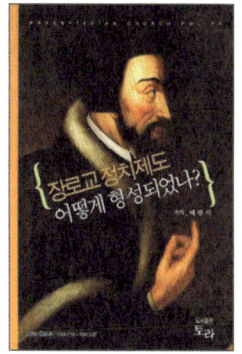

장로교 정치제도
어떻게 형성되었나?
(2006년, 도서출판 토라)

장로교 정치사상사
(2008년, 이레서원)

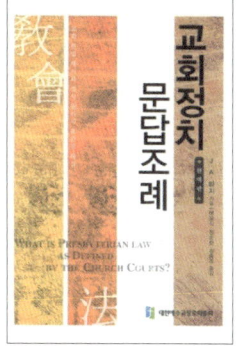

교회정치문답조례
(2011년, 대한예수교장로회총회)

장로교 정치통전사
(2011년, 킹덤북스)

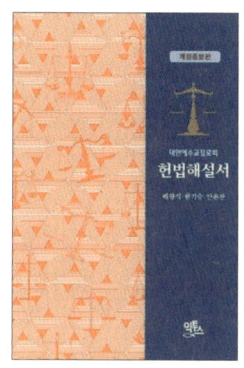

헌법해설서
(2021년, 익투스)

개혁교회 신앙고백
(2021년, 포커스북)

대한예수교장로회(합동) 106회기 총회장

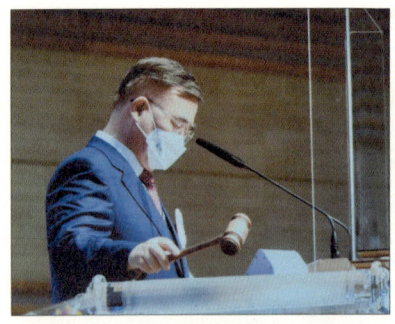

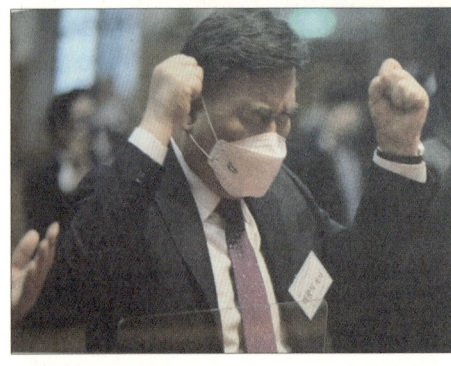

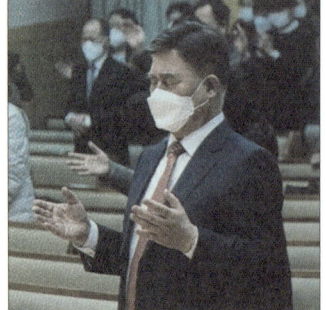

한국교회 총연합회 공동회장 / C.T.S 대표이사

25대 CTS 공동 대표이사 이취임 감사예배 (2021. 11.1)

CTS 한국교회를 論하다 '2022년, 한국교회를 전망하다' 패널 출연(21.12.31)

현, 대한민국 국회조찬기도회 지도목사

저출생대책국민운동본부 출범식 (22.08.24)

우리시대

'우리시대'는 기독교 세계관으로 시대를 밝힙니다.

비전
첫째, 정직한 질문에 정직한 답변을 줍니다.
둘째, 균형 잡힌 그리스도인을 세우는 일을 합니다.
셋째, 다음 세대를 준비합니다.
넷째, 변방에서 중심을 깨우는 일을 합니다.

목표
1. 도서를 통해 양식을 보급하고 지식을 확산합니다.
2. 치우침 없이 균형 잡힌 출판을 합니다.
3. 정직하게 벌어서 평등하게 나누고 정의롭게 사용합니다.
4. 여러 매체를 활용하여 지식 확산에 기여합니다.